イラストでわかる
ストレッチング マニュアル

マイケル　J. オルター著　山口英裕訳
Michael　J.　Alter

大修館書店

SPORT STRETCH

by
Michael J. Alter

Copyright © 1990, 1998 by Michael J. Alter

Japanese translation rights arranged with Human Kinetics Publishers Inc. through Japan UNI Agency, Inc., Tokyo.

To my developmental editors, Sue Wilmoth Savage, Holly Gilly, and Julie Rhoda, without whose assistance this book and those preceding it would not have been possible.

はじめに

　柔軟性は，フィットネスを構成するいくつかの重要な要素のひとつであり，アーチェリーから，バレーボール，武術，さらにはアメリカンフットボールに至るさまざまなスポーツにおいて，パフォーマンスを最大限に発揮するために必要です。あなたの体は，あなたの持っている道具です。選手とチームを構成している監督・コーチ，アスレチックトレーナー，理学療法士，医師は，周辺にあるすべてのものを習得するべきです。

　本書の目的は，選手や監督・コーチのために，初版と同様に，スポーツ傷害（障害）の発生のリスクを軽減するとともに，柔軟性トレーニングプログラムを通常のトレーニングプログラムの中に取り入れることにより，スポーツパフォーマンスの向上にも役立てることです。

　本書は，初版より実用的に向上した点を修正しました。修正した点は次のとおりです。

- 柔軟性とストレッチングに関係する筋肉形成と筋肉痛に関する最新情報
- 毎日の柔軟性トレーニングプログラムの中に取り入れるための，全身をカバーした12オールスター・ストレッチングを図示
- 12種類のスポーツ特性に応じたプログラムを追加（全体で41種類のスポーツ・プログラム）
- 28筋肉群のために最良の単独ストレッチのリストと27の新しいイラスト入りストレッチ（総計311）

　あなたがダンサー，投手，水泳選手，あるいは走り高跳びの選手のいずれであっても，この本で紹介されているプログラムを用いることによって，自分自身の柔軟性を安全に，かつ効果的に向上させることができます。300を超えるストレッチングの中から，この本は，スポーツ特性ストレッチングというテーマで，もっとも広範囲に選択することができます。個人個人が，よりよい成功を収めて欲しいと思います。そして，本書では，スポーツ特性の潜在能力を向上させる手助けとなる情報とストレッチを紹介しています。

謝辞

　この本を発刊するために，ご協力をいただいた多くの方に感謝の気持ちを述べたいと思う。

　はじめに，このプロジェクト（発刊）を奨励していただき，完成に至るまでアイデアをたくさんお出しいただいたMartin Barnard氏（ヒューマン・キネティックス社取得編集者）に感謝したい。

　次に，この本の編集全般にあたって忍耐強く，能力を発揮し，誠意のあるサポートを続けてくれたJulie Rhoda氏（企画編集アシスタント）に感謝したい。Julieは，"Science of Flexibility"（1996）の開発編集者でもあった。彼女の軟らかいしゃべり方，暖かく勇気づける声を再び聞けたことに感謝する。

　初版ですべてのストレッチング・エクセサイズを描くことに最高の仕事をしてくれたMichael Richardson氏，第2版で新しいイラストと改定イラストを描いてくれたKeith Blomberg氏にも感謝をしている。

　加えて，製図，写真，そして他のイラストなどの改編を許可してくれた会社，出版社，そして作者の方々に感謝したい。とくに，アップルトン＆ランジ社，ヒューマン・キネティックス社，リトル・ブラウン・アンド・カンパニー社，Gerald H. Pollack博士，ユニバーサル・ジム器具社，そしてVCH出版社に感謝したい。

　最後に，Ernie Noa氏（発行ディレクター），Judy Rademaker氏（発行マネジャー），Bob Reuther氏（グラフィック・デザイナー），Denise Lowry氏（グラフィック・アーティスト），Sandra Merz Bott氏（アシスタント・エディター），Jennifer Hemphill氏（編集アシスタント），Laura Seversen氏（編集アシスタント），そして，この本書を執筆中に，ヒューマン・キネティックス社社員の方々からいただいた援助に感謝の意を表したい。

訳者まえがき

　ブリベット通り4番地の住人ダーズリー夫妻は，「おかげさまで，私どもはどこからみてもまともな人間です。」と言うのが自慢だった。不思議とか神秘とかそんな非常識はまるっきり認めない人種で，まか不思議な出来事が彼らの周辺で起こるなんてとうてい考えられなかった。
〈「ハリー・ポッターと賢者の石」序文から引用，静山社〉

　私を含めて，21世紀に生きる多くの人々が，ダーズリー夫妻と同じことを思っているでしょう。しかし，現実はそうではないのです。自分の体で確かめてみてください。そう，目の形，唇の形，…，足の形が違います。外見だけ見ても何を基準に，まともなのでしょうか。不思議なことや神秘はたくさんあります。しかし，それらは，まだ人類が解明できていない非現実的な出来事です。だから，科学は進歩するのです。ハリー・ポッターは，生まれた時から魔法は使えませんでした。理論や考え方を学び，そして，実践しました。しかし，人類は，体に魔法を使えないのです。この本を読んで，しっかりと体に関する理論と考え方を理解して，そして実践して欲しいと思います。あなたが，体の新発見者になるかもしれません。そして，その発見がいつの日か常識となるでしょう。

　本書の原題は，"Sports Stretching"で，スポーツに必要なストレッチングの解説書です。ストレッチングとは，英語でStretch，つまり伸び縮みを指しています。柔は「しなやかさや穏やかさ」，軟は「手ごたえがないとか軟弱」という意味です。つまり，日本語では伸びるまたは伸ばすことのみが強調されているように感じます。ところが，体のなかでは，伸びている部位があれば，必ず縮んでいる部位があります。本書では，英語の「伸び縮み」を意識して翻訳しました。本書の前半部を構成している理論と考え方をしっかりと理解してほしいと思います。日常で感じるような疑問はコラムで説明しています。若干，専門用語や理解しにくい表現がありますが，何度も読み返して理解してください。これも，本書の特徴のひとつだからです。私自身，翻訳中に，多くの新発見と知識の再確認ができました。そして，多くのことを学びました。ストレッチングについてしっかりとした知識がなく，ただ闇雲に体を動かしているだけでは，効果は得られないだけではなく，傷害（障害）を引き起こすのです。本書の後半部で紹介しているストレッチング・メニューは，各競技で必要な伸び縮みが最大限得られるメニューをわかりやすく，イラストを用いて説明しています。

　ストレッチングで大切なことは，どの筋肉が，どのように伸びているのかという意識，つまり脳の活用も必要なのです。本書は，スポーツの初心者からオリンピック競技やプロレベルのトップクラス選手まで幅広く利用できます。そして，それらに関わる監督・コーチ，保健体育教師，幼児教育指導者，地域スポーツ指導者，アスレチックトレーナー，理学療法士，治療家の方々にも，現場でぜひ活用していただきたいと思います。そして，多くのスポーツ愛好者をはじめ，体を動かすことが苦手な方にもぜひ利用してもらいたいものです。

　最後に，本書を訳すにあたり，プロ翻訳者ではない私に素晴らしい機会を与えて下さった改発氏をはじめ，忍耐強く，辛抱して育ててくださった大修館書店の編集部の方々には多くの感謝の意を表したい。常に助言と自信を与えてくださった進藤正幸氏と宮沢ミシェル氏には足を向けて寝られない。それから，多くの機会と経験を与えてくださった，サッカー界はもとよりスポーツ界の皆様，夜中にそっと，紅茶を差し出してくれた家族に心から感謝したい。

目次

1章 柔軟性を理解しよう ……………………………………… 1
ストレッチングの効果　2
ストレッチングに対して，体はいかに反応するのでしょう　2
ストレッチングをすると，体に何が起こりますか　9
ストレッチング・テクニック　11
何が筋肉の張りやコリの原因でしょう　17
正しい傷害の対処　19
自分のワークアウトにストレッチング・プログラムを加える　19
ストレッチングについての論争　22
上級者向けストレッチング　23

2章 オールスター・ストレッチング ………………………… 27
12オールスター・ストレッチング　28
28部位別オールスターズ　30

3章 スポーツのためのストレッチング・プログラム ……… 35
アーチェリー　36
野球・ソフトボール・クリケット(野手)　37
野球・ソフトボール(投手)・クリケット(ボーラー)　38
バスケットボール　39
ボーリング　40
クロスカントリースキー　41
自転車競技・トライアスロン　42
ダンス(初級者)　43
ダンス(上級者)　44
飛び込み(3〜10mクラス)　45
フィギュアスケート　46
アメリカンフットボール(ラインズマン)　47
アメリカンフットボール(ディフェンス，レシーバー)　48
ゴルフ　49
器械体操　50
ハイキング・バックパッキング　51
アイスホッケー　52
インラインスケート　53
ジョギング　54

ラクロス　*55*
　　武術（初級者）　*56*
　　武術（上級者）　*57*
　　競歩　*58*
　　ボート（ローイング，カヤック，カヌー）　*59*
　　ヨット・ウインドサーフィン　*60*
　　スキー（アルペン）　*61*
　　サッカー　*62*
　　スカッシュ　*63*
　　競泳　*64*
　　卓球　*65*
　　テニス・ラケットボール・ハンドボール　*66*
　　陸上競技（走り高跳び，棒高跳び）　*67*
　　陸上競技（短距離走，ハードル，走り幅跳び，三段跳び）　*68*
　　陸上競技（砲丸投げ，円盤投げ，やり投げ，ハンマー投げ）　*69*
　　バレーボール　*70*
　　水上スキー　*71*
　　ウエイトリフティング　*72*
　　ウエイトリフティング（超軽量）　*73*
　　レスリング　*74*

4章　311種類のストレッチングの説明 ……………………………… *75*

　　足部と足首　*77*
　　下腿部　*82*
　　大腿部（ハムストリングス）　*99*
　　大腿部（内転筋群）　*112*
　　大腿部（大腿四頭筋）　*126*
　　臀部とその周辺　*135*
　　上半身下部　*153*
　　背中上部　*176*
　　首部　*179*
　　胸部と上背部　*187*
　　肩部　*192*
　　腕部と手首　*208*

　　参考文献　*216*

1章 柔軟性を理解しよう

　柔軟性とは，関節（関節群）可動域の中で，最大限にそれぞれの筋肉と関節を動かす能力のことです。この本での柔軟性という用語は，正常動作の範囲を指しています。それに対して，ストレッチングとは，結合組織や筋肉などの組織を引き延ばす過程のことです。柔軟性とストレッチングは，どの筋肉が緊張されるかによって，いくつかの基本的なカテゴリーに分けられています。

　一般的なストレッチングのカテゴリーは，次のようになります。

1. スタティック・ストレッチングは，ストレッチング中にスピードを伴わない関節可動域と関連しています。器械体操の選手が行う「スプリット」が一般的な例です。
2. バリスティック・ストレッチングは，軽打・バウンド・リバウンドやリズミカルな動きを伴っています。バリスティック・ストレッチングでは，動く体や幹の勢いが，関節可動域への加力を増加させます。したがって，傷害のリスクは増大します。バリスティック・ストレッチングの例としては，体側で腕を振る動作です。そして，その勢いは，関節可動域が増加するために働きます。
3. ダイナミック（機能的）ストレッチングは，正常か高速スピードのいずれかの運動パフォーマンス中に，関節可動域を使う能力を指します。反対に，バリスティック・ストレッチングには，バウンドや無理な動きは含まれていません。ダイナミック（機能的）ストレッチングは，動作に関連した特殊なストレッチング過程に直接，結びついています。ダイナミック（機能的）ストレッチングは，スポーツ活動へ密接に関与しています。
4. アクティブ・ストレッチングは，補助なしである筋肉を動かすことによって，関節可動域を動かすことができます。アクティブ・ストレッチングの例としては，選手が蹴り足をゆっくりと挙げて，100度の位置で保持することです。アクティブ・ストレッチングは，静的または動的の両方です。

「柔軟性には一般的な特徴はないが，特定の関節とその動きに特殊性がある」（Merni et al. 1981）という研究報告があります。つまり，関節可動域は，体の各関節においてさまざまです。たとえば，「ある選手の臀部は柔らかいが，肩は固い。あるいは，右側臀部は固いが，左側臀部は柔らかい」などです。体のプロポーションと柔軟性の関連について調べてみても，体表面と脂肪，皮膚，そして体重との関連性が指摘されるものの一貫した結果は得られていない。（Alter 1996）。

柔軟性について，特殊なスポーツ種目における関節，体側，スピードとの関連性について報告した研究もあります（Alter 1996）。「スポーツ種目のなかでも，特定の柔軟性パターンは，練習方法，種目，ポジションにおいて連続的，または断続的な関節の動きに関連している」と結論づけています。たとえば，野球投手の利き腕では，反対の肩よりも外旋の範囲が増加することがあります（Cook et al. 1987）。以前には，「投球速度は，肩の外旋範囲と密接に関連している」（Sandstead 1968）とされていました。同様に，Cohenらの研究（1994）によると，「テニス選手の場合，利き腕の手首屈曲，肩の前方挙上，肩の内旋や外転0°を含む多数の柔軟性を測定したところ，サーブの速度に直接関係があった」とされています。

このように，関節可動域向上に関して，柔軟性トレーニングは，各選手の要求に応えなければいけません。

ストレッチングの効果

柔軟性は，結合組織や筋肉が正しいストレッチングによって伸ばされた時に増加し，反対に，これらの組織がストレッチングや運動をしていない場合に，減少します。多くの理由のうち，「選手がなぜストレッチング運動を通して柔軟性を向上させる必要があるか」を表に示しています。

しかし，ストレッチングは，正しく実施した時にのみ有効です。選手がトレーニング中にプログラムを取り入れて，結果を得るために毎日2，3分，真剣に取り組むことが必要です。また，選手は段階的にゆっくりと，そして，ストレッチング中の傷害を防ぐために正しい方法で行う必要があります。目標に到達するため，ひとつの方法ではなく，たくさんの方法があるように，柔軟性を向上させるためにも，ひとつの方法ではなく，たくさんの方法があるのです。4章に311のストレッチング・エクササイズの詳細を示しています。これらは，ストレッチングバリエーションを増やす参考になるでしょう。

ストレッチング効果

- 多種多様な動きのスキルは選手の学習，練習を通じて，パフォーマンスを最大に引き出すことができる。たとえば，走り高跳びの選手が，「またぎ越し」の技術を習得するためには，内転筋，股関節，そしてハムストリングスの柔軟性が要求される。
- 選手の心理面と肉体面の両方をリラックスさせる能力を向上させることができる。
- 体調を把握することができる。
- 関節捻挫や筋肉挫傷など，傷害のリスクを軽減することができる。
- 腰や背部の傷害のリスクを軽減することができる。
- 筋肉痛を軽減することができる。
- 女性選手の生理痛を軽減することができる。
- 筋肉の緊張をほぐすことができる。

ストレッチングに対して，体はいかに反応するのでしょう

人体を構成している複雑なパーツは，骨格（骨）と筋肉です。骨は，骨格を特別にサポートするシス

柔軟性を理解しよう

テムと機能的に動くためのシステムによって構成されており，お互いに連携していなければなりません。関節は，2つ以上の骨が結合している部分で，その結合は，おもに靭帯によって動き，筋肉や腱によって補助されています。

筋の構造

筋組織の重要な機能は，収縮と緊張によって動きを作り出すことです。筋肉は，腱を介して骨に付着しています。骨にある筋肉の付着部が「起始」と呼ばれます。そして，もう一方の筋肉の端は骨とともに動き，「停止」と呼ばれています。筋が収縮すると，張力が生まれ，腱によって骨に伝達します。そして，動くのです。このような動きは，筋肉と骨格

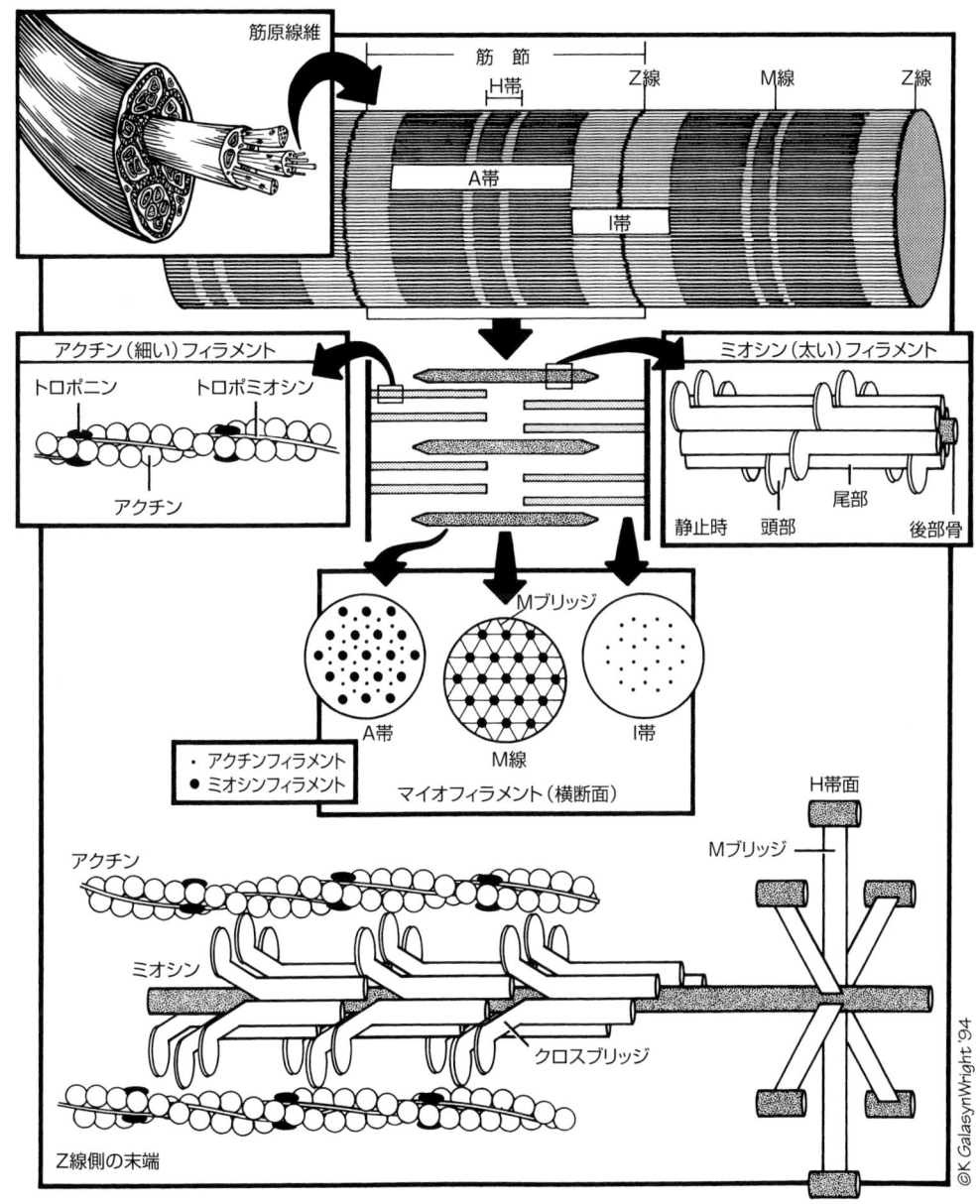

図1　全体から分子レベルまでの骨格筋組織構成（©K. Galasyn-Wright, Champaign, IL, 1994）

3

システムの協調によって発生します。

　筋肉が，ストレッチングと柔軟性向上にとって重要であることは明らかです。筋肉には，さまざまな形と大きさがあります。そして，すべてが小さな単位（図1）で構成されています。筋原線維は，収縮（短縮），リラックス，延長（伸張）を行う筋の基本部分で，明暗パターンとなっている筋節と呼ばれている筋細胞または機能単位で構成されています。筋節は，マイオシンとアクチンで構成されていると考えられていました。ところが，現在は3つめの結合フィラメントとしてチチンがあることがわかっています。電子顕微鏡では，これらを観察することができます（図2）。

　筋節の基本的な形は，図3に示しています。これらのフィラメントと形は重要です。なぜならば，「どのように筋節が延長して，選手の柔軟性に影響を与えるか」を決めるからです。柔軟性に関連する筋肉のもっとも重要な要素は，さまざまなレベルでの筋肉を封じ込めている結合組織だということを理解することが大切です。

　現在，筋の収縮については滑走説（Huxley and Hanson 1954）が一般的です。基本的に，筋線維は，筋肉内のカルシウムイオンを放出する原因となる神経刺激を受けると，アデノシン3リン酸（ATP）中で，筋肉の燃料といわれているカルシウムイオンが，アクチンとミオシン・フィラメントが静電力結合の形として拘束されます。この結合は，2つの反対磁力をお互いに引っ張りあってつながれます。この結合によって，筋線維は短縮され張力を生じます。筋線維が神経刺激をいっさい受けなかった場合，リラックスします。伸縮部分の跳ね返りは，前の収縮しなかった時の長さにフィラメントは収まります。

　反対に，筋が伸びた時に，アクチンとミオシンは，収縮中に交互接続効果によって反対になります。ある研究によると，「まず，アクチンとミオシ

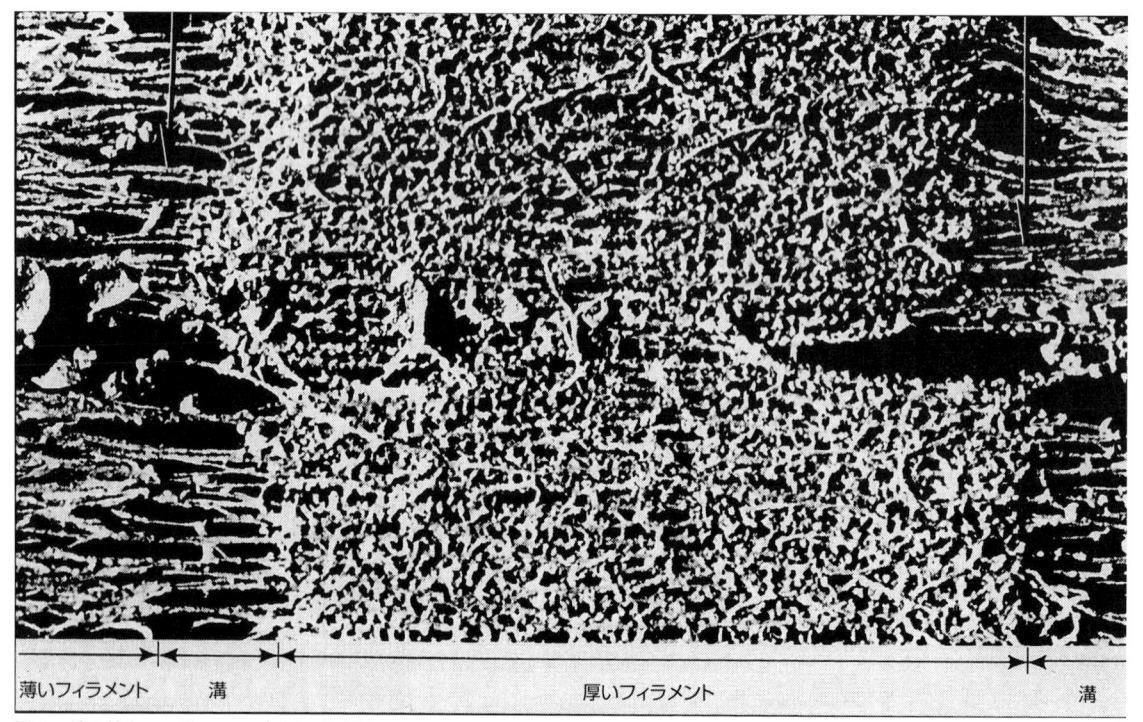

薄いフィラメント　　　溝　　　　　　　　　　　　　　　厚いフィラメント　　　　　　　　　　　溝

図2　蛙の結合フィラメント（チチン）部をオーバー・ストレッチングさせた例

　　凍結骨深部法により取り出された。厚いフィラメント（中央）は離れない。薄い結合フィラメント（矢印）部が離れてしまう。
　　これは，Z線の方向に引っ張られる。薄いフィラメント片（図の端に見える）は，厚いフィラメントには重ならない。

　　Reprinted, with permission, from G.H. Pollack, 1990, *Muscles and molecules: Uncovering the principles of biological motion.* (Seattle: Ebner & Sons), 70.

柔軟性を理解しよう

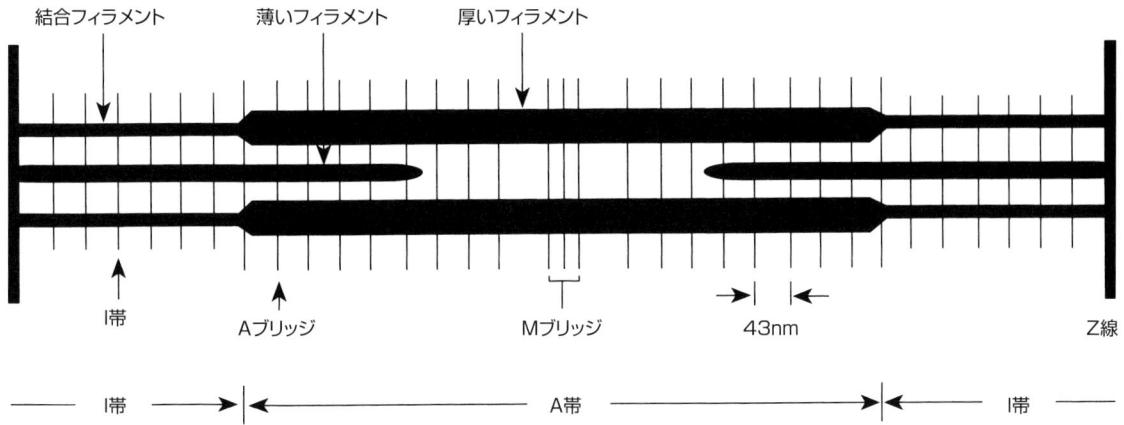

図3　筋細胞滑走説のイラスト
Reprinted,with permission, from G.H. Pollack, 1990, *Muscles and molecules:Uncovering the principles of biological motion.*(Seattle:Ebner & Sons), 81.

ンのフィラメントが簡単に伸びる。その後，伸びるにつれて，チチンフィラメントが，徐々にその間に入り込んでくる」とされています。このようにチチンフィラメントは，伸びることに対して筋節の広範囲で抵抗するという重要な責任があります。この抵抗は「休息張力」と呼ばれます。ストレッチングが続けば，最終的には，筋節の元の状態は危うくなり，断裂します。

「筋節は，休息状態の長さに比べると150％も伸びることができる」とされています（Wang et al. 1991）。つまり，筋節の伸びる部分（フィラメント）は，筋がリラックスしている時の柔軟性を制限する要因ではありません。可能性として，筋節の延長率は，関節可動域の向上を要求されるスポーツを実施しているすべての選手に有効です。このように，筋がリラックスしていて（構造上制限がないこと），結合組織が正しくストレッチングされているならば，どんな選手でもフル・スプリット（完全前後開脚）ができるはずです。このレベルの柔軟性を多くのスポーツでは要求されていませんが，ある特殊なスポーツ（器械体操，フィギュアスケート，武道など）では必要とされます。忘れていけないのは，柔軟性に関してもっとも重要な要素は，さまざまなレベルでの組織（筋線維，バンドル，筋全体）において筋を取

り巻いている結合組織です。この細胞は，筋内膜，筋周膜，筋外膜から成り立っています。これらについては，後で説明します。

骨格（随意）筋は，2つのタイプの神経線維受容器が支配しています。ゴルジ腱器官（GTOs）と筋紡錘です。これらの受容器は重要です。なぜならば，筋張力を感知する働きがあるからです。GTOsは，筋肉と腱，または筋腱膜接合部にあり腱内にはありません。筋腱膜は通常，筋腹に沿っている深部の腱膜を指します。GTOsはすべての筋張力を感知しますが，筋収縮による力をもっとも感知します。したがって，この感知は，筋が伸びるための収縮に使われる特別なストレッチング技術のためにとても意味があります（例：神経促進法【PNF】，後述）。強度の強いストレッチングは，GTOsを活発にするために必要です。

筋紡錘は筋線維の小型版で，筋線維と平行に走っている結合組織膜によって包囲されている紡錘状の紡錘体中にある神経終末です。これらの小さな筋線維は，筋紡錘体内腺条と呼ばれています。紡錘体内に位置しているからです。筋紡錘は2つのタイプの感覚終末（1次と2次）を持っています。1次終末は相互性（ダイナミック）と緊張性ストレッチング反応の両方に反応します。反対に，2次終末は緊張

性ストレッチングのみに反応します。

　相反性ストレッチングは，長さとストレッチングの割合または速度を測定します。したがって，このような反応は，バリスティックかダイナミック・ストレッチング中に重要な役割を果たしています。反対に，緊張性反応は，筋の長さを測定します。

伸張反射　伸張反射は，神経の基本的な作用です。この作用は，筋緊張を保ち，傷害の予防を促します。伸張反射は，筋が急に長くなったり，筋が突然，反応したりすることです。

　筋肉のストレッチングは，筋線維と筋紡錘の両方が長くなります。そして，筋紡錘形状の変化は，伸張反射の反応結果です。筋はストレッチングされて，長さが最小限に伸ばされる収縮です。

　一般的な伸張反射の例としては，膝蓋（腱）反射です。膝蓋骨（膝の皿）腱を軽く叩いた時，筋線維と平行に走っている筋紡錘は緊張されて，形状を変えます。これにより，筋紡錘を反応させます。そして，脊髄に刺激を伝えます。

　反射のサイクルを完了するために，脊髄は大腿四頭筋（太ももの筋肉）へ刺激を送り，収縮させます。これにより，大腿四頭筋は短くなり，筋紡錘の緊張を取り除きます。

　選手は，一般的に奮闘的なバリスティックやバウンドするタイプのストレッチングは避けるべきです。なぜなら，このタイプのストレッチングは，傷害や疲労を起こす可能性があり，伸ばしている筋張力を増大します。この張力は，結合組織をストレッチングすることをより難しくしています。このように，安全のためのストレッチングは，筋の一部分をリラックスさせて，ゆっくり行うことです。また，静的なストレッチングは，伸張反射の発生を軽減させます。ところが，ほとんどのスポーツでは，バリスティックまたはダイナミック・ストレッチングが，トレーニングメニューに取り入れられています。この話題は次で説明します。

相反性神経支配　筋はほとんどの場合，主働筋と拮抗筋のセットで動きます。ある筋セットが収縮した場合，反対の筋はリラックスします。動きに直接関与している筋は，主働筋と呼ばれます。減速，または反対に動く筋を拮抗筋と呼びます。主働筋と拮抗筋のグループは，1つのペアで相反性神経支配と呼ばれます。たとえば，上腕二頭筋を収縮させて，肘を屈曲させる場合，肘を伸展させる上腕三頭筋はリラックスしていなければなりません。もし，そういう状態でない場合，2つの筋はお互いに引っ張り合って，動きを妨げます。同じように，上腕二頭筋は，腕を伸展しようとするとき，リラックスしていなければなりません。

　相反性神経支配は，神経支配と拮抗筋のペアの相互協調によって起こります。1つのペアが収縮の刺激を受ける時，もう一方はリラックスしています。なぜならば，収縮するための強い刺激を受け取らずに，他の筋収縮が同時に行われることを抑制しています。この現象を利用して，ストレッチングを行いたい筋をリラックスさせることができます。たとえば，ハムストリングスをストレッチするために，ハードル・ストレッチング（p.24のハードル・ストレッチング参照）をしながら，大腿四頭筋を収縮させます。すると，相反性神経支配により，ハムストリングスはリラックスできます。したがって，ストレッチングをしているときに前傾した場合，よりストレッチすることができるでしょう。

逆筋張力反射　自分でストレッチングをしたとき，突然または自然に筋肉がリラックスした経験があると思います。これは，逆筋張力反射により起こります。以前は，ゴルジ腱器官（GTOs）がこの反射を受けていると思われていました。ところが，今日では，GTOsの周辺部にある他の受容器が，この反射に関与しているとされています（Moore 1984）。

　GTOsは，次のような方法で動いています。腱での筋収縮，またはストレッチングの強度が，あるレ

ベルを超えたとき、筋収縮を抑えるために反射が直ちに起こります。その結果、筋は直ちにリラックスして、過大な張力も取り除かれます。この反射は、GTOsの刺激が、筋紡錘の興奮刺激よりも強いために起こります。この反応は、保護メカニズム（断裂などの傷害から腱や筋を予防する安全装置）です。

しかし、このシステムは完全ではありません。GTOsの効果は、中枢神経系の中心から送られる追加信号によって釣り合っています。GTOsの影響を最小限にするこの過程は、主働運動神経の不抑制によることと、リ・コンディショニング・エクササイズの結果です（Brooks and Fahey 1987）。不抑制の目的は、組織容量の限界までパフォーマンスを押し上げることです。特別な場合、たとえば、腕相撲やウエイトリフティングのような活動の不抑制は、筋や腱の断裂を招きます。

逆筋張力反射は、ストレッチングのために2つの重要な意味があります。まず1つめは、選手が筋肉の重要な張りを発達させるストレッチング・ポジションを保持したり、筋の張りをなくしたりすることなどや、突然、長く伸ばすようなことができることです。2つめはコントラクト・リラックス法（後述）と呼ばれるストレッチングです。この方法を使って行うリラクセーションは、ストレッチングされる筋を誘導します。たとえば、ストレッチしたい方向へ動かす胴体や筋へのストレッチングは、拮抗筋の張力によって防がれています。これは、徐々に6〜15秒間ストレッチングする筋（拮抗筋）の中で高まっていきます。これは、GTOsが興奮する原因となり、逆筋張力反射を始めます。そして、最大関節可動域に到達するまでの間、動きます。（注：この方法には、大きなリスクがあります。なぜならば、筋肉により多くの張力をかけることになり、傷害を発生させる可能性があるからです。）

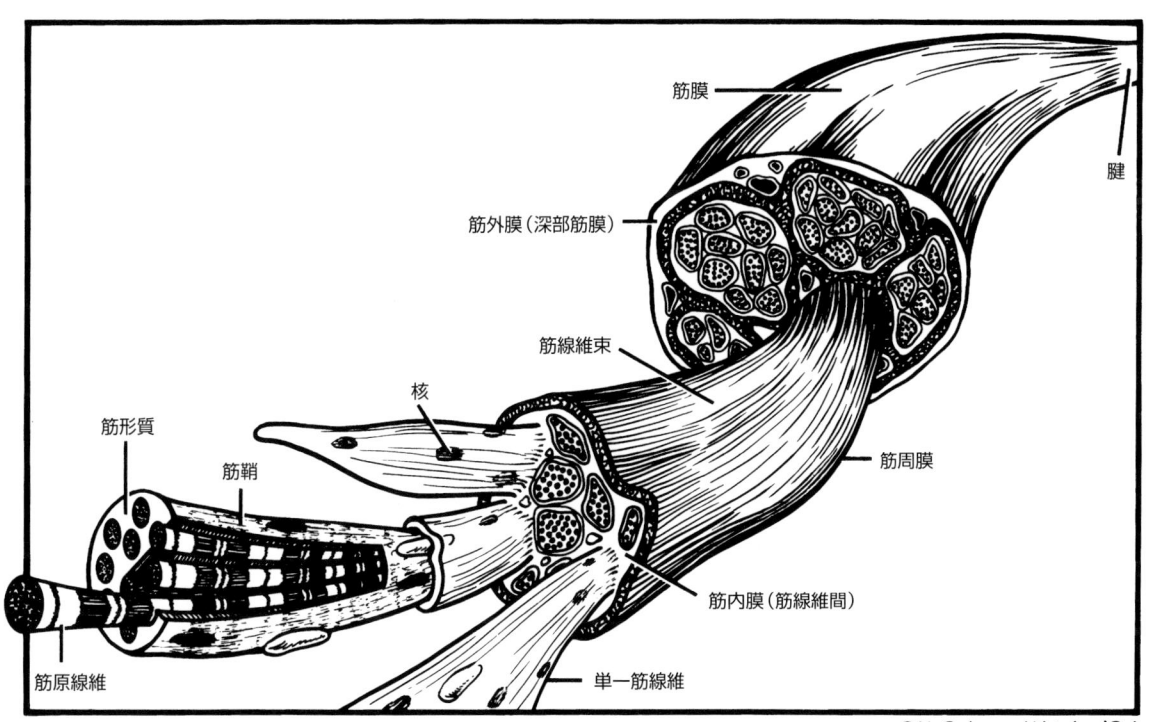

図4　筋肉の概略図　（©K.Galasyn-Wright, champaign, IL, 1994）

結合組織3タイプの図説。筋外膜（外側）、筋周膜（各筋繊維束を包む、または線維群）、筋内膜（個別に線維を包む）。

結合組織

結合組織は，体のさまざまな構造をサポートとするためにお互いをつないでいます。この組織は，体内でいちばん数の多い組織です。この組織の機能としては，防御，保護，貯蔵，運搬，そして一般的なサポートと修復も含まれています。

2つのタイプの結合組織が，選手の可動域に非常に大きな影響を及ぼします。このタイプとは，コラーゲンが主な組織のコラーゲン線維（組織）と伸縮性線維（組織）です。コラーゲン線維が多いと，可動域は制限されます。逆に，伸縮性線維（組織）が優勢な場合は，可動域は広がります。限られた範囲の中で，ストレッチングやリハビリテーションを通して，選手の結合組織は調整され，パフォーマンスが向上します。

帯という名称は，すべての線維質結合組織を指す名称で，特別な名称ではありません。筋帯（さや）は，各々のグループに筋線維を分けます。ストレッチングによる筋抵抗は，これら結合組織のメッシュワークの中で起こります。ストレッチングをすると結合組織がより緊張します。

すべての運動選手において，大変興味深いことは，「関節拘縮の場合，さまざまな組織に重要な関連がある」ということです。関節包（袋状の形をしていて，骨端を含んでいる）と靭帯は，拘縮全体の47%を占めているようにもっとも重要な要素です。続いて靭帯（41%），腱（10%），皮膚（2%）の順です（Johns and Wright 1962）。しかし，ストレッチングにおいて柔軟性向上をするには，2つの理由により筋帯へ行うべきです。

1つめは，筋とその筋体は伸縮性に富んでいます。つまり延長部への抵抗を減少させることが，より単純に行えるからです。2つめには，帯よりも靭帯は少ない伸縮率ですので，多くの緩みを作り出さないからです。これらの組織のオーバー・ストレッチングは，関節の安定性を弱体化するかもしれません。その結果，関節を不安定にして，傷害のリスクを増加させるかもしれません。なぜならば，結合組織が多分に可動域を制限する大きな役割を占めているからです。そのため，選手は，この本の4章で説明しているように，最適な柔軟性を向上させるためには，正しいストレッチングをしなければなりません。

骨と関節

最後に，運動選手の関節可動域は，骨と関節の両方によって制限されています。線路が，列車の経路を有効であるかどうかを決めるように，関節表面の形と輪郭が，最終的に動きを決めるのです。経路は，カートリッジ，靭帯，腱，そして他の結合組織によって影響されます。それらは直接，抑制要素になります。

骨盤は，骨と関節構造，および関節可動域の関係を示す例です（図5）。

女性の骨盤について，いくつかの構造上の特徴が，男性の骨盤とは違います。その違いは，

- 骨が軽い
- 淵が丸みを帯びている
- 腔は，浅くて，より容量が大きい
- 輪郭が大きい
- 坐骨切痕が広い
- 寛骨臼が，離れている
- 恥骨角が広い
- 仙骨が広くて，より傾いている

運動選手とコーチは，女性の骨盤が，一般的に男性よりも大きい可動域を持っているということを理解することが重要です。女性の柔軟性が高いという構造上の理由は，広い臀部と浅い骨盤を持っているからです。とくに，より浅い骨盤（寛骨臼）は，より大きい関節の遊びがあり，骨盤での関節可動域を向上させます。

柔軟性を理解しよう

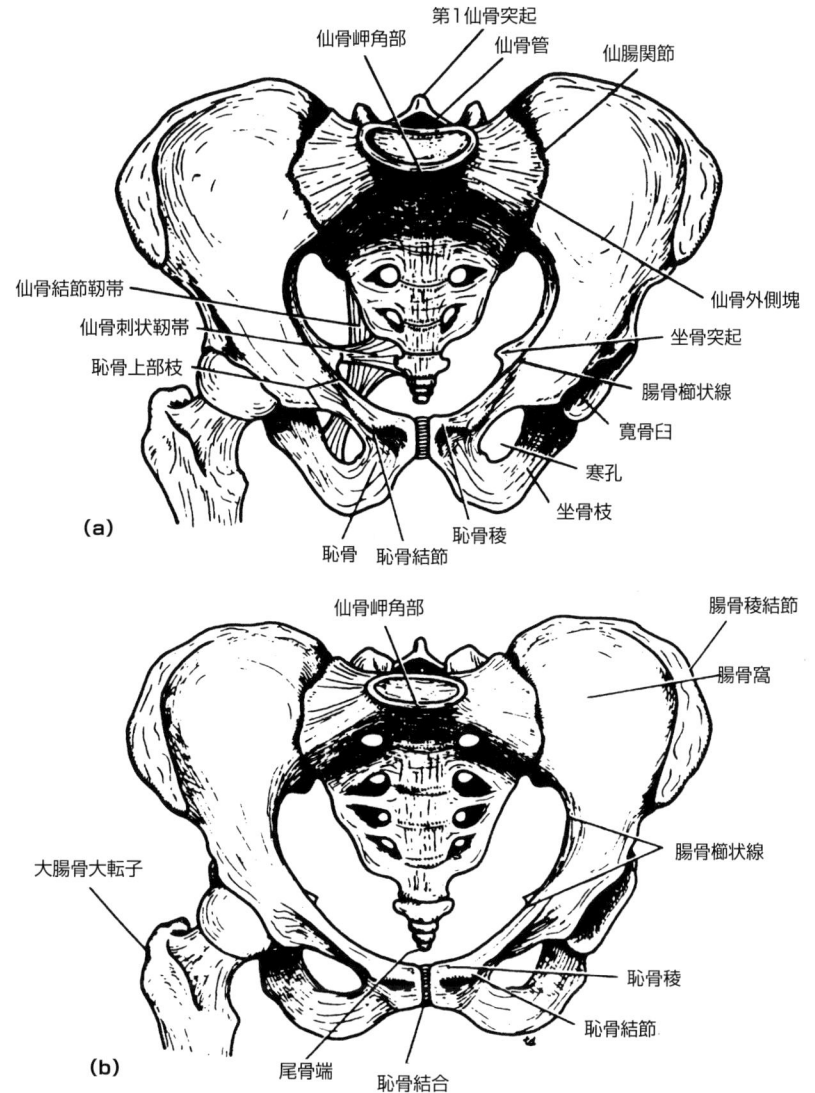

図5　男性（a）と女性（b）の骨盤
Reprinted,with permission, from R.S. Snell, 1992, *Clinical anatomy for medical students*, 4th ed. (Boston:Little, Brown), 313.

ストレッチングをすると，体に何が起こりますか

　最初に述べたように，突然ストレッチングを行った場合に，伸張反射が起こり，その反射によって筋が収縮します。しかし，トレーニングを通じて，伸張反射が起こる臨界点は，高いレベルにセットされます。通常，筋はストレッチングをすると，よりリラックスします。神経生理のある研究によると，中枢神経系においての可塑性の適応がみられました（Wolpaw and Carp 1990）。とくに，脊髄伸張反射の大きさは，上昇，下降，または変化なしと，反応が変わります。WolpawやCarpら（1990）によると，反射活動は，徐々に脊髄神経系の可塑性により，変化していくという仮説を支持しています。

　2つめに，時間が経過するにつれて，ストレッチングを続けていくと，筋節の数は徐々に増加していきます。新しい筋節は，筋原線維の終端に付け加えられます。研究によると，筋節の増加は，筋肉の長

さが増加するために必要としています（Goldspink 1968 ; Williams and Goldspink 1971）。しかし，競技者レベルにおいて，伝統的なストレッチング・プログラムによって，筋節の数が増加するということが支持されるには，今後，さらに研究が必要です。

3つめに，徐々にストレッチングを増加させると，筋肉を包む筋膜帯が，筋肉の－筋外膜，筋線維内鞘，筋周膜（図4参照）－長さが一時的に変わるかもしれません。ストレッチングに適応する他の組織は，腱，靭帯，帯，瘢痕組織です。

4つめに，ストレッチングは，ハムストリングスの他動可動域で，伸張性が増加するとされています。しかし，研究によると，ストレッチングは，ハムストリングスそのものを硬直させます。つまり，伸張性増加は，ストレッチングの許容量を増加させることです（Halbertsma and Goeken 1994 ; Halbertsma, van Bolhuis, and Goeken 1996）。

5つめは，ある研究によると筋細胞が特別のチチン・アイソ・フォーム（形態はさまざま）によって，制御，違和感の調節や伸張性の制限が行われているとしています（Wang et al. 1991）。

筋，つまり大きなチチン・アイソ・フォームが，長い筋節の長さでの張り，高い筋節の長さでの伸縮性限界に達していることや，低い張りを生み出すということです。このような制御と調節は，トレーニングによって影響を受けるかもしれません。

6つめに，ストレッチングは，グライコ・アミノ・グライカンズ（GAGs）と呼ばれるゲル状物質の生産と継続を刺激すると考えられています。GAGsは，水とヒアルロン酸に結合して，結合組織の潤滑とこれらの組織に大切な距離を保ちます。また，このことは，線維同士が触れたり，癒着したりしないようにしています。それによって，過大な重なりができません（図6）（Akeson, Amiel, and Woo 1980）。

7つめに，あるレントゲン撮影（Nikolic and Zimmermann 1968）によると，ダンス・トレーニングによって，骨と関節の形が変わりました。これによって，可動域は向上させることができます。ストレッチングは，この方法の1つです。

最後に，最新のある研究によると，「筋と結合組織の機械的刺激（ストレッチングや抵抗運動など）は，遺伝子表徴に効果がある」とされています。（Simpson et al. 1994 ; Sutcliffe and Davidson 1990）これは，反対に，組織を調節して，筋と結合組織の伸張性に影響します。

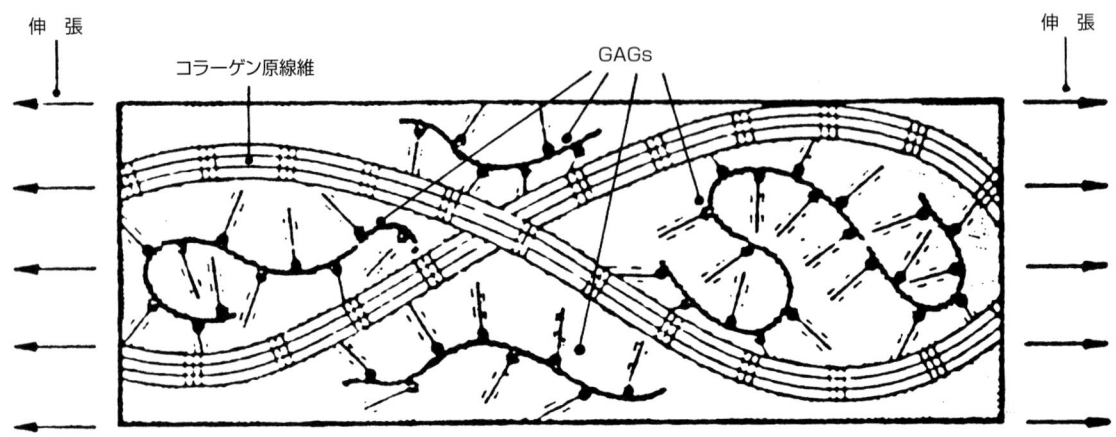

図6　GAGs活動

ストレッチングは，コラーゲン線維が働くが，GAGsは，線維を別々に整頓させる。

Reprinted,with permission, from E.R. Myers, C.G. Armstrong, and V.C. Mow, 1984, Swelling Pressure, and Collagen Tension. In *Connective tissue matrix*, ed. D.W.L. Hukin.(Deerfield Beach, FL:Verlag Chemie), 171.

ストレッチング・テクニック

ストレッチングは，延長の過程といわれています。ストレッチングは，個人のゴール，能力，そしてトレーニングの状態によって，さまざまな方法があります。たとえば，世界レベルの体操選手や空手の有段者は，健康増進のためにストレッチング・プログラムを始めた人よりは，より高度な方法を用います。ストレッチング・テクニックには，5つの基本的な方法があります。①スタティック（静的），②バリスティック，③他動的，④自動的，⑤プロプリオセプティブです。

スタティック・ストレッチング

スタティック・ストレッチングは，もっとも可動域の得られる点でのストレッチングと，その位置で静止する方法です。スプリット（前後開脚）がよい例です。このストレッチングの方法は，安全なだけではなく，柔軟性向上のためにハッサヨガ（ヨガの種類）の専門家によって何世紀も続けられています。他の長所として，次のような点があげられます。

- 手軽に理解できて，簡単に実施できる
- エネルギーの消費が少なくてすむ
- ストレッチング反射の感覚リセット時間が，適当な時間ですむ
- 長さの変化を少なくできる
- ストレッチングが適当な強度であれば，GTOsの興奮を避けて筋のリラクセーションを画す

スタティック・ストレッチングの大きな短所は，特殊性に欠けることです。1960年代に，S.A.I.D.原理（Wallis and Logan 1964）が研究され，強制的に選手は，筋力・持久力，そして柔軟性をベースに，S.A.I.D.原理に基づきトレーニングをしました。それは，正しい方向への動き，可動域を最高速度の75％以上で，そして特別運動においてスキルで使う関節角度でストレッチングをするべきであるということでした。この研究は，スポーツ特殊性とS.A.I.D.原理のコンセプトを支持しています。なぜならば，ほとんどの活動と動きは，本来，ダイナミックであり，スタティック・ストレッチングは，コーディネーションを若干，向上させることができますが，特殊性を向上させるような最適なトレーニングとはなりません。ここで，忘れていけないのは，筋は2つのタイプの受容器を持っているということです。最初の終端は，速度と筋の長さの両方を感じます。2つめは長さのみです。このようなことからスタティック・ストレッチングは，必要としている反応に関係している最初の終端のコンディションを整えるために用いるべきです。

加えて，ある研究（Rosenbaum & Hennig 1995）では，「単純なスタティック・プログラムをするべきではない」と結論づけています。なぜならば，筋のパフォーマンス効果を，減退させる可能性があるからです。とくに，彼らの研究によると，ストレッチングは活発な力を発揮する上で，マイナスの効果があるとされています。このマイナス効果に関係するのは，ダンピング率（吸収とショックの負荷を消費する能力）の軟部組織の機械的な違和感による痛み（再生抵抗のための能力）などの機械的性質変化によるものです（Siff 1993a）。

バリスティック・ストレッチングと動的ストレッチング

バリスティック・ストレッチングは，ボビング，バウンド，リバウンドなどの反動やリズミカルな動きによって行うものです。最初に述べたように，バリスティック・ストレッチングにおいて惰性は，体や胴体が力によって関節可動域を向上させる動的な力です。この方法は，もっとも専門家の間で意見の分かれるストレッチング方法です。なぜならば，痛

みや傷害の発生率が他のテクニックと比較して高くなる可能性があります。その他の短所は、次の通りです。

- 組織がストレッチングするために適切な時間を与えないこと。
- 伸張反射を引き起こし、それによって筋の張力を増す。そして、結合組織のストレッチングをより難しくする。

以上のような短所により、運動選手にはトレーニング中にバリスティック・ストレッチングよりも一体化している動的ストレッチングを取り入れることを勧めます。バリスティック・ストレッチングと動的ストレッチングの重要な違いは、後者は、バウンドや無理な動きで終わらないことです。つまり、動きをコントロールしているということです。ある研究によると、バリスティック・ストレッチングと動的ストレッチングの両方とも柔軟性を向上させます。ところが、動的ストレッチングは、すべてのスポーツで必要な最適な柔軟性を向上させます。柔軟性トレーニングは、コンディショニングに必要な速さとその速さに対応する受容器をトレーニングしなければならないということを忘れないでください。

安全なバリスティック・ストレッチング（動的ストレッチング）プログラムは、Zachazewski（1990）によって考案されました。彼は、ウォームアップによる段階的速度ストレッチング・プログラム（P.V.F.P.）を提唱しました。運動選手は「徐々に速さと長さの範囲を組み合わせてコントロールするストレッチング・エクササイズ・シリーズ」を行います。

この段階的なプログラムは、筋肉と筋腱結合部が機能的なバリスティック動作へ段階的に適応することです。これによって傷害のリスクを軽減します。Zachazewski（1990）は、次のようにプログラムを説明しています（図7）。

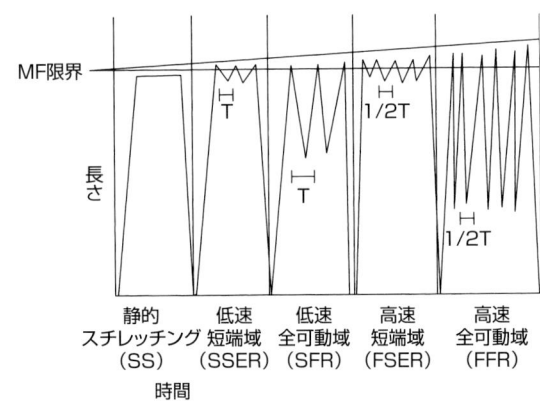

図7　段階的速度によるストレッチング・プログラム
Reprinted, with permission, from J.E. Zachazewski, 1990, Flexibility for sports. In *Sports physical therapy*, ed. B. Sanders.(Norwalk, CT:Appleton & Lange), 234.

「運動選手は、活発刺激をコントロールする環境において、低速度から高速度へ移行する活動へと移っていきます。静的ストレッチングの後、低速短端域（SSER）が働きます。そして、運動選手は、低速全可動域（SFR）、高速短端域（FSER）と高速全可動域（FFR）と順々に行います。動きのコントロールと可動域は、選手に任せます。外部からの力（補助など）はかけないようします。」

反対に、Tom Kurz（著名なストレッチング専門家）は、「一般的に受けいれている静的ストレッチングは、ウォームアップ後に行うのがよい」としています。彼は「動的運動を伴うワークアウトの前にスタティック・ストレッチングを行うのは逆効果である」としています。つまり彼は、ワークアウトの主要な部分やクールダウン時にはダイナミック・ストレッチングを最初に行い、その後、スタティック・ストレッチングをすることを主張しています（Kurz 1994）。

他動的ストレッチング

他動的ストレッチングは、リラックスしながら、可動域を動かす方法です。つまり、外部からの力が、手動または、補助用具によって作り出されま

す。他動的ストレッチングは，筋や結合組織の伸縮性が制限されたり，それらの組織をリハビリテーションしたりするために使われます。他動的ストレッチングの長所は，次の通りです。

- 筋（動きを最初につかさどる筋）が，反応にとても弱い時に効果的である。
- 硬い筋肉を柔らかくする時に効果がある。
- ストレッチングされる筋（拮抗筋）の伸張性が，柔軟性を制限している時に効果的である。
- 現在の可動域よりも広がる。
- 関節の可動域を向上させる。
- 方向，期間，強度は，より高度なストレッチング機械と機器をリハビリテーション療法に使われた時に計測される。
- チームの和を選手同士ストレッチングすることによって，図ることができる。

運動選手は，他動的ストレッチングによるいくつかの短所を理解する必要があります。最初に，パートナーが正しく適切な力を加えなかった場合，痛みや傷害のリスクが大きくなります。

加えて，他動的ストレッチングは，ストレッチングを急激に行うとストレッチング反射を引き起こします。他の短所は，他動的ストレッチングと自動的ストレッチングの領域で大きな違いとして，傷害を発生させるかもしれないということです（Iashvili 1983）（図8）。しかし，ある研究によると，「運動選手にとって，一番重要なことは，他動的ストレッチングが，自動的ストレッチングよりスポーツ能力向上レベルへの関連性が低い」ということです（Iashvili 1983）。解決方法として，動的柔軟性も向上させる必要があります。

自動的ストレッチング

自動的ストレッチングは，自分自身の筋肉と外部からの力に頼らず，自分自身の力のみで伸展させることです。自動的ストレッチングは，大きく2つに分けられます。自由自動的ストレッチングは，筋が外部抵抗力のない状態で，動くときに起こります。自由自動的ストレッチング例としては，正面を向いて，ゆっくりと片足を約100度まで挙げます。抵抗他動的ストレッチングにおいては，運動選手が抵抗に反発して自発的な筋収縮を使います。この例を使うと，手動抵抗，またはウエイトによって，脚を挙げておくことに使われます。自動的ストレッチングは，これらの筋肉が弱くて動けないことによって，柔軟性が制限されるときに使うことをお勧めします。

自動的ストレッチングは，とても重要なトレーニングです。なぜならば自動的に柔軟性（動的柔軟性の可能性もある）を向上させるからです。自動的ストレッチングは，スポーツ能力の向上において，とても密接な関係が他動的ストレッチングよりもあることが指摘されています。自動的ストレッチングはもっとも制約がありますが，運動選手にとっては潜在的価値が大きくあります。つまり自動的ストレッチングは，ストレッチングの方法でもっとも簡単に行うことができ，パートナーや用具類を必要としません。自動的ストレッチングの短所は，伸張反射に影響されて，重度の捻挫，腫脹または骨折のような

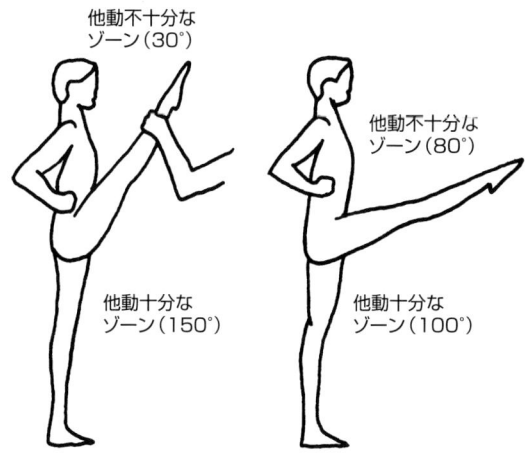

図8　スチレッチングゾーン
Reprinted, with permission, from M.J.Alter, 1996, *Science of Flexibility*, 2nd ed.(Champaign, IL:Human Kinetics), 179.

傷害やある機能不全がある場合には，効果がありません。

近年において，アクティブーアシスト・ストレッチングと呼ばれる変形が，とても一般的になってきました。アクティブ・ストレッチングとともに，可動域は，柔軟性が個人の限界に達したときに，パートナーや用具（チューブやタオル）を使います。この変形技術の長所としては，弱い拮抗筋を動かしたりすることができます。そして，コーディネーションのパターンを作る手助けをしたり，機能的ストレッチングにより関節可動域の限界を高めたりすることができます。しかし，運動選手のパフォーマンス向上のためには，もっと多くの研究が必要です。

固有受容性神経筋促通法
（Proprioceptive Neuromuscular Facilitation:PNF）

PNFは，可動域を向上させることができる方法です。PNFの変形バージョンは，筋エネルギー方法として整骨療法医学で応用されています。PNFは，理学療法でリハビリテーション方法として考案され，発展してきました。今日では，いくつかの違ったタイプのPNFが，スポーツ医学では使われています。PNFテクニックの名称や説明は，情報源によってさまざまです。したがって，それぞれを比較することは難しいことです。この本では，Moore氏とHutton氏（1980）による用語と説明を用いています。アスレチック・トレーニングで，もっともポピュラーなPNFテクニックは，コントラクト・リラックス法とコントラクト・リラックス・アゴニスト・コントラクト法です。

コントラクト・リラックス(CR)法　コントラクト・

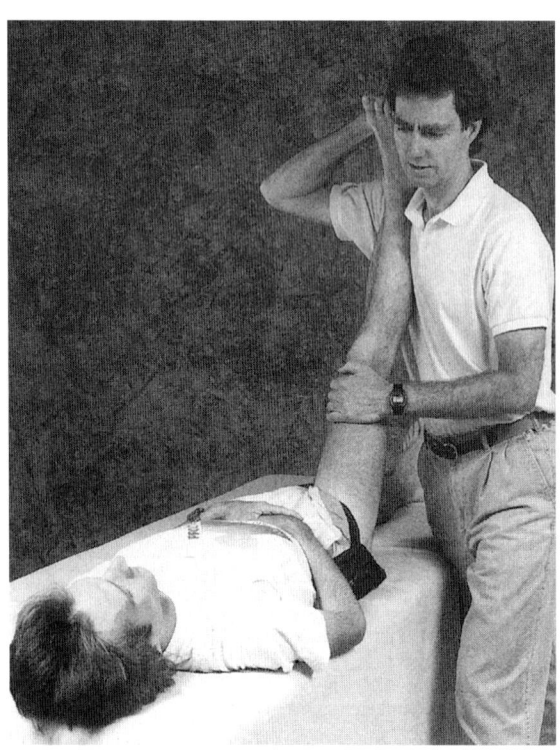
(a)

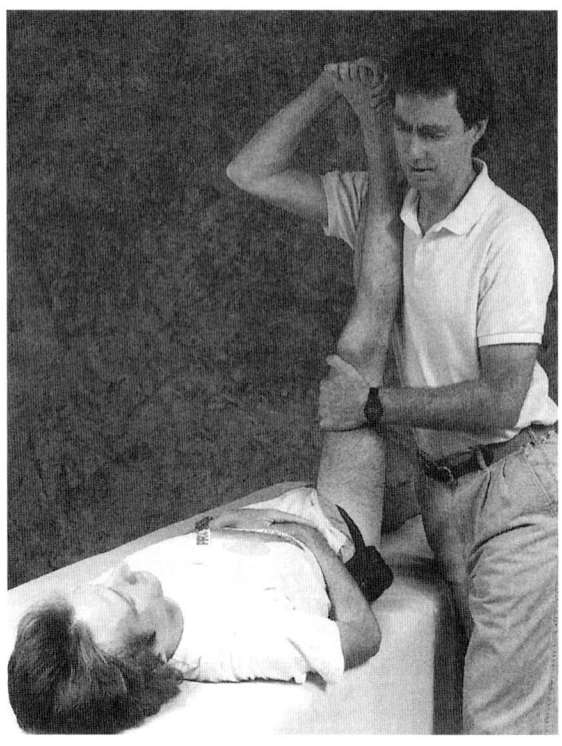
(b)

図9　(a) PNF（コントラクトリラックス法）ハムストリングス・ストレッチングの開始位置
　　(b) パートナーが寄り深く角度をつけると，より深くストレッチングができる

Reprinted, with permission, from R.E. McAtee, 1993, *Facilitated stretching*.(Champaign, IL:Human Kinetics), 14-15.

リラックス法（ホールド・リラックス法とも呼ばれる）は，運動選手の柔軟性が乏しい側の筋群を緊張した状態で始めます。写真のように，ハムストリングスが固いことが予想される場合には，硬いハムストリングスは，最初はゆっくりと伸ばして，徐々にアイソメトリックに収縮させます。それは，パートナーの抵抗に合わせて6〜15秒間行ってください。収縮がアイソメトリックになると，筋の緊張や関節の動きに変化がありません。この収縮は，ハムストリングスがリラックスされるピリオドで起こります。そして，パートナーが，関節可動域をフルに使い他動的に動かすことにより，ゆっくりと硬い筋群（ここではハムストリングス）を伸ばします（図9）。

コントラクト・リラックス法の割合は，ストレッチング位置で拮抗筋（ハムストリングス）が実際に収縮している時と，同じ筋の次のリラックス期との違いです。部分的に，このリラックスはGTOsからの抑制活動の結果かもしれません。必要な抑制（リラクセーション）効果を達成するために，PNFリラクセーション方法はとても重要です。MooreとKukulka（1991）は，「ストレッチングの増大は，自発的収縮のあとすぐに実施するべきである。1秒以内に実施することを勧めるが，5秒以内では確実に実施するべきである」と提唱しています。なぜならば，最高低下効果は，1秒以下しか保たれず，回復の70%は，5秒以内に起こるという理由からです。

コントラクト・リラックス・アゴニスト・コントラクト（CRAC）法 CRAC法は，リラクセーション期が拮抗筋（硬い筋群の拮抗筋。この場合，大腿四頭筋）の自動収縮によって起こることを除いて，CR法に似ています。パートナーによっても補助できます。そしてこの方法は繰り返し行えます。

CRAC法は，神経生理学の相反性抑制理論を基にしています。主働筋（大腿四頭筋）が収縮すると，拮抗筋（ハムストリングス）がリラックスします。加えて，CRAC法は，他の方法と比べて関節可動域が増大するということが明らかにされています（Moore & Hutton 1980）。他に考えられる長所は，動的ストレッチングの促通です。短所は，違和感や痛みがあることです。

PNFエクササイズの収縮期において，よく尋ねられる質問は2つあります。それは，強度と時間です。PNFのオリジナルと初期の本では「最大限」という用語を用い，正しい抵抗量として説明しています。しかし，多くのPNFインストラクターは，現在「最適」と「適切」という用語を用いています（Adler, Beckers & Buck 1993）。この本では，McAtee（1993）より提唱されている「最高時より少ないアイソメトリック収縮」を使います。長所は，安全性が高い，痛みが少ない，パートナーの負担減，大きさと筋力が違うにもかかわらずパートナーと一緒に行えるなどです。

時間の長さは，アイソメトリック収縮期の0秒，3秒，そして6秒という比較研究によって解明されています。この研究は，動的PNFで長いアイソメトリック収縮の優越という仮説を支持しています。しかし，この優越は，静的PNFでは支持されていません（Hardy 1985）。今後もこの仮説については，研究が必要です。

PNF法は，他の旧式ストレッチング法よりも多くの長所と恩恵をもたらします。とくに素晴らしい点は，PNF法が柔軟性向上のためにもっとも成功した方法だからです。なぜならば，動的柔軟性を向上させて，コーディネートされた動きを助けているからです。相反性神経支配と逆筋緊張反射のように，いくつかの重要な神経生理メカニズムを使っているので，称賛されています。PNF法は，ストレッチング反射の再設定とストレッチング知覚変更を助けています（Magunussonet et al. 1996）。しかし，多くのこれら仮説は，今後も研究を必要としています（Moore & Hutton 1980）。

不運なことに，PNF法は，いくつかの短所があります。もっとも大事な点は，傷害のリスクが大きい

ことで，筋が伸びることから心臓の合併症まであります。それから，技術的には，知識や熟練パートナーを必要とします。これは，練習では非効率的です。なぜならば，1人の選手（パートナー）は，ストレッチングをしている際，休息していないのです（Kurz 1994）。

ストレッチング補助

前述の説明に加えて，特別に作られたストレッチング機器を使うことによって，関節可動域を向上させる方法があります。ストレッチング・マシーンは，ダンス，器械体操，武道やヨガの雑誌に1970年代中ごろからとくに紹介され始めました。これらのマシーンは，値段や機能がさまざまです。デザインや用途によりますが，ストレッチング・マシーンは，動的，静的または機能的柔軟性を向上させることができます。もっとも一般的で，広く知れ渡っている機器は「ラック」でしょう（図10）。

ストレッチング・マシーンを購入するうえで，大切なことは，製品の安全性，効果，そして耐久性でしょう。知識のある公認アスレチックトレーナー，理学療法士，または医師にストレッチング・マシーンの安全性や効果を評価してもらってください。クレームや保証などの試用期間をメーカーに問い合わせることです。修理中の代品や修理期間などの長さも尋ねることが必要です。製品の素材や構造も調べましょう。どのくらいの強度や損傷に耐えられるかなどを尋ねることも必要です。操作性や使いやすさも考えましょう。

図10　ユニバーサル社製「プロ・フレックス」ストレッチング（写真：Universal Gym Equipment, Inc., West Palm Beach, FL.）
　　　注：ユニバーサル社製「プロ・フレックス」は，現在販売していない。

何が筋肉の張りやコリの原因でしょう

　不快感，張り，コリ，または痛みをほとんどの選手は経験しています。これらは，2つに大きく分けられます。これらは，活動中，もしくは活動後すぐ（数時間後）に起こる場合と，24〜48時間後に現れる場合があります。この筋肉の張りは，ストレッチングをした後も起こる場合があります。そのため，選手とコーチは，張りが起こる原因を調べ，除去または最小化する方法を理解する必要があります。現在，筋の張りを説明する基本的な仮説が4つあります。これらはここでは，別々に説明しますが，同時に起こる場合もあります。ほかにも筋肉の張りを引き起こす原因はあるでしょう。

組織断裂または損傷

　この仮説は，筋線維または結合組織が，マイクロ断裂していることによって起こるとされています（図11）。現在では，これは結合組織の擦れ合い，またはダメージによるとされています。通常，エキセントリック収縮を使っているエクササイズやトレーニングの結果です（つまり，長さの拡張，または筋のストレッチングは，抵抗下で収縮しています）。プライオメトリックスは，エキセントリック収縮を使ったトレーニング方法の例です。

代謝蓄積，圧力，腫脹

　この仮説は，腫脹（過剰な水分）を引き起こす物質によって，筋代謝蓄積によるというものです。それによると，運動選手の感覚神経上での圧力が痛みを引き起こします。筋とストッキングに水を入れた水風船を比較すると理解できます。水の量を増加させると，ストッキング内の張力が増加して，痛みと腫れや張りを引き起こします。研究者の中にはこの仮説を疑う人もいます。つまり，この仮説は現段階では立証されてはいません。

乳酸説

　乳酸は，代謝によって作り出される老廃物です。そして，無酸素状態の時にのみ発生します。つまり乳酸は，筋に不十分な血液供給がされない場合のみに作られます。したがって，乳酸は自動エクササイ

関節最大支持自動的および他動的ストレッチングを理解する

　なぜ，コーチや選手が，下記の2つの点を理解することが大切なのか，慎重に説明します。①自動的と他動的の両方の柔軟性を発達させる。②自動的と他動的，両方の関節可動域の見解を数値で表したデータを持っている。「リザーブ（他動的な可動性の高い割合）の範囲と実際での（自動的＆他動的）関節可動域を理解することは，その個人が持っている潜在的な伸び幅を決めることができます」(Karmenov 1990)　他動的ストレッチングから自動的なストレッチングの量を差し引くことによって，潜在的な伸び幅を計算します。この差が自動運動で不適当な幅です。たとえば，他動的ストレッチングの量が150度で，自動的ストレッチングの伸び幅は100度としましょう。潜在的な伸び幅は，50度です。このように，自動不適当の幅の大きさは，大きければ，自動的ストレッチングは上昇する可能性があります。この値を知っていることは，とても大切です。しかし，自動的と他動的ストレッチングの差が大きいと，傷害をする可能性も高くなります。

　リザーブ可動性の量から自動的ストレッチングの適当な量を差し引くことによって，他動的ストレッチングの潜在的な増加を決められます。この差は他動的不適当の幅です（図8参照）。たとえば，優秀なアクロバット芸人か体操選手は，足を伸ばしたまま，股関節を180度。曲げられると仮定しましょう（この可動性での角度は，年代によって作成された平均値を元にした一般的なテストデータから決められます）。もし，自動可動性が150度としたら潜在的な他動的可動性の上昇は，180度－150度＝30度　このような情報はパフォーマンスの向上と傷害のリスクを軽減するためにコーチや選手の手助けとなるでしょう。

ズと，ほとんどの静的ストレッチング・プログラムを実施することによる痛みの要素になるはずがありません。

筋けいれん

de Vries（1961 & 1966）氏による運動単位での局所的けいれん説は，遅延局所的筋の張りを説明しています。この仮説によると最初，レベル以上のエクササイズは，筋への血液量減少や防御反射張力筋収縮の結果として痛みを伴う鬱血を引き起こします。張力収縮は，より鬱血を引き起こして不完全なサイクルを生み出します。つまり，多くの研究者は，de Vries氏を支持していません。局所的けいれんは，局所的痛みの要因になるかもしれません。しかし，筋への血流量減少による最初の原因という説は，運動プログラムの中に組み込まれた，他動的で静的なストレッチングが痛みの要因であるとは考えにくいです。

筋の張りの度合いは，エクササイズやストレッチングをしていない人においては，よく起こります。これは運動不足というペナルティーです。ストレッチングにより起こる筋の張りを最小限に抑える方法は，次の通りです。

❶ ウォームアップで正しいストレッチングを実施

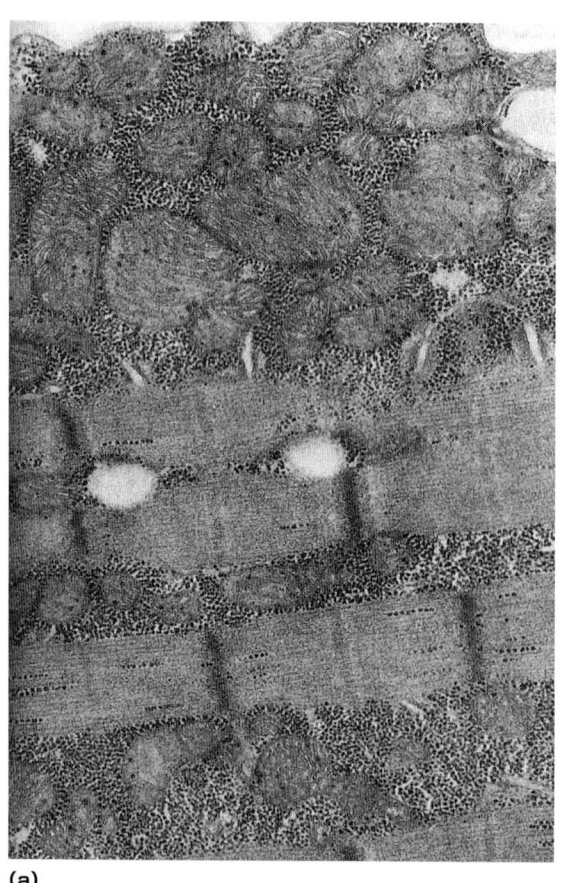

(a)

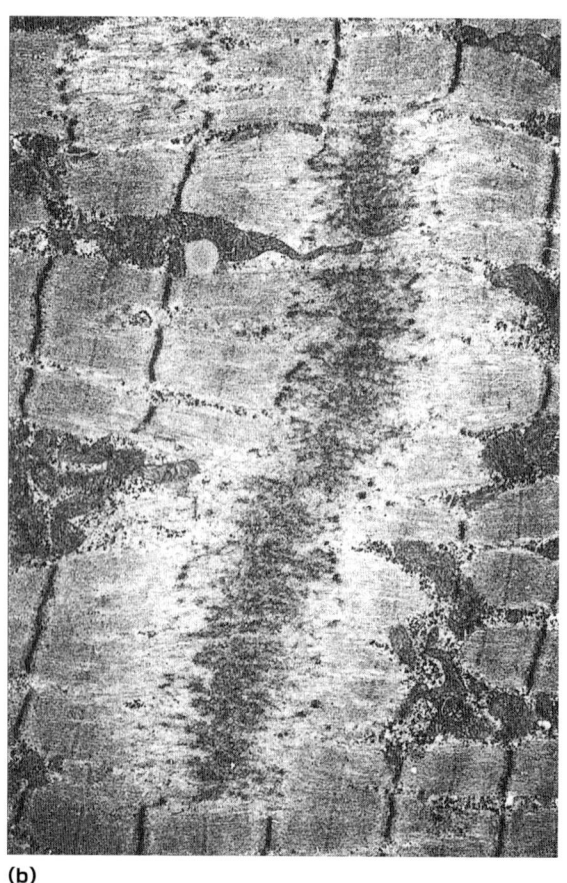

(b)

図11 （a）電子顕微鏡によるマラソン出場前ランナーの筋肉における通常のアクチン・フィラメント，ミオシン・フィラメント，Z盤断面写真
　　　（b）マラソンレース直後の筋肉サンプル写真。筋節が損傷しているのが見受けられる

Reprinted, with permission, from J.H. Wilmore and D.L. Costill, 1994, *Physiology of sport*.(Champaign, IL:Human Kinetics), 79.

する。
❷ 段階的速度を伴うストレッチング・プログラムを実施する。
❸ 正しい方法（技術）で行う。
❹ 他の主要なトレーニング（アジリティ，バランス，持久力，筋力，パワー，スピード）の発達をおろそかにしない。

それでもなお，よくトレーニングしている選手の場合においても，通常よりも高いレベルで練習した場合に，傷害を引き起こします。

正しい傷害の対処

もし，筋の張りを感じたり傷害をしたりした場合，損傷を広げないように知識をフル活用して最適な傷害の対処を決めてください。一般的には，RICE（安静，冷却，圧迫，挙上）という考え方にしたがって，傷害の部位の応急手当をします。そして，医療機関を受診させます。すぐに傷害の処置をした場合，早期リハビリテーションを始めることができ，回復が早いでしょう。

年齢がどのように柔軟性に影響するか

柔軟性は，何歳になっても正しいトレーニングをすることによって向上することができます。しかし，向上する割合は，すべての選手においてすべての年齢で同じではありません。ある研究によると，一般的に，幼児はとても柔軟性が高い。学校へ行くようになると，第2次成長期まで柔軟性は減少します。そして，その後，成人になるまで増加します。しかし，成人になると柔軟性は，増加率が減少します。年齢とともに柔軟性は減少しますが，活発な人は，減少する量が最小限に抑えられます。実年齢ではなく，性別成熟度によって測った成長年齢は，下半身の筋力と柔軟性に密接な関係があります。しかし，多くの親，コーチ，そして成人選手は，成長による練習方法の違いに気づかずに，過大にパフォーマンスや成績を要求したりしています（Pratt 1989）。

加齢による柔軟性減少の主な要因としては，体の結合組織変性によるものです。興味深いことに，ストレッチングすることによって結合組織内の脱水状態により柔軟性の減少を遅らせることができるとされています。ストレッチングは，結合組織線維間の潤滑油として刺激します。そして，結合組織が癒着するのを防ぎます。加齢による他の身体変化としては，

- カルシウム沈着増加
- 結合組織内の断水状態増加
- 結合組織内の粘着増加
- 細胞の化学組成変化
- 脂肪やコラーゲン線維への筋肉線維の置き換え

自分のワークアウトにストレッチング・プログラムを加える

ストレッチング・プログラムは，慎重かつ計画的に，そして通常のエクササイズプログラムの一部として行うべきです。通常のプログラムとは，一時的や段階的に使うことのできる関節可動域が，徐々に増加されることを指します。競技生活中，一般的にトレーニングは，選手が上達することに影響する複雑な過程であり，試合出場に必要なレベルを確保します。ストレッチングは，選手が行うトレーニング全体のうちの重要な一部分にすぎません。

■ウォームアップ

ウォームアップとは，運動前に血液循環と心拍数を上昇させてエクササイズをすぐに実施できるようにすることで，良いコンディショニング・プログラ

ムの重要な部分です。ウォームアップ・エクササイズは，選手が休息から運動へと移行する時間になります。これらのエクササイズは，選手が精神的にも肉体的にも準備することによってパフォーマンスを向上したり，傷害のリスクを軽減したりするようにプログラムされています。生理学的には，ウォームアップは体温を上昇させて血流量を増加させます。

ストレッチングは，ウォームアップと同様，正しく行われない場合があります。なぜならば，通常トレーニング中のウォームアップ部分で行われるからです。加えて，静的ストレッチングや他動的ストレッチングでは，体の全体または部分的な温度が上昇したり，血流量が増加したりしにくいのです。つまり，これらのストレッチングは，ウォームアップの意味をなしていないのです。

実際，ストレッチングは，ウォームアップの前にいつも行うべきです。まず組織温度の上昇は，結合組織や筋肉の伸張性を助長します。それゆえ，ストレッチングで傷害のリスクを減らすことができます。

ウォームアップは，基本的に3つに分かれています。他動的ウォームアップは，ホットパックや温かいシャワーなどの外部刺激により体温を上昇させます。一般的なウォームアップとして，1番よく使われている方法でしょう。2つめは，運動自身には直接関係のない，さまざまな動きが含まれています。これらは関節の回旋，一時的な体のひねりや屈曲などを含んでいます。

これは軽い柔軟体操，ウォーキング，ジョギングまたは縄跳びなどによって行われます。3つめは，実際の活動をするか，そのまねをするなどのいずれかの動きを含む特殊なウォームアップです。これは，強度を落として行います。最終目標として，血流量の増加と体温の上昇です。

ウォームアップの強度や長さは，選手の体力や現在のコンディションに合わせなければなりません。選手のウォームアップは，体温上昇するのに十分な強度と汗をかくようなレベルで行うべきです。疲労

よいウォームアップの効果

- 体温を上昇させる
- 筋肉を動かして，血液循環を良くする
- 運動のために心肺機能を準備する
- 脈拍をあげる
- 体からのエネルギー代謝率を上昇させる
- ヘモグロビンからの酸素交換率を上げる
- 体の動きを過敏にするために神経反応スピードを上げる
- 相反性筋肉張力が減る
- 結合組織の延長能力を伸ばす
- 心理的な準備ができる

するようではいけません。寒い天候では，ウォームアップはより強度を上げるべきです。

長さ，頻度，タイミング，強度

柔軟性トレーニングついての長さ，頻度，タイミング，強度についての議論は，活発に行われています（Alter 1996）。柔軟性トレーニングを考案する際に，いくつかの重要な要因を考慮しなければなりません。もっとも大切なことは，選手またはコーチが，ストレッチング・セッションの目的をはっきりと理解していなければなりません。とくに，そのプログラムは，柔軟性の向上，疲労回復，またはリハビリテーションなど，どの目的のために実施するのかを明確にする必要があります。

実際に，トレーニング・プログラムは，選手の要求をそれぞれ満たすようにするべきです。ところが，多くの選手は，グループやチームでのストレッチング・プログラムを実施しています。このチーム中心のプログラムは，有益な場合もあります。なぜならば，最小限のストレッチングを実施します。それから，チームワークを生み出します。しかし，このようなケースでも，選手それぞれにおいて，個人の時間で必要とされるストレッチングを集中して，正しく指導される必要があります。

健康な人のための一般的に勧められるプログラムをおさらいしてみましょう。ほとんどのプログラム

は，各ストレッチングにおいて6秒から30秒保持することを勧めています。30秒以上保持することの問題は，ウォームアップとストレッチング・プログラムのコンビネーションの多くは，練習よりも長めに時間がかかるのです。もっと詳しく説明すると，30秒間のハムストリングスによる静的ストレッチングでは，1分実施した場合と同じような効果が得られるという研究があります（Bandy & Irion 1994）。この本では2，3回の回数で各10秒保持すること，または，1回のみで20秒から30秒保持することを勧めています。理由は簡単です。柔軟性の欠如は，結合組織によるものだからです。この組織の変形は，弱い負荷や長い期間のストレッチングによって起こるのです（Sapega et al. 1981）。通常練習の中で十分にストレッチングの時間がとれなかった場合，選手は練習時間外で行うようにするべきです。

実際，私の経験によるとダンサー，体操選手，または格闘家のストレッチング・プログラムは，練習時間内で行っている場合に向上しているケースが多いのです。それについて詳しく説明しましょう。結果から推測すると，他動的ストレッチング許容量が向上しています。つまり，この許容量が向上することは自動的ストレッチング許容量が向上する可能性もあります。結果として他動的または静的ストレッチングは家で行います。動的または機械的ストレッチングは，ダンススタジオや道場で行い，他動的ストレッチングはコーディネートやスキル動作中に取り込まれるということです。エリート選手は，自動的と他動的ストレッチングの両方を向上させなければなりません。

トレーニングが進むにつれて，各セットの回数を増やします。加えて，調和のとれたダイナミックなストレッチング，可動域を徐々に増加することによって行えます。シリーズでの回数は，8回から12回が通常です。ところが，エリート選手では，最大の力で40回以上できるでしょう（Matveyev 1981）。エリート選手においては，10回から15回で3から6セットを勧めています（Castill, Maglischo, & Richardson 1992）。疲労と自然な回数の減少はストップするサインとして覚えておいてください（Harre 1982）。もし，筋肉が震え始めたり，痛みが増加したり可動域が減少した場合は，伸ばしすぎです。一般的には，選手以外は，柔軟性を保つために最低でも1日1回，週3日から5日はストレッチングをするべきです。スポーツによりますが，エリート選手は1日2回から3回，週6日から7日は，ストレッチングをする必要があります。

練習中，いつストレッチングを行うべきですか？
ある研究によると，練習中，特別に時間を設けてストレッチングを行うと可動域が向上するとしています。しかし，Sapegadal（1981）は，練習メニュー終了直後とクーリングダウン時に実施することを勧めています。なぜならば，細胞の温度が最高で，安全でより効率的に行えるとしています。

別の質問です。**柔軟性が向上するためにどの程度の強度でストレッチングをすべきですか？** それは，コーチやトレーナーが選手の状況（筋肉の張り，違和感，痛み）によって決めるべきです。コーチやトレーナーが選手のレベルを決めるのは，間違っています。ストレッチングの強度は選手自分自身に決めさせるのです。一般的に張りを最大限に感じるところまでストレッチングします。しかし，痛みがあってはいけません。リハビリ中や傷害から回復中の選手のためには，痛みを感じる前のところは，すでに弱い組織が断裂しているかもしれません。常識を働かせてください。

柔軟性の向上や保持は，遺伝的，年齢やトレーニングの状態などさまざまな要素によります。このように，通常のストレッチングに反応するあなたの筋肉は，これらの要因で機能して，どの部分が筋肉をストレッチングするかによります。一般的に健康な人では，長くより頻繁に，そしてより強くストレッチングした場合に早く，そしてより効率的に柔軟性は向上するでしょう。健康で，傷害もなく，ストレ

ッチングを始めたばかりの場合，筋が硬くなったり，痛みを最初の1週間は感じたりするでしょう。しかし，通常のストレッチングに体が適応するようになると，柔軟性が向上するのがわかるでしょう。他の運動と同じように，1度ストレッチング・プログラムをやめると柔軟性が向上した分は，次第になくなるでしょう。

クーリングダウン

クーリングダウンは，運動から休養に移る際に，練習後，軽く運動することです。クーリングダウンは，柔軟性の維持，または向上したい選手には有用です。組織の温度が上昇すると，体の硬さがとれて伸張性が向上します。ストレッチングは，安全でより向上性があるとされています。なぜならば，細胞の温度は練習直後やクーリングダウン中に最高になるからです。

筋力トレーニングとストレッチング

筋力トレーニングは，選手にとって必要なトレーニングです。筋力トレーニングと柔軟性の両者の関係においては誤認があります（Todd 1985）。筋力・トレーニングは，柔軟性を減少させません。逆に向上するという研究もあります（Willmore et al. 1978）。正しい技術で，正しいトレーニングを行った場合，選手は筋力と柔軟性の両方を向上させることができます。

もし，次のような4点が正確に守られているならば，一般的に筋力トレーニングによって可動域が向上するとされている。

①ストレッチング・プログラムがトレーニングに組み込まれている。②主働筋と拮抗筋の両方がトレーニングされている。③全体の筋や筋群は，フル可動域で動く。④エクササイズで拮抗筋を使うことにアクセントを置くように徐々にずらしていく。

拮抗筋のエクササイズまたは，エキセントリック収縮が，筋がストレッチングされている（伸張されている）時に行われている。このエキセントリック収縮は，抵抗運動の軽い負荷プログラムで行われます。つまり，エキセントリック・トレーニングには，筋の痛みが生じる大きなリスクもあります。

ストレッチングについての論争

ストレッチングは，いくつものスポーツで傷害の予防やパフォーマンス向上に役立つとされていますが，ストレッチングは，万能薬ではありません。

何人かの選手には，過大なストレッチングが関節の不安定性を生じさせ，靭帯の傷害や脱臼などが生じる原因となります。別の論点では，ストレッチングは関節の過可動性を引き起こすかもしれません。過伸展は，関節が過度に動いたり，可動域がほとんどの関節において通常よりも動いたりする状態をいいます。反対に過伸展は，位置感覚（感覚受容器能力）を減少させる要因かもしれません。それは，急性期や慢性期の傷害のリスクを増加させるかもしれません。

専門家によると，過大に緩い関節は，とくに選手が未発育の場合，関節炎を引き起こすかもしれないと指摘しています。

何をストレッチングの前に注意して，どんな時に実施してはいけないのでしょうか？
一般的な注意事項を下記に記しました。

次のような場合には，ストレッチングを実施しないでください。

- 骨が動きを妨げている
- 最近，骨折をした
- 関節またはその周囲に腫れや菌が伝染している可能性や実際に起こっている
- 骨粗鬆症の場合

- 関節を動かしたり，筋の伸ばしたりした際，鋭い痛みなどを感じる
- 最近，筋挫傷や捻挫をした
- 関節安定性に乏しい
- 血管またはヒフの疾病にかかっている
- 可動域が減少したり，機能が低下したりしている

これらの予防策は，医療専門家の意見ですが，実際には検証されていません。ストレッチングが正しいどうか，疑問や質問があれば，医師，理学療法士，公認アスレチックトレーナー，または医療関係者に相談してください。

上級者向けストレッチング

すべてのストレッチングは，リスクを伴います。傷害発生の可能性は，選手の状態，年齢，既往症，骨格異常，疲労，技術などを含むさまざまな要因によります。ストレッチング中に上級者向けストレッチングや疑問視されているストレッチングを取り入れるべきですか？ サウス・ウエスト・ミズーリ大学教授（生化学）ならびに雑誌「医師とスポーツ医学」編集者であるHarold B. Falls博士によると，「すべて個人差がある。いくつかのストレッチングは，何人かの人にはできなくても，他の人にはできるものもある」(Lubell 1989)としています。「国際フィットネス科学」編集者 Mel Siff博士によると(1993b)，「一般的に安全なストレッチングやエクササイズなどあるはずがない。安全に行う唯一の方法は，特別に時間を割いて，特別な個人において動くだけである。」としています。

これから紹介するストレッチングは「上級者向け」です。これによると，エリート選手も同様ですが，あまり運動しない人には，高度すぎたり，危険すぎたりするかもしれません。これらのストレッチングは，ここで紹介されていますが，すべての人に安全でないかもしれません。これらのストレッチングは，とくにダンス，ダイビング，フィギュアスケート，器械体操，武術，レスリング，ヨガの人にお勧めします。これらの種目においては，正確な上級者向けストレッチングを避けて通ることができません。しかも，トレーニング・プログラムに取り入れられなかった場合，傷害のリスクを減らす正しい予防法となります。一般的に，この本の中にある他のストレッチング同様に，これらのストレッチングを実施した場合は，ゆっくりと慎重に，正確に行ってください。

プロウ

プロウ（236番）は，腰と腰椎に過大なストレスをかけています。とくに腰に傷害のある人には，危険な可能性があります。このストレッチングは，首にも強いストレスをかけます。別の問題は，誤った姿勢から曲げると，誤った部分をストレッチすることになり，そのことがさらに誤った姿勢を強化することです。最後に，腹部に余分な脂肪がある場合は，肺と心臓を圧迫して呼吸を妨げます。しかし，この運動は，柔道，レスリング，武道，ヨガを行っている人には重要です。傷害の発生を減らす簡単な方法は，経験豊富な指導者の下で，正しいストレッチングを学ぶことです。

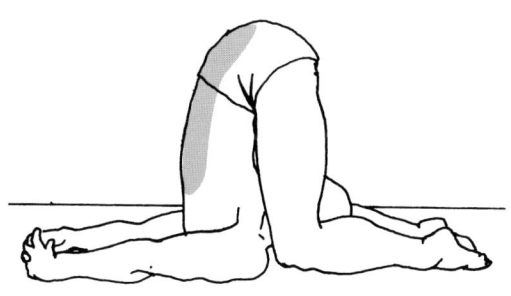

ハードル・ストレッチング

　ハードル・ストレッチングは，ハムストリングスに沿った下背部筋群とそれに関する軟部組織を，ストレッチするように考案されています。膝の内側側副靱帯もストレッチします。

　ある人には，このストレッチングによって膝の不安定性と捻りが生じたりして，膝蓋骨を圧迫する場合があります。この圧迫によって，膝蓋骨が横にずれる原因となります。このストレッチングは，パフォーマンス向上と傷害によるリハビリテーションに利用されます。傷害の発生を減らす簡単な方法は，片方の膝を曲げます。そうすることにより，大腿部の外側とふくらはぎがリラックスします。そして，もう一方の脚の踵を図のように立てます。

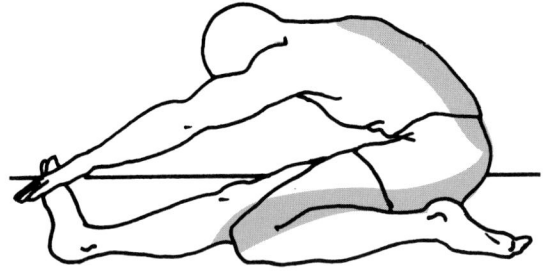

ディープ・ニー・ベント

　ディープ・ニー・ベント（40番），ランジまたはスクワット（負荷の有無にかかわらず）は，膝の外側側副靱帯を，お皿の圧迫，カートリッジをはさんだりダメージを与えたりする可能性があります。このストレッチングは，野球，ダンス，器械体操，ハンドボール，重量挙げ，そしてレスリングの基本的なスキルです。傷害の発生を減らす簡単な方法は，ゆっくり行い，腰をあまり深く曲げないことです。そして，膝の位置を脚の軸上に保ってください。

スタンディング・トーソ・ツイスト

　スタンディング・トーソ・ツイスト（負荷の有無にかかわらず，225番）は，膝の靭帯を伸ばしたり，軟部組織を必要以上に傷めたりしてしまう場合があります。この運動は，野球，円盤投げ，ゴルフ，テニス，そしてやり投げで使われる動きです。傷害の発生を減らす簡単な方法は，座位で手をお尻にそえるか，立位で若干，膝を曲げることです。

ストレート・レッグ・スタンドとつま先タッチ

　ストレート・レッグ・スタンドとつま先タッチ（膝関節屈曲の有無にかかわらず，75番）は，膝の内側や過伸展，脊髄へ過大な圧迫を起こします。これは，一時的な変形を膝に起こします。
　この運動は，3m級と10m級ダイビング，器械体操，パワーリフティング，ウェイトリフティングなどのスポーツ，そしてヨガでは必要です。傷害の発生を減らす簡単な方法は，活発な動作やスクワット位置からストレッチすることなどを避けることです。

ブリッジ

　ブリッジ（187番）は、脊髄や神経線維を圧迫します。それに加えて、この運動の反復は、腰椎分離症や腰痛の原因となります。この不合理な動作をトレーニング・プログラムで行う競技は、アクロバット、器械体操、柔道、そしてレスリングなどです。傷害の発生を減らす簡単な方法は、ドリルやエクササイズを正しく学び、最適な技術と経験豊富な指導者に補助してもらうことです。

ぶら下がり

　ぶら下がり（206番）は、血圧上昇やとくに眼において血管破裂を引き起こしたり、脊髄が不安定な人は、傷害をしたりするかもしれません。ぶら下がりは、腰痛の除痛や予防に効果的ということでリハビリテーションに使われます。

2章 オールスター・ストレッチング

　選手とコーチは，限られた練習時間でもっとも効率よく練習するため，常に努力しています。それに加えて，何百種類もの可能性のあるストレッチングから，最適な練習方法を選択するというジレンマもあります。ストレッチングは，パフォーマンスを最大限に引き出し，傷害が起こるリスクを軽減することを約束します。

　ここで，そのために必要な12種類の基本的なオールスター・ストレッチングをお勧めします。

　オールスターを構成しているストレッチングってなに？　これらは，身体の主要な筋肉群をすべて網羅しています。このストレッチングは，健康な選手によって行うことが簡単にできますし，10分から15分で行えるのです。

イラストで実際に見えている部分がストレッチされていることを示しています。

イラストで実際に見えている部分ではなく，体に隠れている部分（たとえば裏側）がストレッチされていることを示しています。

12 ALL-STAR STRETCHES
12オールスター・ストレッチング

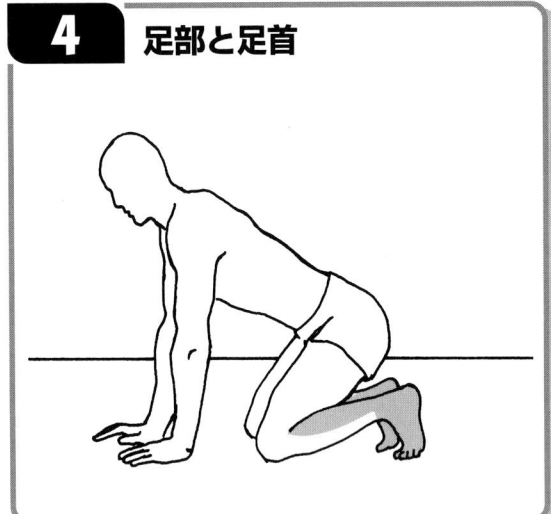

4 足部と足首

93 大腿部（内側）

24 下腿部

134 大腿部（大腿四頭筋）

50 大腿部（ハムストリングス）

157 臀部

12 ALL-STAR STRETCHES
12オールスター・ストレッチング

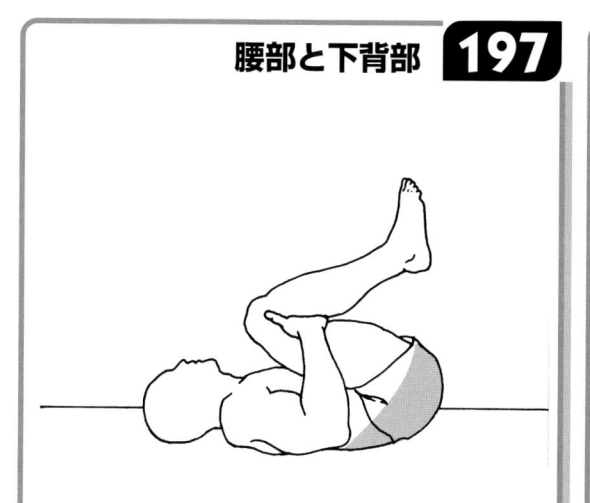

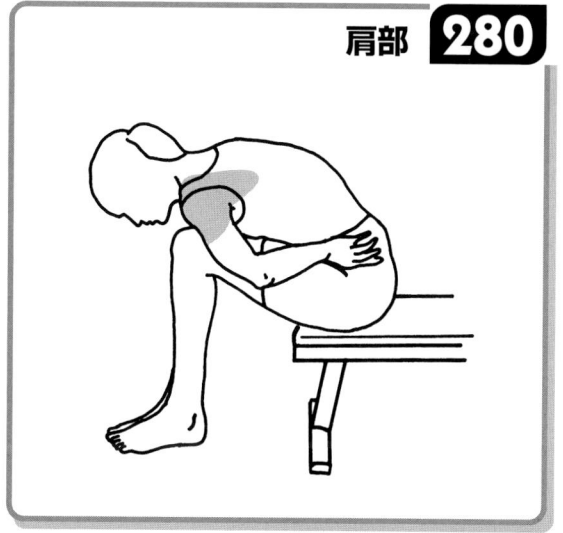

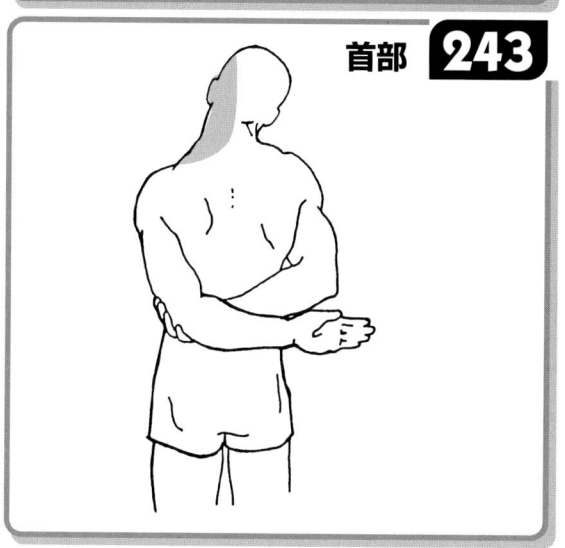

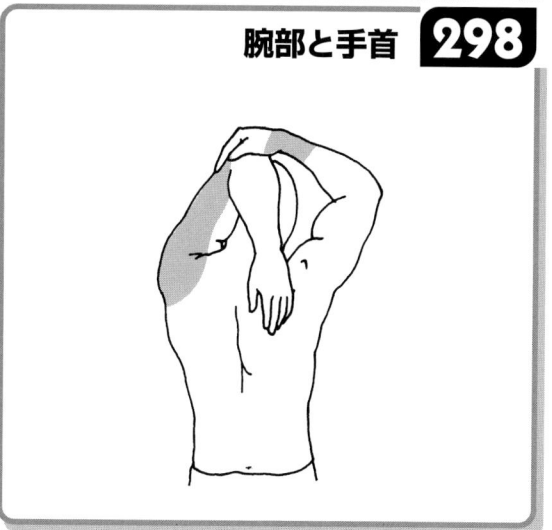

腰部と下背部 **197**	胸部 **250**
上背部 **227**	肩部 **280**
首部 **243**	腕部と手首 **298**

28 MAXIMAL ISOLATION ALL-STARS
28部位別オールスターズ

　スポーツによって，12オールスター・ストレッチングよりも多くの種類を要求されるかもしれません。このような場合は，12オールスター・ストレッチングでは，数が少なすぎて特定の筋肉や部位のストレッチが行えなかったり，強度が低すぎたりするかもしれません。そのため，28の筋肉群と部位に対しても，12オールスター・ストレッチングと同じ目的のストレッチングを行います。そうすることによって，より精度や強度が高く，しかも関節可動域のゆがみを要求しないストレッチングを提供するでしょう。さらに，これらのすべてのストレッチングは，体育館などにある用具で行うことができます。

4　足底部

7　足首（前面）と足の甲

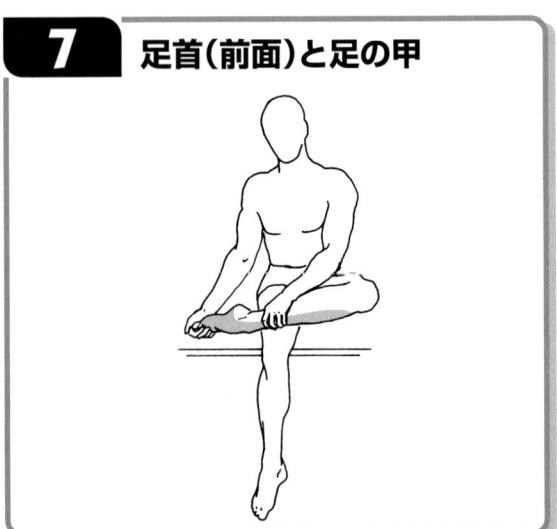

6　足部（前面）とつま先

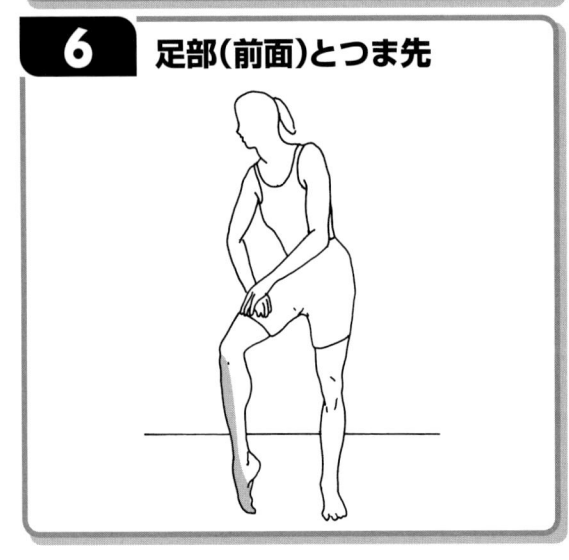

18　下腿部（前面）と外側部

28 MAXIMAL ISOLATION ALL-STARS
28部位別オールスターズ

アキレス腱と下腿部（後面） 21	大腿部（内側） 93
膝後部 47	大腿部（大腿四頭筋） 126
大腿部（ハムストリングス） 51	臀部 162

28 MAXIMAL ISOLATION ALL-STARS
28部位別オールスターズ

180 腹部

227 上背部

204 下腰部

240 首部（後面）

215 体側部

244 首部（側面）

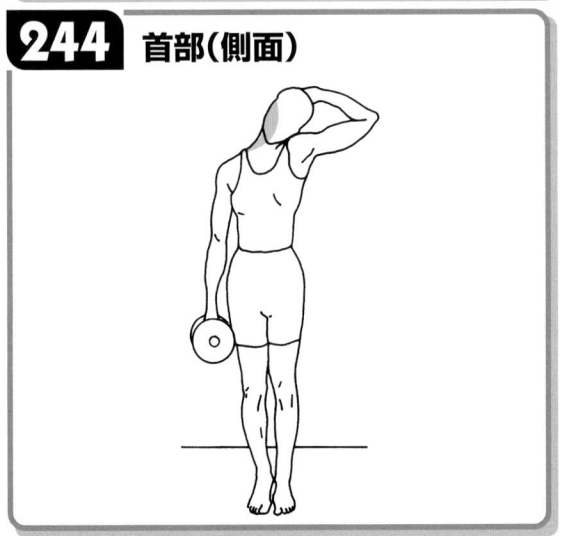

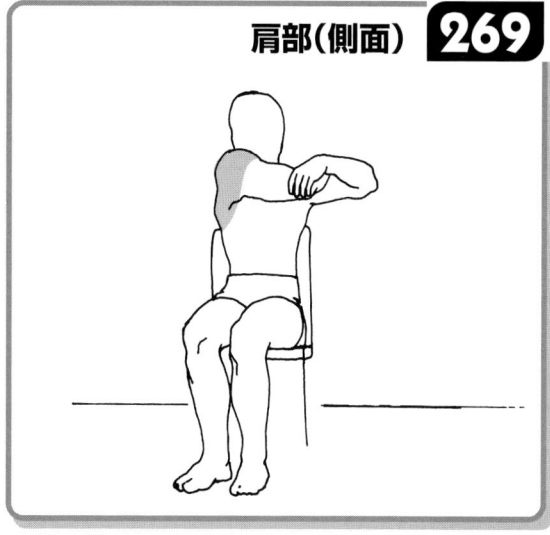

28部位別オールスターズ
28 MAXIMAL ISOLATION ALL-STARS

首部（前面）	**245**
胸部	**250**
肩部（前面）	**261**
肩部（中面）	**268**
肩部（側面）	**269**
肩部（ローテーターカフ前面）	**272**

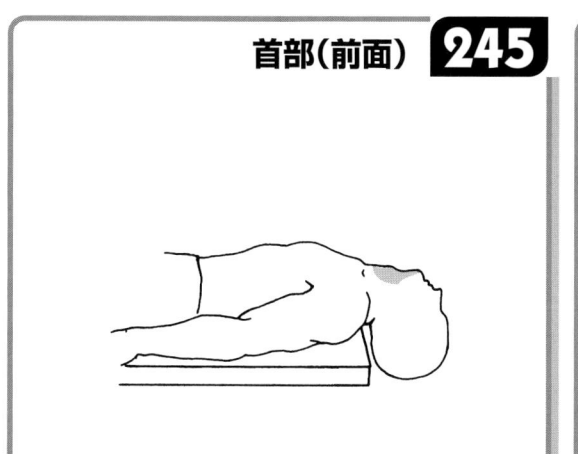

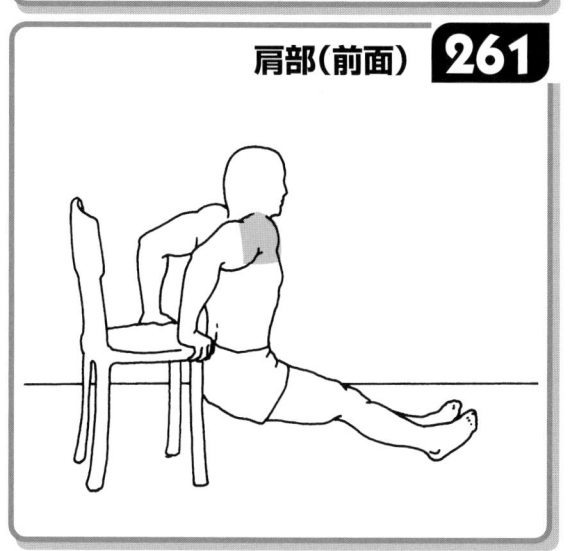

28 MAXIMAL ISOLATION ALL-STARS
28部位別オールスターズ

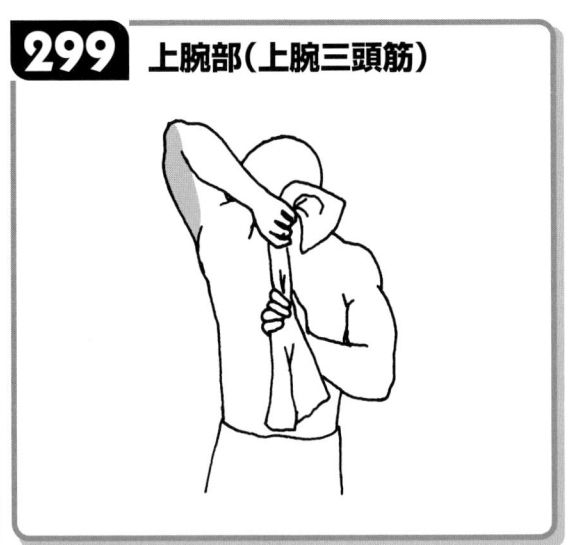

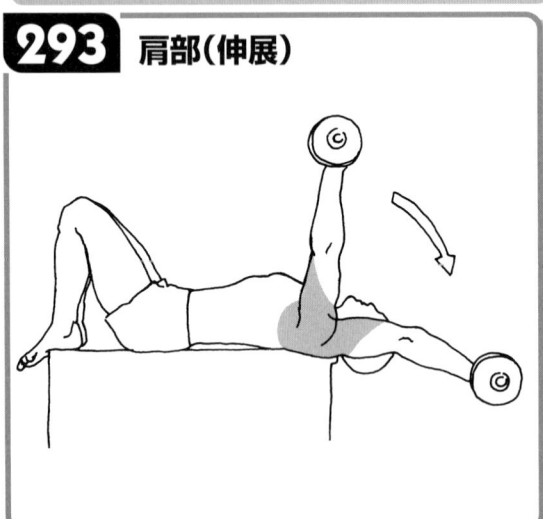

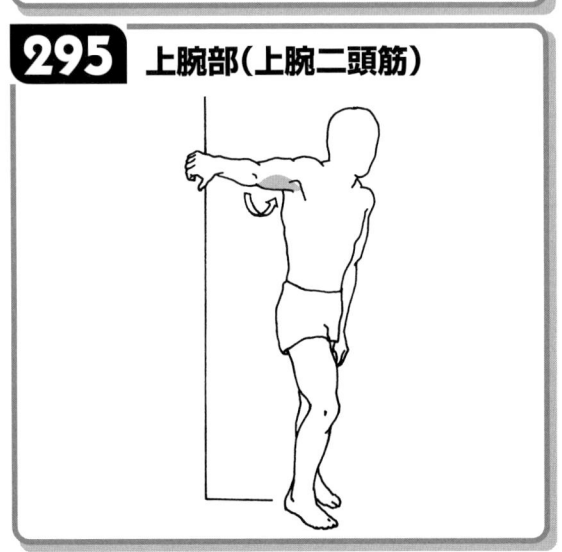

280 肩部（ローテーターカフ後面）

293 肩部（伸展）

295 上腕部（上腕二頭筋）

299 上腕部（上腕三頭筋）

306 手首（伸展）

310 手首（屈曲）

3章 スポーツのためのストレッチング・プログラム

　理想的には，ストレッチングの方法は，あなたのスポーツの欲求と必要に応じてデザインすることが必要です。このセクションでは，特別なスポーツストレッチング表(41種目を網羅)によって，体全体をまんべんなくストレッチングすることを勧めています。12種類のストレッチングは，15分で実施できます。10秒間行うストレッチングを2回から3回繰り返します。または，10秒から30秒間ストレッチングを1回することです。ただし，方法としては反対側も行うことです。表の各ストレッチングは4章の順序により行います。

　それに加え，最適なストレッチングを12種類選んで，イラストを用いて説明しています。各図の番号とストレッチングは一致します。これらの最適なストレッチングは，個人的な経験や体験や，いろいろな本や雑誌から集められた情報に基づいて決めています。ストレッチング番号は，4章にあるストレッチングの説明や図を探すのに役立ちます。もし，これらのストレッチングがとても簡単な場合，あるいは逆に難しい場合は，自分で同じ筋肉群から必要に応じて種目をリストに加えるだけです。静的ストレッチングを動的，ダイナミック，またはPNFストレッチングの中に取り入れることもよいでしょう。自分自身のスポーツ・ストレッチングプログラムを作成する簡単な方法は，あなたのコーチに質問するか，この本にあるストレッチングを実際に使ってみるとよいでしょう。

　もし，あなたが競技志向の選手ならば，ストレッチングに15分間費やすことは，練習や競技でもっとも重要でしょう。実際には，毎日，繰り返すことが，柔軟性を向上させ，練習などの場面で，多くのスキルを要求されるパフォーマンスを最適に発揮できるでしょう。もう少し詳しく言えば，正しいストレッチングは，筋肉や関節の傷害に対する要因，強度，または期間を減少することができるでしょう。

ARCHERY
アーチェリー

部　位	効果的なストレッチ	もっとも効果的なストレッチ	
足部と足首	1, 5, 10	1	
下腿部	16, 19, 24, 27, 28, 42	42	
大腿部（ハムストリングス）	50, 52, 53	52	
大腿部（内側）	83, 84, 86, 88	84	
大腿部（大腿四頭筋）	119〜121, 123	121	
臀部	138, 147, 152, 155	152	
腰部と下背部	181, 192, 195, 197	195	
上背部	227, 229, 230	229	
首部	231, 242, 243, 246	231	
胸部	249〜253, 255, 256	252	
肩部	259, 269, 271, 275, 276, 278	259	
腕部と手首	295, 299, 300, 308	300	

野球・ソフトボール・クリケット（野手）

BASEBALL, SOFTBALL, AND CRICKET

部　位	効果的なストレッチ	もっとも効果的なストレッチ
足部と足首	2, 4, 5, 7	5
下腿部	16, 18, 21, 23, 26, 31, 42	21
大腿部（ハムストリングス）	50, 53, 63, 65	53
大腿部（内側）	87, 91, 92, 97, 108, 111	91
大腿部（大腿四頭筋）	119〜121, 124, 131	122
臀部	136〜138, 143, 151, 152, 157, 161, 162	161
腰部と下背部	182, 192, 197, 213, 214, 222, 223	182
上背部	227, 229, 230	227
首部	231, 235, 241, 243, 246	231
胸部	248, 250, 253, 255, 256	253
肩部	258, 269〜271, 273〜276, 280	280
腕部と手首	295, 298, 300, 304〜306, 308〜310	295

BASEBALL, SOFTBALL, AND CRICKET

野球・ソフトボール（投手）・クリケット（ボーラー）

部　位	効果的なストレッチ	もっとも効果的なストレッチ
足部と足首	2, 3, 5, 7	7
下腿部	12, 23, 29	23
大腿部（ハムストリングス）	50, 53, 63, 65, 72	50
大腿部（内側）	87, 88, 93, 94, 95, 100, 105	93
大腿部（大腿四頭筋）	121, 123, 125, 126	121
臀部	137, 138, 151, 155, 158	155
腰部と下背部	195, 202, 208, 214, 215	195
上背部	227, 229, 230	227
首部	231, 242, 243	231
胸部	250, 253〜256	253
肩部	259, 267, 269, 271, 272, 276, 278, 280, 284, 293	280
腕部と手首	295, 298〜300, 304, 306〜311	295

バスケットボール

部　位	効果的なストレッチ	もっとも効果的なストレッチ
足部と足首	1, 3, 4, 5, 7, 10	3
下腿部	16, 18, 21, 23, 26, 28, 29, 31, 42	21
大腿部（ハムストリングス）	50〜53, 65	51
大腿部（内側）	83, 87, 93, 104	87
大腿部（大腿四頭筋）	119, 120, 121, 131	121
臀部	136〜138, 150〜152, 156, 157, 172	157
腰部と下背部	181, 195, 198, 213, 214	181
上背部	227, 229	227
首部	231, 235, 241, 243, 246	231
胸部	248, 250, 255	250
肩部	258, 259, 269, 271, 285	269
腕部と手首	295, 298〜300, 305, 306, 308〜310	310

BOWLING ボーリング

部 位	効果的なストレッチ	もっとも効果的なストレッチ	
足部と足首	2, 3, 6, 10	3	
下腿部	16, 18, 20, 29〜31, 42	29	
大腿部（ハムストリングス）	50, 53, 54, 65, 69	53	
大腿部（内側）	82〜84, 91, 94, 95, 105, 117	82	
大腿部（大腿四頭筋）	119〜121, 123, 134	121	
臀部	136〜138, 152, 154, 155, 157, 172	138	
腰部と下背部	181, 182, 194, 195, 207, 213	213	
上背部	226, 227	227	
首部	231, 239, 240, 242〜244, 246	242	
胸部	249, 250	249	
肩部	258, 259, 269, 271, 280, 285	259	
腕部と手首	295, 296, 298〜300, 304, 306, 308〜311	308	

クロスカントリースキー

部　位	効果的なストレッチ	もっとも効果的なストレッチ
足部と足首	2, 3, 7, 8, 10	8
下腿部	18, 19, 21, 23, 29, 41	19
大腿部（ハムストリングス）	50, 53, 65, 69, 70	53
大腿部（内側）	88, 91, 94〜96, 105, 108, 117	94
大腿部（大腿四頭筋）	119〜121, 132	121
臀部	152, 155, 166, 170, 172, 174	155
腰部と下背部	183, 197, 213, 223〜225	213
上背部	227, 229	227
首部	231, 232, 239, 240, 243, 244, 246	232
胸部	250〜253, 256	252
肩部	259, 261, 268, 269, 276, 285, 293	269
腕部と手首	295, 297〜300, 306, 308	298

CYCLIING AND TRIATHLON
自転車競技・トライアスロン

部 位	効果的なストレッチ	もっとも効果的なストレッチ	
足部と足首	4, 5, 7, 10	7	
下腿部	16, 18, 23, 26, 28, 31, 42	31	
大腿部（ハムストリングス）	50, 54, 65, 69～71	50	
大腿部（内側）	83, 86, 88, 91, 96, 105, 106, 117	88	
大腿部（大腿四頭筋）	119～122, 125, 131, 134	125	
臀部	136～138, 143, 150, 152, 160～162, 174	161	
腰部と下背部	181, 182, 195, 197, 199, 202, 204	199	
上背部	226, 227, 229	229	
首部	231, 239, 240, 242, 243, 246	243	
胸部	248, 250, 254, 255	250	
肩部	258, 267, 269, 276, 278	269	
腕部と手首	295, 298～300, 304, 305, 308～311	310	

ダンス（初級者）

部 位	効果的なストレッチ	もっとも効果的なストレッチ
足部と足首	1〜8, 10	6
下腿部	12, 16, 21, 23, 24, 31, 32, 34〜38, 42	21
大腿部（ハムストリングス）	53, 55, 56, 59, 65, 66, 69	59
大腿部（内側）	92, 93, 95, 97, 103, 105, 115	93
大腿部（大腿四頭筋）	121, 125, 127, 134	125
臀部	138, 146, 157, 158, 160	160
腰部と下背部	182, 194, 196, 202, 213	182
上背部	226, 227	227
首部	231, 237, 243, 246	243
胸部	248, 250, 252	252
肩部	257, 259, 269, 276, 277, 285	259
腕部と手首	295, 298〜300, 305, 308〜311	298

DANCE
ダンス（上級者）

部位	効果的なストレッチ	もっとも効果的なストレッチ	
足部と足首	1～8	8	
下腿部	17, 18, 21, 34～38, 43	38	
大腿部（ハムストリングス）	59, 60, 65, 66, 77	60	
大腿部（内側）	92, 93, 97, 101～103, 115	103	
大腿部（大腿四頭筋）	125, 127, 130, 135	130	
臀部	138, 142, 145, 146, 162, 163, 174	162	
腰部と下背部	182, 183, 187, 202, 215	187	
上背部	227, 229, 230	227	
首部	231, 236, 243, 246	236	
胸部	250, 252～255	250	
肩部	259, 264, 267, 269, 279, 284, 290	279	
腕部と手首	295, 300, 304, 308～311	300	

飛び込み（3〜10mクラス） DIVING

部　位	効果的なストレッチ	もっとも効果的なストレッチ
足部と足首	2, 3, 7〜9	9
下腿部	16, 19, 23, 29, 31, 39, 40, 43, 49	29
大腿部（ハムストリングス）	50, 53, 55, 69, 73〜77	77
大腿部（内側）	83, 88, 93, 105, 117, 118	88
大腿部（大腿四頭筋）	121, 125, 132, 135	125
臀部	138, 147, 152〜157, 161, 162	155
腰部と下背部	181, 182, 196, 203, 204, 214, 223〜225	223
上背部	227, 229	227
首部	231, 233, 242, 246, 247	242
胸部	248, 250, 252, 255	250
肩部	257, 267, 269, 271, 279, 285, 286, 290	269
腕部と手首	295, 298〜301, 304, 308	299

FIGURE SKAATING
フィギュアスケート

部 位	効果的なストレッチ	もっとも効果的なストレッチ
足部と足首	1～3, 7, 8, 10	7
下腿部	11, 20, 21, 24, 25, 31, 32, 39, 40	20
大腿部（ハムストリングス）	55, 56, 59, 60, 62, 65, 66, 77	59
大腿部（内側）	88, 89, 93～95, 97, 101, 103, 105, 111, 117, 118	93
大腿部（大腿四頭筋）	121, 126, 127, 128	126
臀部	137～139, 142, 145, 155, 161, 162, 174	162
腰部と下背部	182～184, 188, 189, 197, 213, 223, 225	183
上背部	227, 229, 230	227
首部	231, 232, 237, 242, 243, 246	243
胸部	250, 252, 255	250
肩部	259, 269, 271, 278～280, 285, 290	269
腕部と手首	295, 296, 298～300, 304, 308, 309	299

アメリカンフットボール（ラインズマン） FOOTBALL

部　位	効果的なストレッチ	もっとも効果的なストレッチ
足部と足首	2, 3, 4, 7, 10	3
下腿部	16, 20, 23, 28, 31, 39〜41	31
大腿部（ハムストリングス）	50, 52, 54, 63, 80, 81	50
大腿部（内側）	82, 83, 88, 91, 117	91
大腿部（大腿四頭筋）	119〜121, 134	121
臀部	136, 137, 149, 152, 155, 157	155
腰部と下背部	181, 195, 197, 210, 224, 225	197
上背部	227, 229	229
首部	231, 233, 243, 246	243
胸部	248, 250, 252	252
肩部	261, 269, 279, 285	269
腕部と手首	294, 296, 298, 304, 309, 310	298

FOOTBALL
アメリカンフットボール（ディフェンスバック，レシーバー）

部　位	効果的なストレッチ	もっとも効果的なストレッチ	
足部と足首	3, 4, 7	4	
下腿部	12, 18, 21, 26, 32, 39, 46	21	
大腿部（ハムストリングス）	50, 53, 55, 65, 81	53	
大腿部（内側）	88, 92, 93, 94, 117, 118	93	
大腿部（大腿四頭筋）	125, 127, 132, 135	135	
臀部	138, 150, 152, 157, 161, 170	161	
腰部と下背部	181, 196, 197, 204, 213, 225	197	
上背部	227, 229	227	
首部	231, 233, 235, 243, 247	231	
胸部	250, 252, 255	252	
肩部	259, 268, 269, 271, 276, 285	269	
腕部と手首	294, 299, 304, 308, 309	299	

ゴルフ

部 位	効果的なストレッチ	もっとも効果的なストレッチ
足部と足首	2, 3, 5, 7, 8	2
下腿部	19, 23, 28, 31, 41	28
大腿部（ハムストリングス）	50, 53, 54, 65	50
大腿部（内側）	82〜84, 88, 92, 105	82
大腿部（大腿四頭筋）	121, 122, 134	121
臀部	137, 138, 147, 148, 152, 155, 157	155
腰部と下背部	180〜183, 194, 197, 208, 213, 223, 224	213
上背部	226, 227, 229	229
首部	231, 232, 240, 243, 246	243
胸部	248, 249, 251, 255	251
肩部	259, 268, 269, 272, 276, 280, 285	280
腕部と手首	295, 299, 304, 306, 308, 309	306

GYMNASTICS
器械体操

部　位	効果的なストレッチ	もっとも効果的なストレッチ	
足部と足首	1, 3, 5, 8, 10	8	
下腿部	16, 18, 21, 29, 32, 39	32	
大腿部（ハムストリングス）	56, 59, 60, 66, 75〜77	59	
大腿部（内側）	88, 93, 101, 103, 115	103	
大腿部（大腿四頭筋）	122, 125, 127, 134	125	
臀部	138, 139, 141, 142, 160, 162	138	
腰部と下背部	187, 190, 191, 214, 216	187	
上背部	226, 227	227	
首部	231, 237, 243, 246	237	
胸部	250, 252, 253, 256	253	
肩部	262, 267, 269, 271, 284, 288, 290, 292	267	
腕部と手首	295, 300, 306〜309	309	

HIKING AND BACKPACKING

ハイキング・バックパッキング

部 位	効果的なストレッチ	もっとも効果的なストレッチ
足部と足首	2, 3, 5, 7	3
下腿部	18～20, 29, 44, 47	18
大腿部（ハムストリングス）	50, 53, 54, 65, 69, 80	50
大腿部（内側）	82, 83, 88, 94, 95, 104, 105, 117	88
大腿部（大腿四頭筋）	119, 120, 122, 131, 133, 134	122
臀部	147, 155, 156, 165, 166, 169	155
腰部と下背部	181, 194, 197, 210, 213, 224	210
上背部	226, 227, 229	227
首部	231, 232, 240, 243, 246	231
胸部	248, 249, 250	250
肩部	258, 268, 269, 276, 277, 285	269
腕部と手首	295, 297, 298, 304, 308	308

ICE HOCKEY
アイスホッケー

部　位	効果的なストレッチ	もっとも効果的なストレッチ
足部と足首	1, 5, 7, 10	10
下腿部	13, 20, 24, 31, 32, 41	31
大腿部（ハムストリングス）	50, 53, 55, 63, 69	50
大腿部（内側）	87, 91, 93, 95, 117, 118	93
大腿部（大腿四頭筋）	119, 124, 134, 135	134
臀部	137, 138, 150, 152, 155, 166	155
腰部と下背部	181, 195, 197, 207, 213, 223〜225	223
上背部	227, 229	229
首部	231, 232, 242, 246	242
胸部	249, 250, 252, 255, 256	252
肩部	258, 269, 271, 276, 280	269
腕部と手首	295, 298, 304, 306, 308, 310	298

インラインスケート

IN-LINE SKATING

部　位	効果的なストレッチ	もっとも効果的なストレッチ	
足部と足首	1, 7, 10	10	
下腿部	13, 19, 21, 28, 30, 41, 42	19	
大腿部（ハムストリングス）	50, 53, 55, 63, 65, 70	50	
大腿部（内側）	83, 85, 87, 94, 105, 107, 111, 117	94	
大腿部（大腿四頭筋）	119〜121, 131, 132, 134	134	
臀部	137, 138, 146, 147, 152, 155, 160, 161	161	
腰部と下背部	181, 182, 197, 210, 212, 223	182	
上背部	227〜229	229	
首部	231, 232, 235, 242, 243, 246	243	
胸部	248〜250, 252	250	
肩部	258, 268, 269, 271, 278, 280, 285	269	
腕部と手首	295, 297〜300, 304, 305, 308〜311	298	

JOGGING
ジョギング

部位	効果的なストレッチ	もっとも効果的なストレッチ
足部と足首	2, 3, 6, 8, 10	3
下腿部	16, 18, 23, 24, 26, 31, 39, 48	23
大腿部（ハムストリングス）	50, 53〜55, 65, 70	50
大腿部（内側）	84, 87, 88, 93〜96, 117	88
大腿部（大腿四頭筋）	119〜122, 131, 132, 134	122
臀部	138, 143, 146, 161, 165, 166, 168	161
腰部と下背部	181, 182, 197, 204, 209, 213	197
上背部	227, 229	227
首部	231, 232, 243, 246	231
胸部	248, 250〜253	252
肩部	258, 269, 279, 285	269
腕部と手首	295, 297, 298, 304, 308, 310	295

LACROSSE
ラクロス

部　位	効果的なストレッチ	もっとも効果的なストレッチ
足部と足首	3, 6〜8, 10	3
下腿部	11, 19, 20, 23, 28, 31, 41	19
大腿部（ハムストリングス）	50, 53, 55, 63, 65, 70	50
大腿部（内側）	82〜84, 87, 88, 94, 104, 105, 111, 117	88
大腿部（大腿四頭筋）	121〜124, 127, 131, 134	121
臀部	137, 138, 146, 147, 155〜157, 174	157
腰部と下背部	181, 182, 197, 209, 210, 222, 223	223
上背部	226, 227, 229	229
首部	231, 232, 242, 243, 246	243
胸部	250, 252, 255	252
肩部	258, 269, 271, 272, 274, 275, 279, 280	269
腕部と手首	294, 295, 298, 302, 304, 306, 308	298

MARTIAL ARTS
武術（初級者）

部　位	効果的なストレッチ	もっとも効果的なストレッチ	
足部と足首	3〜5, 7, 9, 10	7	
下腿部	11, 13, 20, 21, 23, 41	21	
大腿部（ハムストリングス）	50〜53, 55, 58, 63, 65, 70	58	
大腿部（内側）	83, 87, 88, 93〜95, 105, 114, 116	93	
大腿部（大腿四頭筋）	119, 120, 127, 131, 133〜135	127	
臀部	147, 152, 155〜157, 161, 165, 177	161	
腰部と下背部	181, 182, 184, 185, 197, 199, 207, 210, 221	182	
上背部	226〜228	226	
首部	231, 232, 235, 243, 246, 247	235	
胸部	248〜250, 252, 254	252	
肩部	258, 269, 271, 276, 282, 285, 290	258	
腕部と手首	294, 295, 298〜300, 304, 305, 308, 311	299	

武術（上級者）

部　位	効果的なストレッチ	もっとも効果的なストレッチ
足部と足首	3～5, 8～10	4
下腿部	21, 23, 24, 29, 43	21
大腿部（ハムストリングス）	50, 55, 56, 58～62, 66～68	60
大腿部（内側）	88, 90～93, 95, 99, 103, 112～116	103
大腿部（大腿四頭筋）	126, 127, 130, 131, 133～135	130
臀部	148, 158, 160, 162, 173～177	160
腰部と下背部	182, 184～189, 203, 210, 215, 222	185
上背部	226, 227, 229	226
首部	235～238, 243, 246, 247	238
胸部	250, 252, 255	250
肩部	259, 264, 269, 282, 288～291	269
腕部と手首	294, 298～302, 308～311	300

RACE WALKING
競歩

部　位	効果的なストレッチ	もっとも効果的なストレッチ	
足部と足首	1〜8	7	
下腿部	11, 13, 15, 21〜23, 28, 33, 43〜45, 47	22	
大腿部（ハムストリングス）	50, 53〜55, 63, 69, 80	50	
大腿部（内側）	83〜85, 87, 88, 96, 105, 111	87	
大腿部（大腿四頭筋）	119〜121, 126, 127, 131, 134	122	
臀部	137, 139, 143, 146, 152, 160〜162, 170, 174	162	
腰部と下背部	181〜183, 197, 204, 209, 210, 213, 218	182	
上背部	226, 227, 229, 230	227	
首部	231, 232, 234, 243, 246	232	
胸部	248〜250, 252, 254, 255	250	
肩部	258, 269, 276, 278〜280, 285	280	
腕部と手首	295, 298〜300, 304, 305, 308	299	

ボート（ローイング，カヤック，カヌー）

ROWING, KAYAKING, AND CANOEING

部　位	効果的なストレッチ	もっとも効果的なストレッチ
足部と足首	1, 4, 7, 8, 10	7
下腿部	13, 19, 21, 28, 29, 31, 32, 40, 47	32
大腿部（ハムストリングス）	50, 51, 53, 63, 65, 69, 80, 81	50
大腿部（内側）	83, 85, 88, 91, 92, 96, 104, 105, 118	91
大腿部（大腿四頭筋）	121, 125, 127, 133, 134	125
臀部	137, 143, 152, 154, 159, 161, 173, 174	159
腰部と下背部	182, 195, 199, 204, 209, 210, 224, 225	182
上背部	227, 229	229
首部	231, 232, 239, 240, 243, 244, 246	231
胸部	249, 251〜253, 255, 256	252
肩部	260, 261, 264, 266, 269, 280, 282, 290, 291, 293	280
腕部と手首	295〜304, 306, 308, 310	299

SAILING AND WINDSURFING
ヨット・ウィンドサーフィン

部　位	効果的なストレッチ	もっとも効果的なストレッチ	
足部と足首	2, 3, 4, 7, 10	4	
下腿部	13, 20, 21, 23, 24, 28, 29, 41, 47	28	
大腿部（ハムストリングス）	50, 53, 55, 63, 69, 70, 79, 80, 81	50	
大腿部（内側）	83, 85〜87, 91, 96, 104, 105, 109, 117	87	
大腿部（大腿四頭筋）	119〜121, 131, 134	121	
臀部	137, 138, 143, 151, 154, 155, 166, 170	155	
腰部と下背部	181, 182, 195, 211〜213, 224, 225	213	
上背部	227〜229	229	
首部	231, 232, 234, 239, 240, 243, 244, 246	243	
胸部	248〜250, 252, 255	249	
肩部	261, 264, 269, 276, 278, 280, 290	269	
腕部と手首	295〜304, 306, 308, 310	295	

スキー（アルペン）

部　位	効果的なストレッチ	もっとも効果的なストレッチ
足部と足首	7, 9, 10	9
下腿部	13, 17, 20, 21, 24, 27〜31, 39, 42	30
大腿部（ハムストリングス）	50〜53, 63, 65, 69, 70, 79〜81	53
大腿部（内側）	85〜88, 91, 93, 94, 105, 117	94
大腿部（大腿四頭筋）	119〜124, 133〜135	123
臀部	138, 147, 151, 152, 155, 161, 162, 166	162
腰部と下背部	181, 182, 184, 195, 204, 208, 224, 225	204
上背部	226〜229	229
首部	231, 232, 235, 237, 243, 246	235
胸部	249, 250, 252, 255	250
肩部	261, 268, 269, 278〜280, 285, 290	269
腕部と手首	295, 297〜302, 304, 306, 308, 309	299

SOCCER(international football)
サッカー

部　位	効果的なストレッチ	もっとも効果的なストレッチ	
足部と足首	2～4, 6, 8	4	
下腿部	11, 16, 19, 21, 23, 31, 41	21	
大腿部（ハムストリングス）	50, 53～55, 63, 65, 70	55	
大腿部（内側）	83, 84, 87, 91, 93～95, 105, 111, 117, 118	94	
大腿部（大腿四頭筋）	119～121, 124, 127, 131, 134	124	
臀部	136, 137, 143, 146, 148, 150, 161, 162, 177	161	
腰部と下背部	182, 199, 201, 209, 210	201	
上背部	227, 229, 230	227	
首部	231, 232, 243, 246	231	
胸部	249, 250, 252, 254, 255	252	
肩部	259, 272, 285, 290, 293	285	
腕部と手首	295, 298～300, 304, 308, 309	300	

スカッシュ *SQUASH*

部　位	効果的なストレッチ	もっとも効果的なストレッチ
足部と足首	1, 3, 4, 6〜8, 10	3
下腿部	12, 16, 19, 21, 24, 47	24
大腿部（ハムストリングス）	50, 53, 55, 63, 65, 70	55
大腿部（内側）	82〜84, 88, 94, 95, 105, 109, 117	83
大腿部（大腿四頭筋）	119〜121, 124, 132, 134	121
臀部	137, 138, 146, 151, 155, 165, 166, 172	165
腰部と下背部	181, 182, 196, 197, 204, 207, 209, 222, 223	197
上背部	226, 227, 229, 230	229
首部	231, 232, 242, 243, 246	243
胸部	249, 250, 252, 255	252
肩部	259, 264, 269, 272, 274, 278, 280, 285	280
腕部と手首	294, 295, 298〜302, 304, 306, 308, 309	300

SWIMMING
競泳

部　位	効果的なストレッチ	もっとも効果的なストレッチ	
足部と足首	4～10	9	
下腿部	21, 23, 25, 28～31, 47	21	
大腿部（ハムストリングス）	50, 51, 53, 56, 63, 65	51	
大腿部（内側）	84～88, 93, 104～107, 111, 114	88	
大腿部（大腿四頭筋）	121, 131, 133～135	134	
臀部	137, 160～163, 174, 177	160	
腰部と下背部	178, 180～182, 188, 194, 215	181	
上背部	226～230	226	
首部	231, 232, 235, 237, 243, 246	237	
胸部	250, 255, 256	250	
肩部	259, 267, 269, 272, 280, 284, 286, 290	284	
腕部と手首	295, 298～301, 304, 308	300	

TABLE TENNIS
卓球

部　位	効果的なストレッチ	もっとも効果的なストレッチ	
足部と足首	1～5, 7, 8, 10	3	
下腿部	19, 21, 23, 28, 32, 42, 48	21	
大腿部（ハムストリングス）	50, 53, 55, 56, 63, 65, 70	50	
大腿部（内側）	87, 88, 90, 91, 93～95, 105, 111, 117	95	
大腿部（大腿四頭筋）	121, 126, 127, 131, 134	126	
臀部	137, 138, 148, 152, 155, 157, 162, 172	157	
腰部と下背部	181, 182, 194, 197, 204, 212, 215, 221	182	
上背部	227, 229, 230	227	
首部	231, 232, 242, 243, 246	242	
胸部	250～254	250	
肩部	258, 259, 267, 269, 272, 277, 279, 280, 285	267	
腕部と手首	295, 298, 302, 304, 306, 308, 311	295	

TENNIS, RACQUETBALL, AND HANDBALL
テニス・ラケットボール・ハンドボール

部　位	効果的なストレッチ	もっとも効果的なストレッチ	
足部と足首	2〜5, 7	4	
下腿部	11, 12, 17, 21, 23, 24, 29, 42	23	
大腿部（ハムストリングス）	50, 53〜55, 63, 65, 70	53	
大腿部（内側）	83, 86, 87, 91, 94, 95, 111, 117	95	
大腿部（大腿四頭筋）	119〜121, 127, 134	121	
臀部	138, 148, 150, 152, 155, 166, 172	152	
腰部と下背部	181〜183, 195, 197, 210, 215, 221, 222	182	
上背部	227, 229, 230	227	
首部	231, 232, 243, 246	243	
胸部	249, 250, 252, 255	249	
肩部	259, 267, 269, 271, 272, 278, 280, 286	280	
腕部と手首	295, 298〜302, 304, 306, 308〜311	299	

TRACK AND FIELD

陸上競技（走り高跳び，棒高跳び）

部　位	効果的なストレッチ	もっとも効果的なストレッチ
足部と足首	2～4, 6, 7, 10	4
下腿部	14, 18, 21～23, 26, 39, 40, 48	21
大腿部（ハムストリングス）	50, 53, 55, 56, 65, 66, 80, 81	53
大腿部（内側）	88, 90, 93～95, 97, 98, 105, 114, 117, 118	93
大腿部（大腿四頭筋）	124～126, 131, 134	126
臀部	137～139, 142, 143, 152, 161, 162, 174	138
腰部と下背部	180～182, 188, 195, 201～203, 210, 215, 224	182
上背部	227, 229, 230	227
首部	231, 237, 239, 240, 243, 244, 246	237
胸部	249, 250, 253～256	253
肩部	259, 266, 269, 274, 275, 280, 285, 290～293	285
腕部と手首	295, 296, 298～304, 306, 308, 309	299

TRACK NAD FIELD

陸上競技（短距離走，ハードル，走り幅跳び，三段跳び）

部　位	効果的なストレッチ	もっとも効果的なストレッチ	
足部と足首	1〜8, 10	4	
下腿部	16〜18, 20, 21, 31, 32, 42	21	
大腿部（ハムストリングス）	50, 51, 53, 55, 56, 80, 81	51	
大腿部（内側）	83, 88, 93〜95, 114, 117, 118	95	
大腿部（大腿四頭筋）	121, 125, 134	125	
臀部	146, 155, 161, 162, 170	161	
腰部と下背部	182, 184, 197, 204, 213	182	
上背部	227, 229, 230	227	
首部	231, 232, 243, 246	231	
胸部	250, 252, 253	250	
肩部	259, 269, 279, 280, 285	269	
腕部と手首	295, 299, 304, 308	299	

陸上競技（砲丸投げ，円盤投げ，やり投げ，ハンマー投げ）

TRACK AND FIELD

部 位	効果的なストレッチ	もっとも効果的なストレッチ
足部と足首	2, 3, 7, 10	3
下腿部	13, 21, 23, 31, 43	21
大腿部（ハムストリングス）	50, 53, 55, 80, 81	50
大腿部（内側）	87, 94, 95, 117, 118	94
大腿部（大腿四頭筋）	126, 127, 134	126
臀部	137, 138, 146, 169, 170	170
腰部と下背部	182, 184, 188, 215, 222, 223, 225	225
上背部	227, 229, 230	229
首部	232, 233, 239〜241, 246	240
胸部	250〜253, 255	252
肩部	259, 267, 269, 272, 275, 280, 293	272
腕部と手首	295, 299, 304, 306, 308	295

VOLLEYBALL
バレーボール

部 位	効果的なストレッチ	もっとも効果的なストレッチ
足部と足首	2, 3, 6, 7	3
下腿部	13, 18, 21, 23, 28, 29, 39, 40, 43, 48	29
大腿部（ハムストリングス）	50, 53, 57, 65, 70, 80, 81	50
大腿部（内側）	83, 88, 92, 93, 105, 117	88
大腿部（大腿四頭筋）	121, 122, 124, 131	122
臀部	138, 151, 152, 155～157	156
腰部と下背部	181, 195, 197, 211～213, 222	195
上背部	227, 229, 230	229
首部	231, 242, 243, 246	243
胸部	248, 250, 253, 255	253
肩部	258, 259, 269, 271, 274, 276, 280, 285, 293	271
腕部と手首	295, 298～300, 304, 308	300

水上スキー

部　位	効果的なストレッチ	もっとも効果的なストレッチ
足部と足首	3, 6, 8	8
下腿部	22, 24, 31, 44	31
大腿部（ハムストリングス）	51, 55, 56, 69, 80, 81	51
大腿部（内側）	86, 88, 94, 95, 102, 107, 117	94
大腿部（大腿四頭筋）	123, 125〜127, 134	126
臀部	147, 152, 155, 160〜162, 166, 170	160
腰部と下背部	194〜196, 207, 212, 213, 223	196
上背部	226, 227, 229	227
首部	232, 235, 237, 242, 243, 246	243
胸部	250, 252, 254	252
肩部	261, 267, 269, 271, 279, 280, 284	280
腕部と手首	294, 295, 299, 300, 304, 306, 308	299

WEIGHT LIFTING
ウエイトリフティング

部 位	効果的なストレッチ	もっとも効果的なストレッチ
足部と足首	2, 3, 10	3
下腿部	13, 17, 23, 27～30, 42	29
大腿部（ハムストリングス）	50, 53, 63	53
大腿部（内側）	83, 88, 91, 95	88
大腿部（大腿四頭筋）	123, 125, 131, 134	125
臀部	138, 148, 152, 153, 155, 157, 172	155
腰部と下背部	195, 197, 214, 215, 223	214
上背部	226, 227	227
首部	231, 232, 243, 246	243
胸部	248, 250, 252	250
肩部	261, 267～269, 271, 276, 280, 284	267
腕部と手首	294, 295, 298～300, 306, 308, 310	299

ウエイトリフティング（超軽量）

WEIGHT LIFTING

部　位	効果的なストレッチ	もっとも効果的なストレッチ
足部と足首	3	3
下腿部	39, 40	39
大腿部（ハムストリングス）	80, 81	81
大腿部（内側）	117, 118	117
大腿部（大腿四頭筋）	131	131
臀部	142, 143	142
腰部と下背部	223〜225	224
上背部	230	230
首部	239, 240, 244	240
胸部	256	256
肩部	266, 275, 293	266
腕部と手首	296, 303	303

WRESTLING
レスリング

部　位	効果的なストレッチ	もっとも効果的なストレッチ	
足部と足首	2, 4, 6, 8	4	
下腿部	13, 21, 23, 26, 43, 44	21	
大腿部（ハムストリングス）	50, 55, 63, 65, 81	50	
大腿部（内側）	88, 90, 107, 113, 117, 118	88	
大腿部（大腿四頭筋）	119, 134, 135	135	
臀部	136～138, 148, 152, 155, 172	155	
腰部と下背部	185, 188, 196, 202, 210, 213, 222, 224, 225	202	
上背部	226, 227	226	
首部	223, 236～238, 243, 246, 247	237	
胸部	248, 250, 256	250	
肩部	258, 261, 269, 271, 282, 293	258	
腕部と手首	294, 295, 298～300, 304, 305, 308～311	300	

4章 311種類のストレッチングの説明

　311種類のイラストで示したストレッチングは，筋肉群，または関節によって分けています。3章と同様に，筋肉と関節を主要な12部位（足部と足首，下腿部，大腿部：ハムストリングス，大腿部：内転筋群，大腿部：大腿四頭筋，臀部とその周辺，上半身下部，背中上部，首部，胸部，肩部，上腕部と手首）に分けて説明します。これらの部位は，難易度や傷害発生の危険性（最初に行うストレッチは難易度が低ければ低いほど危険性も低くなる）によって分けられています。難易度と危険性は，選手の重心の高さ（COG），パートナーの有無，ウェイト使用の有無，または器具の使用によって決められます。

　一般的にストレッチングの際に，重心を高くすることは，バランスを保つことや体の支持がより難しくなり，落下による傷害の可能性が増します。パートナーストレッチングは，傷害の危険性を増します。なぜなら，パートナーによる過剰な抵抗により，結果的に捻挫や挫傷などの傷害を引き起こします。ウェイトや器具を使用するときは，同様に捻挫や挫傷などの傷害をする可能性が増します。

　多種多様なストレッチングを使用することは，柔軟性の向上や傷害の危険性を軽減します。体温を上昇させるために，常に最低10分間は，ウォームアップのためにストレッチングを行うべきです。ウォームアップは発汗する程度の強度が必要です。しかし，疲労するほど，強度を上げてはいけません。スロー・スタティック・ストレッチングによるウォームアップは，各種目10から30秒間保持します。筋肉の張りの限界点（この時，痛みがあってはならない）まで伸ばして，そこでその姿勢を保持します。ストレッチング中は，息を吐いて，リラックスすることに心がけます。

　よく鍛えられた，またはコンディショニングのよい選手は，ダイナミック，アクティブ，またはPNFストレッチングがより効果的です。ダイナミック・ストレッチングを実施するときは，動きを徐々に大きくしていき，回数は8から12回などと徐々に増やしていきます。アクティブ・ストレッチングは，自由または抵抗（マニュアルまたは器具によって）を加えて実施します。アクティブ補助ストレッチングを行うときの関節可動域は，選手の限界まで，パートナーや器具（チューブまたはタオル）によってし

ストレッチング・ガイドライン

- ストレッチングの前にウォームアップを行う
- 積極的にとりくむ
- ストレッチする筋（群）を意識，集中する
- ゆりもどしを避けるためにゆっくりとなめらかにストレッチングを行う
- 正しいアライメントのために適切な器具を用いる
- 呼吸はふつうに行うが，より深くストレッチするときには，息を深く吐くようにする
- ひとつのストレッチングは通常，10～30秒間続け，リラックスして行う。関節の可動域をこえて，無理にストレッチしたり，力を加えたりしないようにする
- 動的ストレッチングを行う際には，速度を徐々に上げていくようにする
- パートナーとストレッチングを行う際には，コミュニケーションをうまくとりながら行う
- 始める時と同様，終わる時も十分に注意する

っかりと行います。PNFテクニックは，コントラーリラックス（CR）とコントラーリラックスー拮抗－収縮（CRAC）を含みます。CRは6から15秒間のアイソメトリック収縮を用います。リラックスした後に，筋肉はより伸ばされます。CRACは，拮抗筋のアクティブ収縮後に，リラックス段階を除きCRに似ています。本書では，傷害の危険性と筋肉痛の軽減のために最大アイソメトリック収縮を勧めています（詳細は1章参照）。

健常者と傷害から復帰した選手にとって，いくつかのストレッチ種目は危険であることを理解する必要があります。これらの上級者向けストレッチは，ダンス，器械体操，武道，レスリング，ヨガなどの特殊な競技選手に関連しているもので，説明の中で注意書きをしています。特殊な能力と正しい知識がない選手は，認定されたインストラクターやトレーナーの指導を受けるべきです。とくに，ストレッチングを実施する際には，パートナーによる伸ばす方向や力などに対して，注意を払うことが必要です。伸ばしすぎで緩めて欲しいなどというように，常にパートナーとコミュニケーションをとります。また，常に関節に無理を欠けないようにします。

最終的には，これから紹介するストレッチングの説明は，体の一方側のみです。反対側も正しく実施します。注意の印（下にあるような）があるような場合は，とくに説明をしっかりと理解して行います。

プログラムをはじめる前に，医学検診を受けることを勧めます。正しいプログラムを実施できなかったり，動悸，胸の痛み，またはその他の症状があるなどの不正常な状態が現れた場合には，検査が必要です。ストレッチング・プログラムを始める前に大切なガイドラインを示してあります。

- 特別で現実的な目標を設定する。
- 食後30分以内はストレッチングを行わない。
- ストレッチング前に，膀胱と腎臓を空にするために排尿をする。
- 余裕のある，動きやすい服装で行う。
- 貴金属類は外す。
- すべての飴やガムなどは，口に含まない。
- 清潔で静かな場所でストレッチングをする。
- 硬いマットなどの上で行う。
- 安全を第一に考慮する。傷害の予防に万全を尽くす。

⚠ このマークがあるストレッチング種目は，危険性が高い印である。

足部と足首

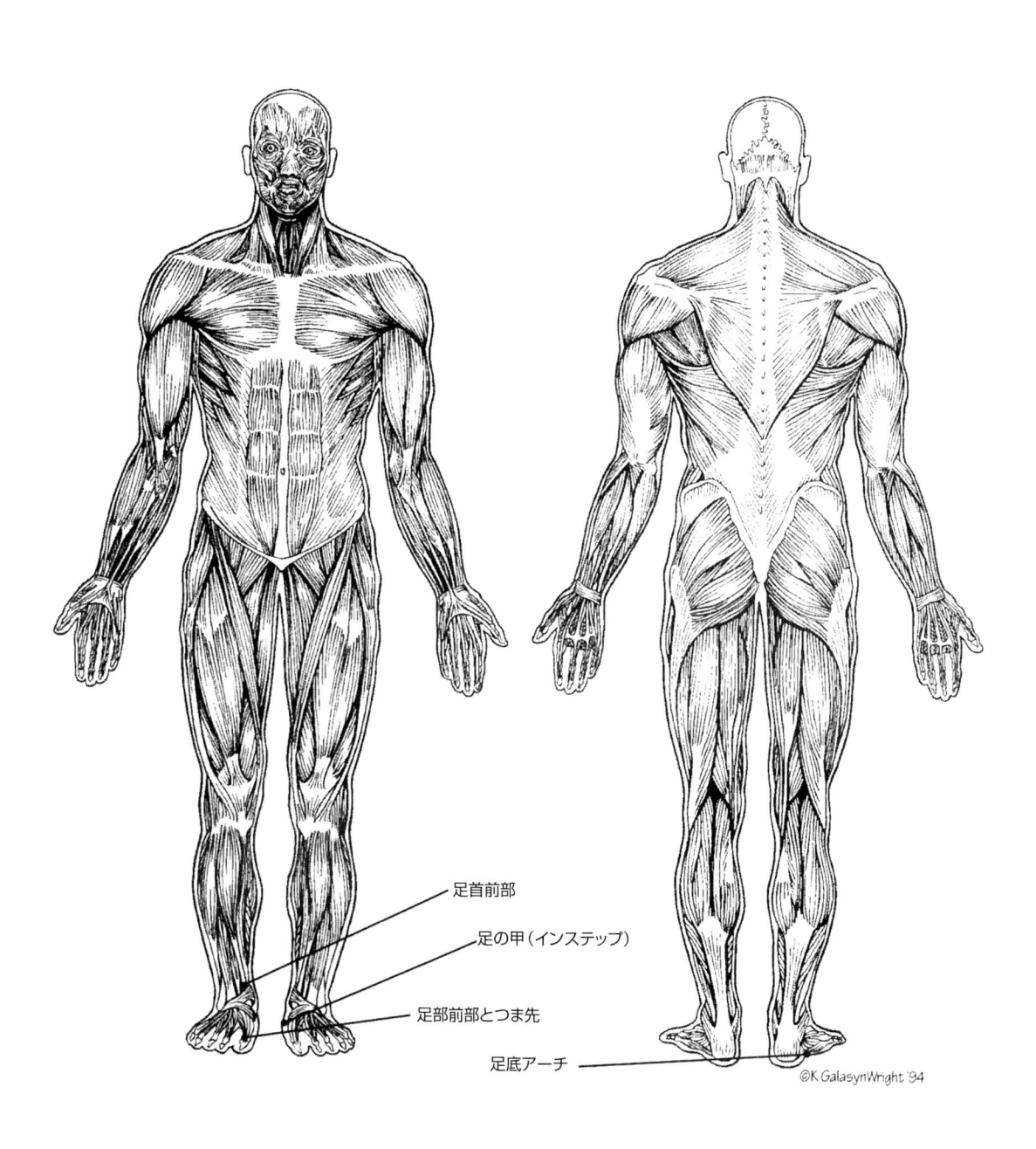

足首前部

足の甲（インステップ）

足部前部とつま先

足底アーチ

足底アーチ

1
- 片足を組んで反対の足の上にのせる。片手で足首をつかんで、つま先を下側に向けて母指球をつかむ。
- 息を吐いて、脛の方へつま先を向ける。

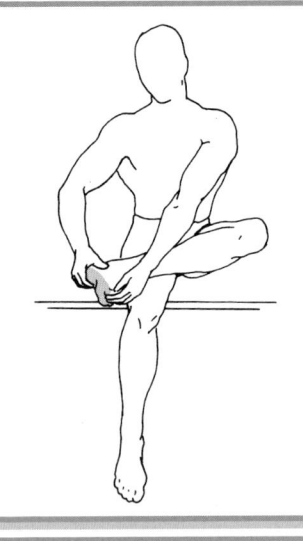

2
- 片足を前に出して立つ。
- 息を吐いて、体重を母指球にかける。そして、ゆっくりと下方へ向ける。

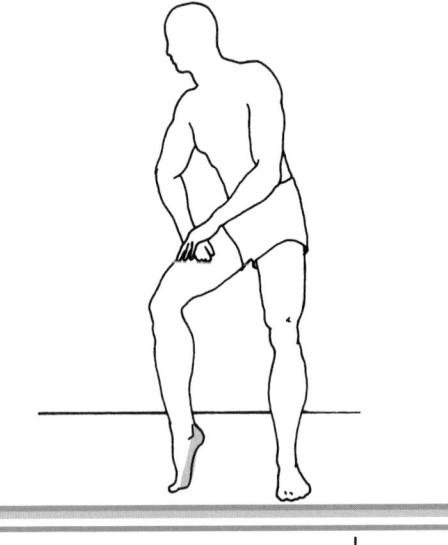

3
- 壁から、2, 3歩離れて立つ。片足を前に曲げて、もう一方は、まっすぐ伸ばす。
- 後ろ足を平らにして伸ばしたまま、臀部に平行にする。
- 息を吐いて、床から後ろ足を離して、体重を母指球に移行させる。そして、下げる。

4

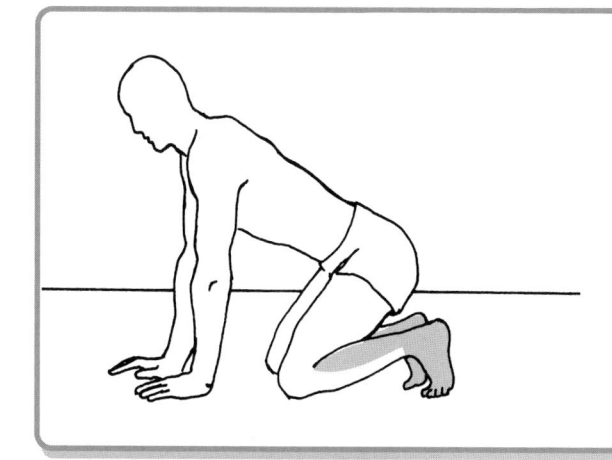

- 四つんばいになる。
- 息を吐いて，臀部を後ろに下げる。

足部（前面）とつま先

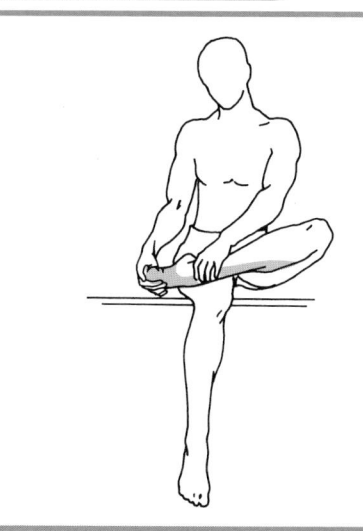

5

- 片足を組んで反対の足の上にのせる。片手で足首の上をつかんで，もう一方の手でつかむ。
- 息を吐いて，母指球の方へつま先を向ける。

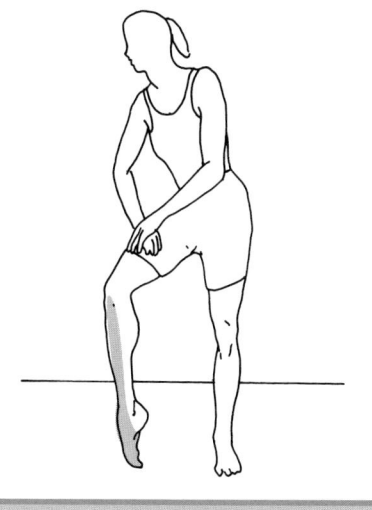

6

- 片足を前に出して立つ。
- 息を吐いて，体重を母指球にかける。そして，ゆっくりと下方へ向ける。

足首と足の甲

7

- 片足を反対側の大腿上に組んで座る。片手でその組んだ足のふくらはぎを，もう一方の手でつま先をつかむ。
- 息を吐いて，足底を体の方に引き寄せる。

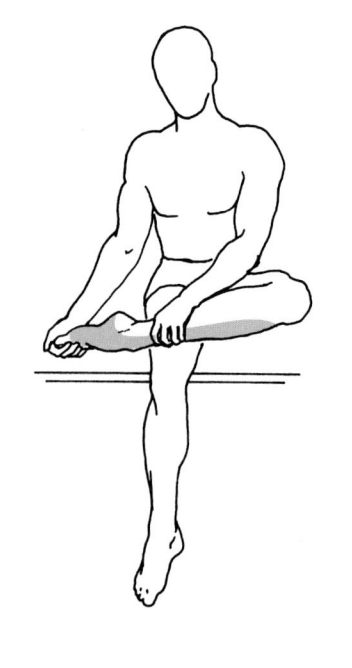

8

- ストレッチする片足を前に出して立つ。前に出した足の足首を底屈させる。
- 息を吐いて前足に荷重して，足関節を伸展させる。

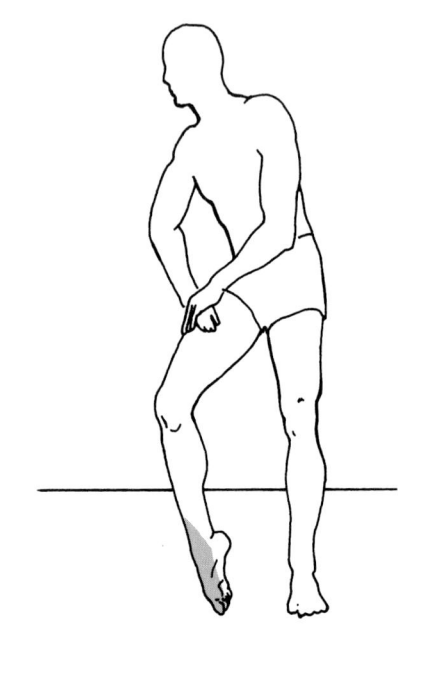

9

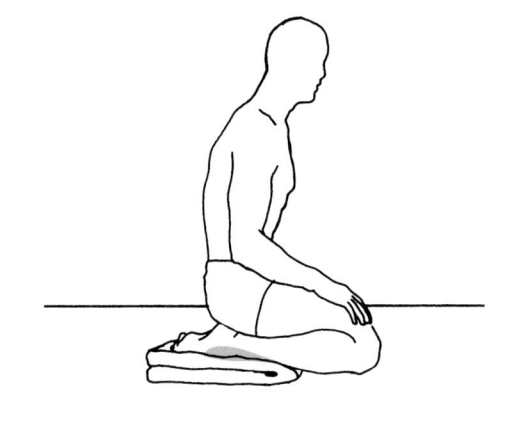

- 正座する。足首には，クッションまたは座布団を置く。そして，つま先は底屈させる。
- 息を吐いて，踵の上に座る。

> ⚠ 臀部が足の間ではなく，間違いなく踵の上にくること。そのような横座りはW座りと呼ばれ，膝に負担をかける。膝に問題のある人は，このストレッチングをしないように。

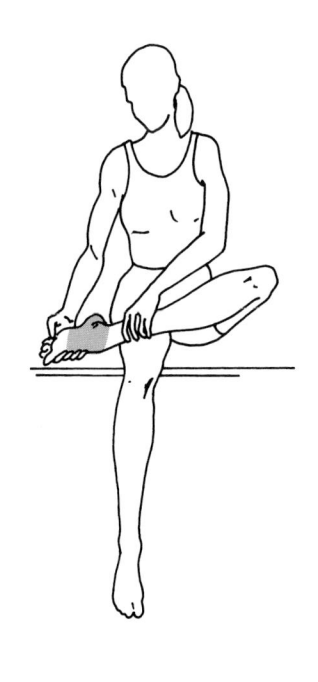

10

- 片足を反対側の大腿上に組んで座る。片手でその組んだ足のふくらはぎを，もう一方の手でつま先の外側をつかむ。
- 息を吐いて，足首をゆっくりと内側にひねる。（足首を上方にひねる）

下腿部

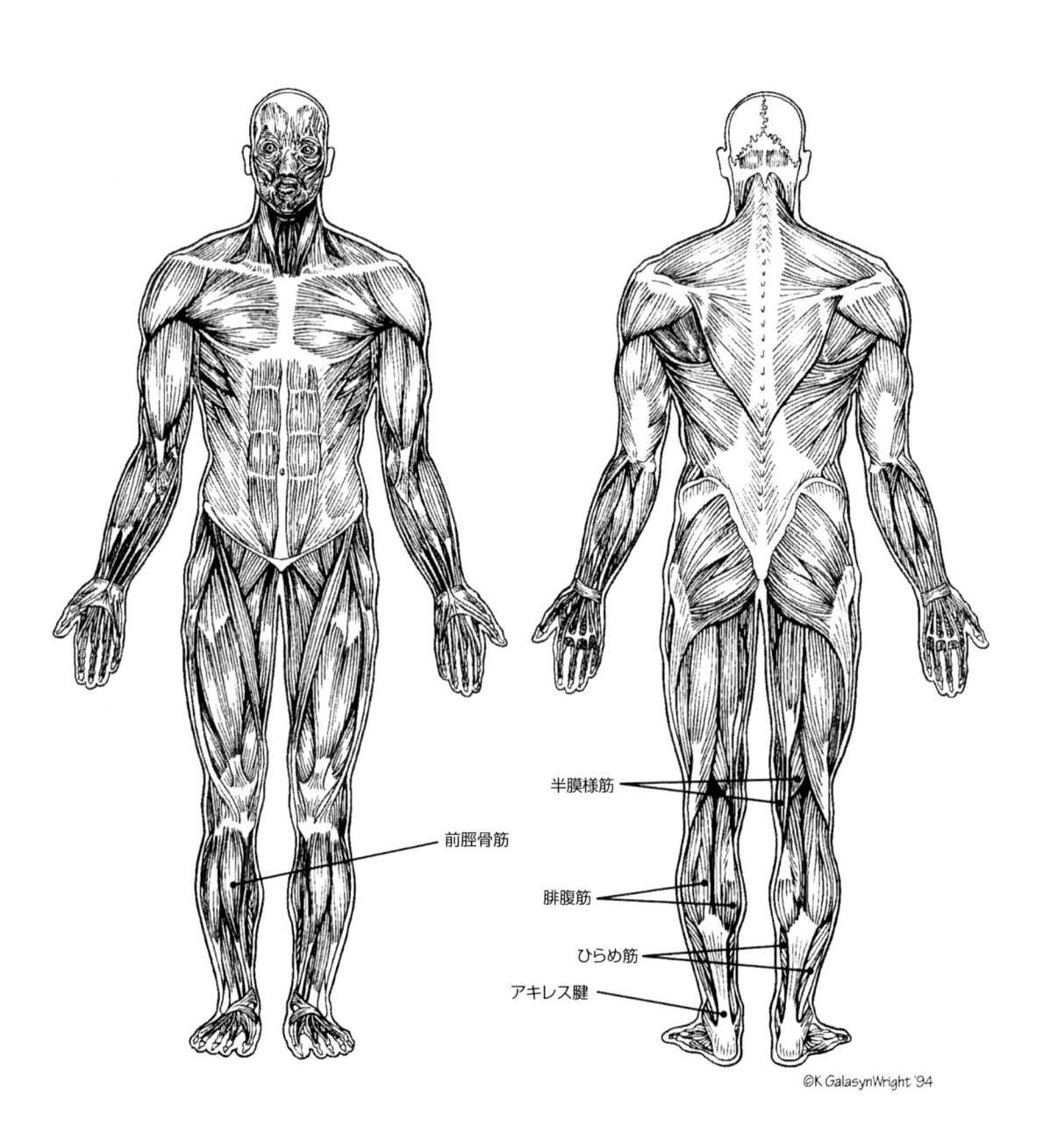

半膜様筋

前脛骨筋

腓腹筋

ひらめ筋

アキレス腱

下腿前面および外側

11

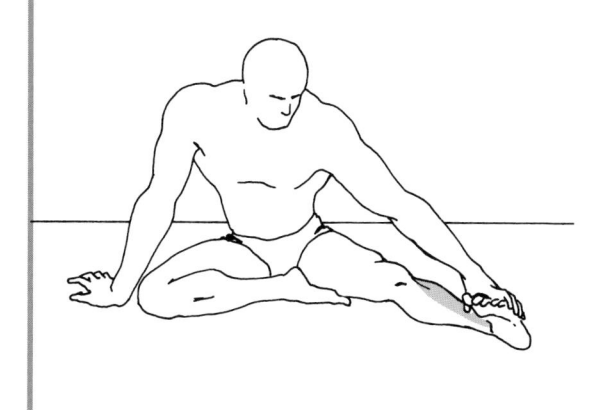

- 床に座って，片膝を屈曲させる。そうすると，踵が，もう片方の大腿内側に接触する。
- 曲げた方の大腿の外側とふくらはぎを押す。
- 息を吐いて，伸展させた足をまっすぐ伸ばしたまま，上体を曲げてその足のつま先をつかむ。そして，つま先をゆっくりと内側にひねる（足首を前に出す）。

> もし，つま先に手が届かない場合は，タオルをつま先に巻き，手前に引く。

12

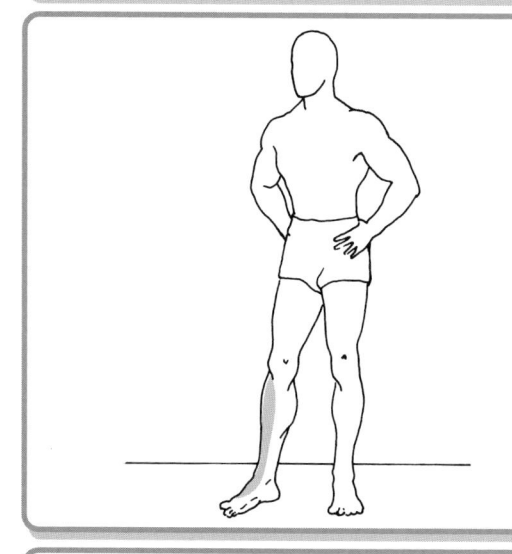

- 片足で立ち，両手は腰に当てる。バランスがとれない場合は，壁を用いる。
- つま先を外にひねる。つまり，つま先の外側をリラックスさせる。
- 息を吐いて，つま先をゆっくりと内側にひねり（足首を前に出す），つま先を下方に押す。

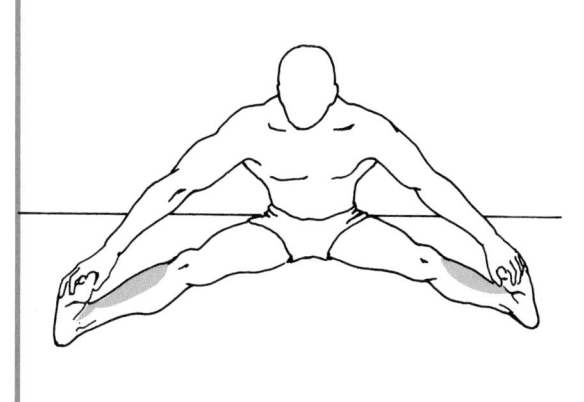

13

- 両足を開脚して床に座る。息を吐いて，上体を前に曲げてつま先をつかむ。
- 息を吐いて，両足のつま先をゆっくりと内側にひねる（両足首を前に出す）。

14

- 仰向けになり，臀部を壁にしっかりとつける。両足も，壁につけ開脚する。
- 息を吐いて，ゆっくりと足首を内側にひねる（両足首の外側を前に出す）。

15

- 45度傾斜のある板の上に立つ。
- 下腿の前側と外側がストレッチされているのを感じる。

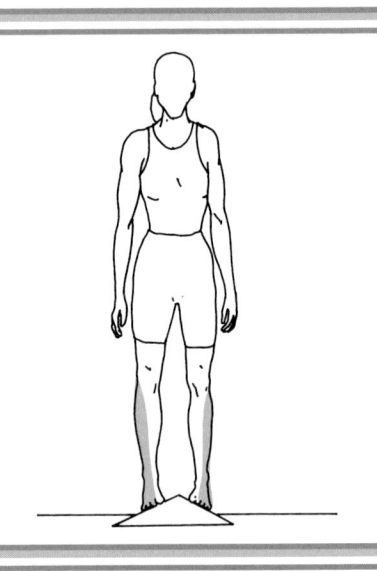

16

- 壁に背を向けて，手を腰に置く。つま先は内側に向け，足首は内側にひねりながら，壁から徐々に前方にずらしていく。
- 息を吐いて，上体をゆっくりと起こし，最初の位置に戻る。

> ⚠ 腰に異常がある場合には，上体をまっすぐ起こすのではなく，回しながら起こす。

17

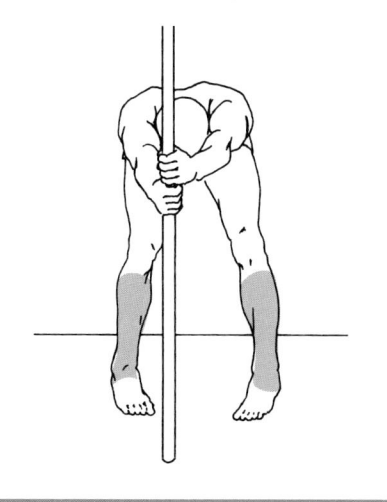

- 両手で棒をつかむ。そのつかんだ棒より2歩下がった位置に立つ。足は肩幅に開き，つま先は内側に向ける。
- 息を吐いて，上体を曲げる。足から45度位臀部を後方に突き出すような姿勢になる。

> ⚠ 上体を起こすときは，膝を曲げて行う。

18

- つま先を後方に向けて息を吐きながら，踵の上に正座する（もし，この位置に不都合がある場合，下腿前面に毛布を敷くとよい）。
- つま先をつかみ，そのつま先を上方に引っ張る。

> 下腿前面（前脛骨筋）がストレッチされていることを感じるように。このストレッチングは，シンスプリント障害を予防します。

> ⚠ 間違いなく，臀部が，下腿の間ではなく，踵の上にくること。膝に問題がある場合は，このストレッチングを行わないこと。

アキレス腱と下腿後面

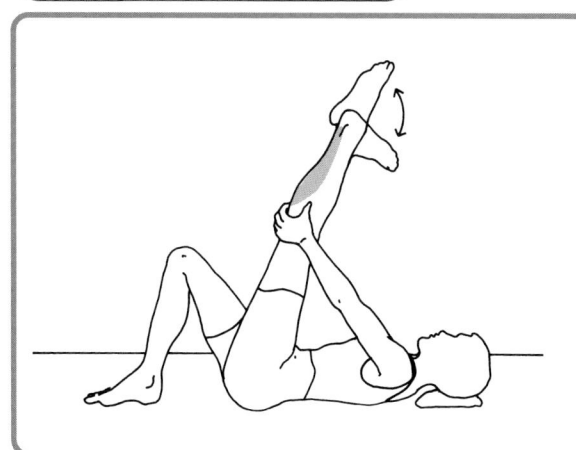

19

- 仰向けに寝て，片足を曲げて，その足が，臀部に近づくようにずらす。
- 反対の脚を顔に向かって上げる。膝の後ろをつかみ，ゆっくりとつま先を顔の方に向ける。

> 腰に問題がある場合には，ストレッチ後，伸ばした側の足を曲げながら下げる。

20

- 正座する。次に片足を少し前方に出し，足の裏が床につくようにする。
- 息を吐いて，ゆっくりと重心をつま先よりも前にかける。

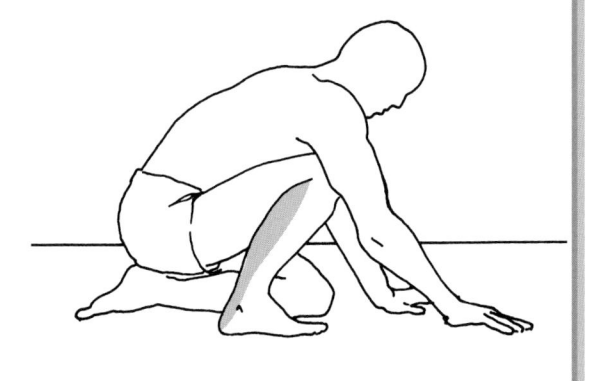

21

- 腕立て伏せの姿勢から，両手を両つま先に近づける。そして，臀部を同時に上げながら，三角形を作る。この位置は，肘または頭を床につけることによってもできる。
- 三角形の一番高い位置で，踵をゆっくりと床に押しつけるか，反対側の足を伸ばしたままゆっくりと膝を曲げる。

22

- 右踵を左つま先から約30cmほど離して立つ。
- 右つま先の踵が床についたまま，すねの方に伸ばす（背屈）。
- 息を吐いて，両足を伸ばしたまま重心を前方に傾けながら，手が右つま先を触り，胸が足につくように挑戦する。

23

- 片足を前に曲げ，反対の足をまっすぐ伸ばした状態で，後ろ足に重心をかける。
- 前足の踵を，つま先がまっすぐ向いた状態で，床にしっかりと固定する。
- 息を吐いて，腕と膝を曲げて，臀部を落としながらゆっくりと前足の方に重心を移動させる。

床にしっかりと踵を付けた状態で，前足のつま先をまっすぐ前に向かせること。

24

ストレッチ24番と25番は，頭と首，脊髄，骨盤，前足，足首を一直線上にしてから始めること。

- 片足を前方に曲げて，反対の足は伸ばした状態で重心を前方にかける。
- 前足を床にしっかりとつけたまま，両つま先を前方に向ける。腕を曲げて，壁の方に重心を移動させる。
- 息を吐いて，前方の膝を壁の方に曲げる。

25

- 片足を前方に曲げて，反対の足は，踵を上げて膝を伸ばした状態で重心を前方にかける。
- 前足を床にしっかりとつけたまま，両つま先を前方に向ける。腕を曲げて，壁の方に重心を移動させる。
- 息を吐いて，壁の方へ腕を曲げる。そして，前脚の踵は床を押しながら，ゆっくりと重心を前方へ移動させる。

このストレッチングは，膝の後部組織を効果的にストレッチさせる。

26

- 片足を上げて，仰向けに寝る。
- パートナーに片足を両足ではさむように押さえてもらいながら，上げている足を一方の手でつま先，もう一方の手で踵をつかんでもらう。
- 息を吐いて，パートナーがつま先を伸ばしているときも足を伸ばしたままにする。

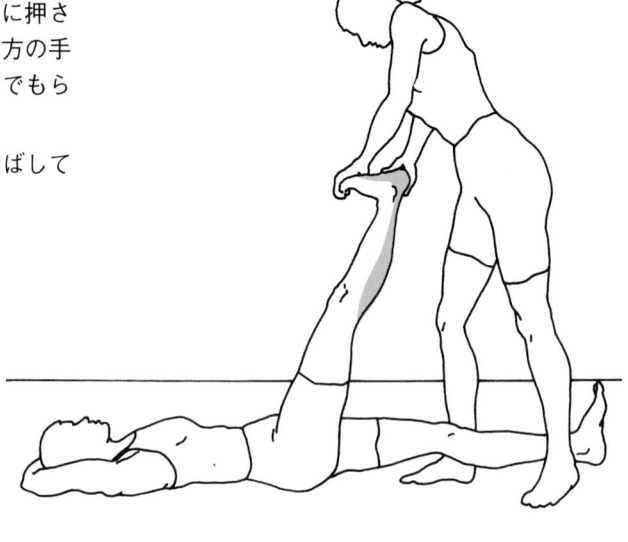

27

- 腕の長さ分，壁から離れて傾斜盤の端にのる。手のひらをしっかりと壁につける。重心を前に移動させる。

ふくらはぎとアキレス腱，膝の後ろがストレッチされているように感じなくてはいけない。

28

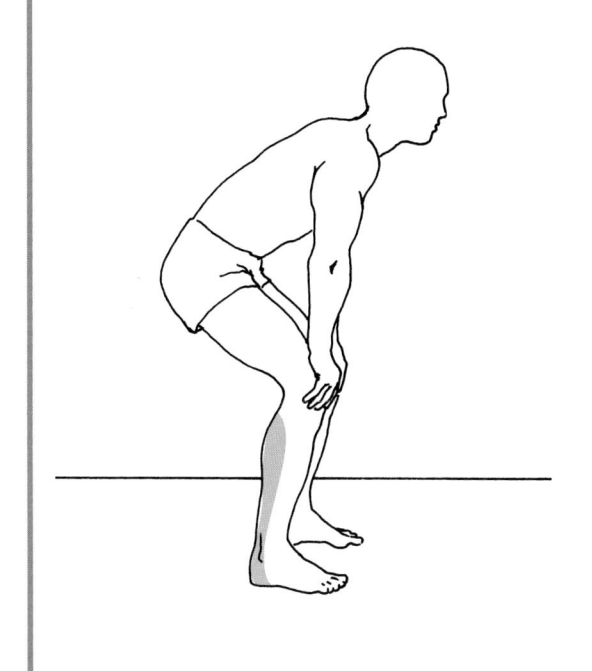

- 手を腰か膝の上にのせて立つ。
- 踵を床につけたまま，足を平行に置く。
- 息を吐いて，膝を曲げて，腰を落とす。そして，両足を床につけたまま，ゆっくりと重心を下方に移動させる。

ラケット競技では重要なストレッチングである。

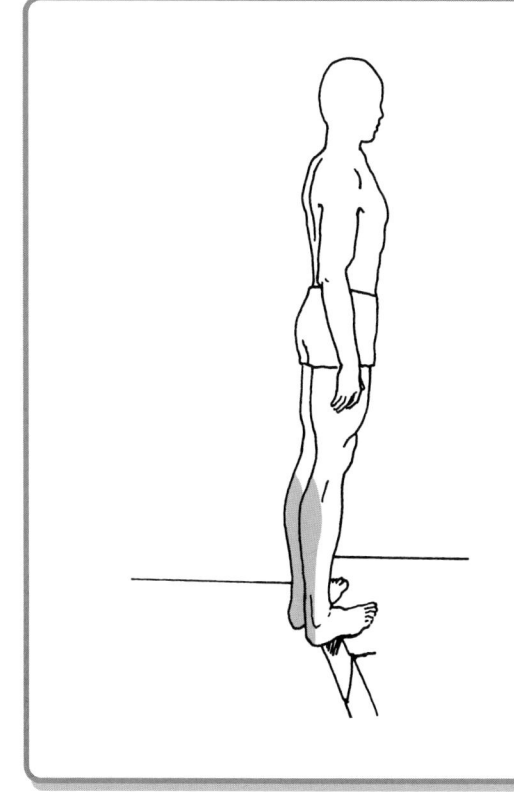

29

- 母指球が，階段または端の上でバランスがとれるように立つ。
- 息を吐いて，踵を床の方に下げる。

必要に応じて，片手はバランスをとるために壁に添えてもよい。

30

- サポートのために棒を持って、足を約30cm離して平行に立つ。
- 息を吐いて、後方に重心を移動させる。そして、踵を床につけて、膝を踵の後ろにつける。
- できるだけ低くスクワットする。スタート位置に戻る間、息を吐く。

> このストレッチングは、外転筋と大腿四頭筋が硬いと感じるかもしれない。

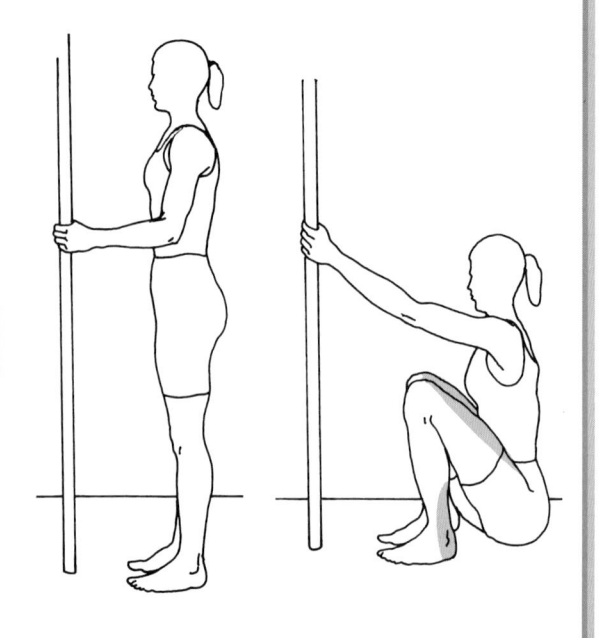

31

- 頭部と、首、脊髄、骨盤、脚、足首を一直線上にして、壁に寄りかかる。
- 足を床にしっかりとつけて、つま先が前方を向くように維持する。
- 息を吐いて、腕を曲げる。重心を壁の方向に移動させる。

32

- 頭部，首，脊髄，骨盤，脚，足首を一直線上にして，壁に寄りかかる。
- 踵を上げて，足をあわせて，つま先が前方を向くように維持する。
- 踵を床に押しつけるようにしている時に，息を吐いて，腕を曲げる。そして，重心を壁の方向に移動させる。

ふくらはぎ，アキレス腱，膝の後ろがストレッチされているように感じなくてはいけない。

33

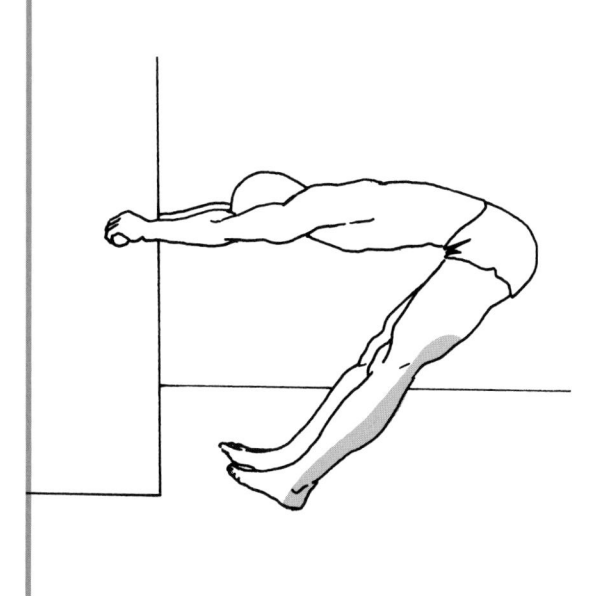

- ドアを開けて腕の長さ分の距離位置に立つ。そして，両手でドアのノブをつかむ。
- 踵でバランスをとりながら，息を吐いて，両足を伸ばしながら，重心を後方へ移動させる。

ふくらはぎ，アキレス腱，膝の後ろがストレッチされているように感じなくてはいけない。

もし腰に異常がある場合，上体を起こす際は，膝を曲げる。

ダンス姿勢

これから紹介する5つのストレッチングは、ダンスで用いられる伝統的なポジションⅠからⅤを用います。これらのストレッチングでは、急を要するため、膝の「ターンアウト」を初歩から教えることを避けます。

かわりに、臀部を集中的に使い、股関節の外部と内部回旋筋の相互作用と同時にターンアウトもコントロールします。

体重分配の均等化や踵を床から平らに保つことに集中します。正しい技術を使うことに失敗すると膝や足の傷害を招きます。バランスをとるために、棒またはイスの背もたれにつかまって行うとよいでしょう。

34

- ポジションⅠは、両踵をつけた状態で各つま先が外側に180度開く。
- 息を吐いて、膝を曲げる。臀部からターンアウトするためである。

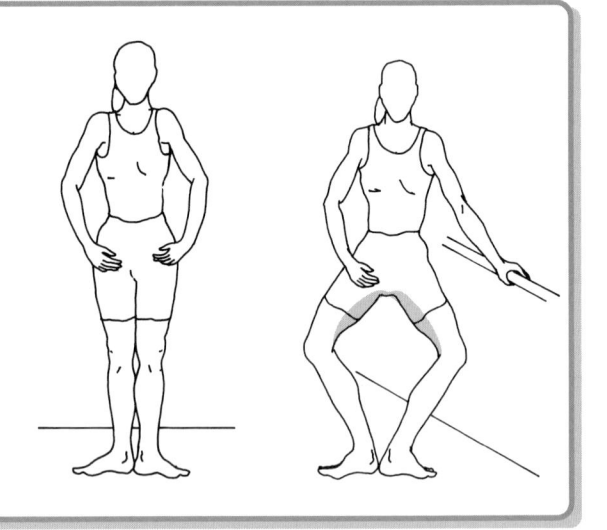

35

- ポジションⅡは、踵を30cmほど離す。各つま先は外側に180度開いている。そして、足はお互いに同一線上にある。
- 息を吐いて、膝を曲げる。臀部からターンアウトするためである。

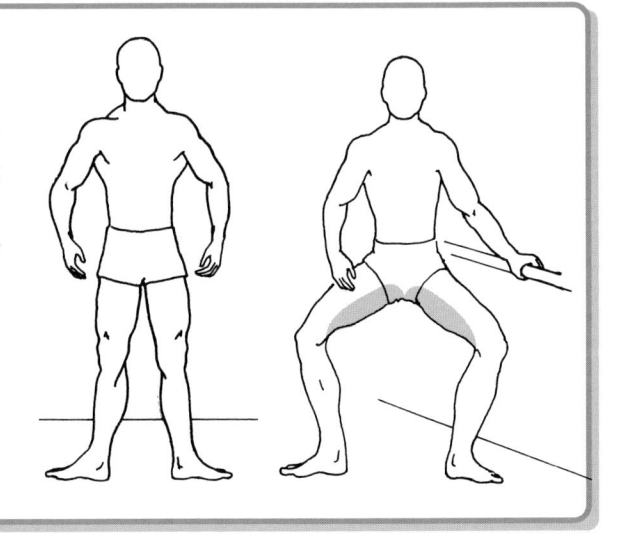

36

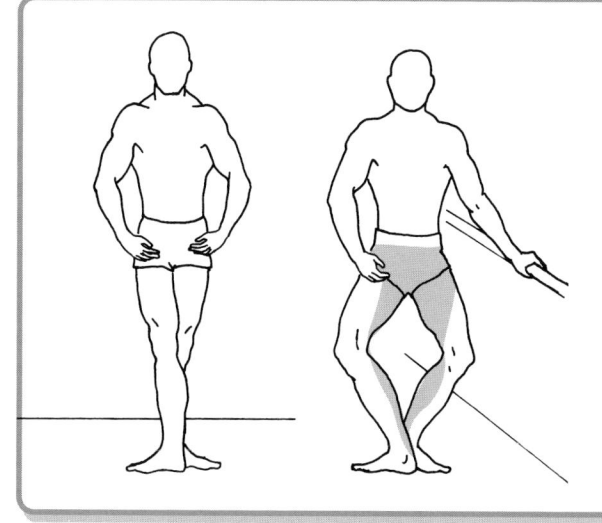

- ポジションⅢは，足が同一線上にあり，お互いに押しつけあっている。アーチの踵，または他方の足のインステップとつま先は，反対方向を指している。
- 息を吐いて，膝を曲げる。臀部からターンアウトするためである。

37

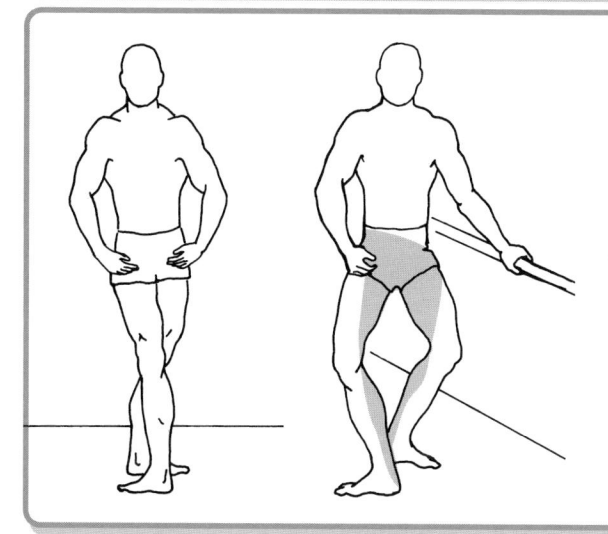

- ポジションⅣは，足が反対方向を指している。片足は，約30cmもう一方の足の前に出し，前足の踵は，後ろ足のつま先と同一線上にある。
- 息を吐いて，膝を曲げる。臀部からターンアウトするためである。

38

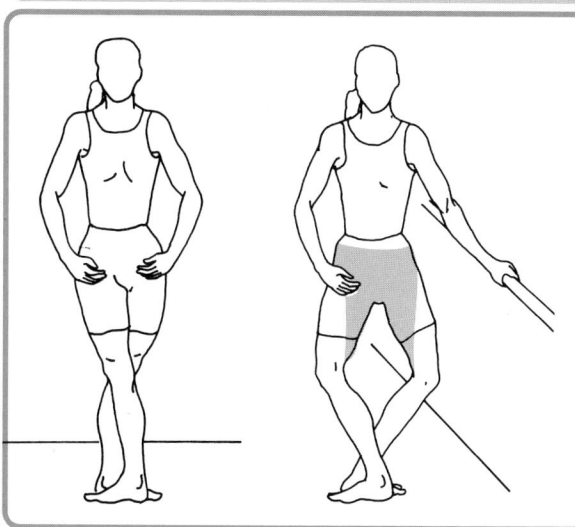

- ポジションⅤは，足が反対方向を指している。前足の踵は平らで，もう一方の足のつま先にくっつき，後ろ足の踵は，前足のつま先にくっついている。
- 息を吐いて，膝を曲げる。臀部からターンアウトするためである。

39

- 厚い板の上につま先と母指球をのせて立つ。軽量バーベルを肩にのせて休む。
- 息を吐いているときは，できるだけ高く踵を上げる。
- 息を吸って，踵は床にほとんどつくまで下げる。そして，スタート時の姿勢に戻る。

> 簡単に行うためには，軽い重量で行う。

40

- 肩に軽い重量バーベルを担ぎ，肩幅に足を開いて立つ。
- 息を吸って，床の方に臀部を下げる。その間も，踵は床につけたまま行う。
- 息を吐いて，スタート時の位置に戻る前にストレッチングを底で保持する。

> 常に軽い重量を使う。そのことによって，扱いが簡単である。リフティングベルトは，特別サポートを与えることができる。

⚠️ このストレッチングは，重量上げ選手用に作られている。選手は単純に，筋力増強を望んでいるようだが，臀部を下げることによって，膝を守ることができる。このストレッチングは，エリート選手においても，かなり上級で，危険である。

膝の後方

> 原則として，もし膝が過伸展する場合には，次のようなストレッチングは避けるべきである。

41

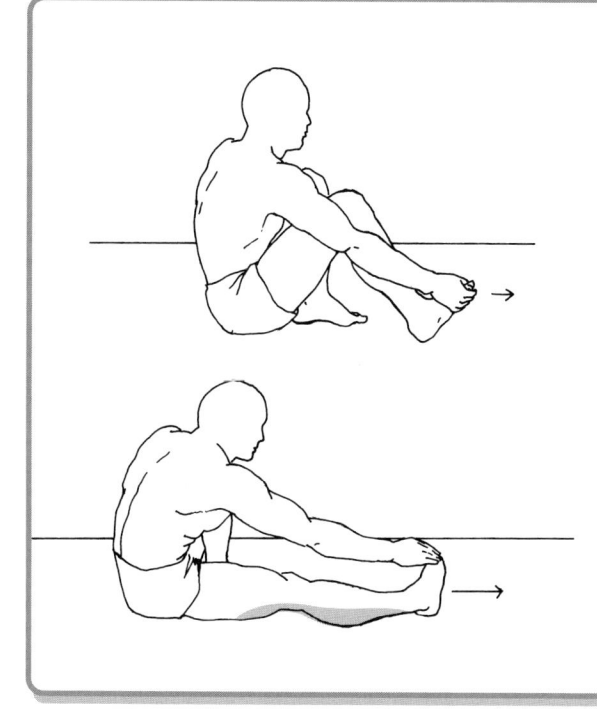

- 膝を曲げて床に座る。つま先をつかんで，この足を伸ばす。
- 息を吐く。足を伸ばしたまま，そのつま先を上体の方へ近づける。そして，腰を曲げる。そうすると，上体が，伸ばしている足の方へ近づく。

> 収縮してからリラックスする方法は，伸ばしているハムストリングスの膝後方の張りと違和感を軽減する。この動作は，上体を大腿四頭筋に近づけることを可能にする。

42

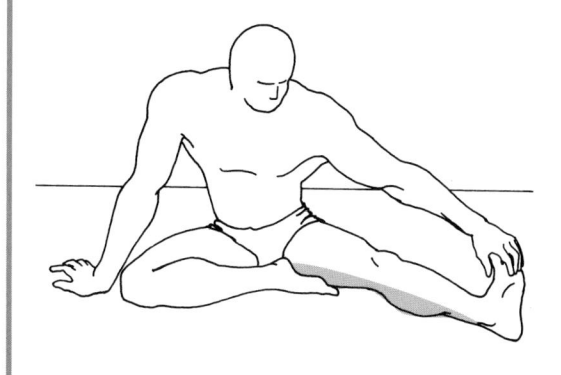

- 両足を開いて床に座る。片足を伸ばして，伸ばしている足の内腿にもう一方の足の踵が触れるまで曲げる。
- 息を吐く。前方に上体を傾けて，伸ばしている足の踵をつかむ。足を伸ばしたまま，つま先は，上体のほうへ引く。

> 収縮してからリラックスする方法は，伸ばしているハムストリングスの膝後方の張りと違和感を軽減する。この動作は，上体を大腿四頭筋に近づけることを可能にする。

43

- 片足を交差して，踵をもう一方の足の膝上にのせて床に座る。
- 伸ばしている足のつま先にタオルを巻いて，そのタオルの両端をつかむ。
- 息を吐く。伸ばしている足をまっすぐに保ちながら，そのタオルを上体の方へ引っ張る。

> 柔軟性が高い選手は，タオルを使う必要はない。

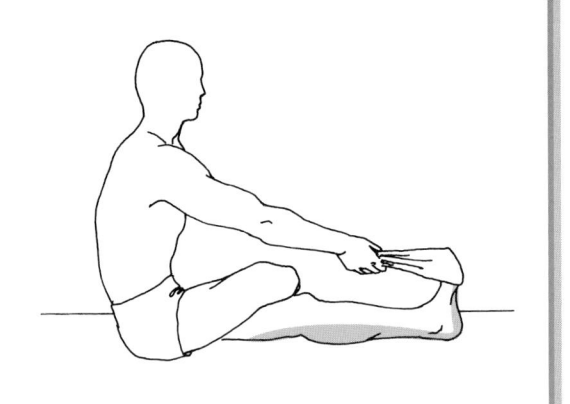

44

- 膝を伸ばしたまま仰向けに床に座る。タオルの両端を両手でつかむ。
- 胸の方へ片足を曲げる。そのタオルは，つま先に巻いたままである。
- 息を吐く。曲げた足を伸ばしながら，つま先をできるだけ遠くに持っていく。
- 臀部，足，背中，頭は，床にしっかりとつける。

45

- 壁から腕の長さ分，離れて立つ。片足を前に出す。そのとき，頭部，首，脊髄，骨盤，後ろ足，足首を一直線上にして，壁に寄りかかる。
- 後ろ足をしっかりと床につけたまま，臀部と平行に腕を曲げる。そして，壁の方に体重を移動させる。
- 息を吐いて，膝をロックさせたり無理な動作をしないようにする。

46

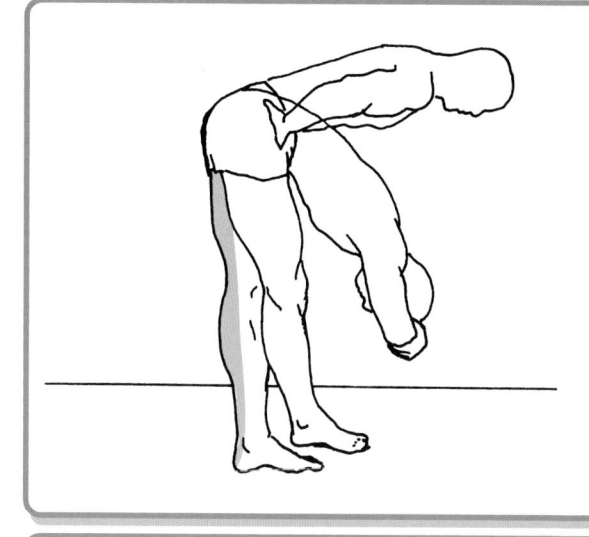

- 腰に手を当てて立つ。そして，片足をもう一方の足と交差させる。
- 息を吐く。片足を伸ばしたまま，上体を曲げる。曲げたときに，臀部と下腹部が腿の上にくるようにする。

> 上体を戻すときには，そのまま起こすよりは，膝を曲げたり，上体をまわして起こす。

> ストレッチングの強度は，手を頭の後ろや肘をつかむことによってます。

47

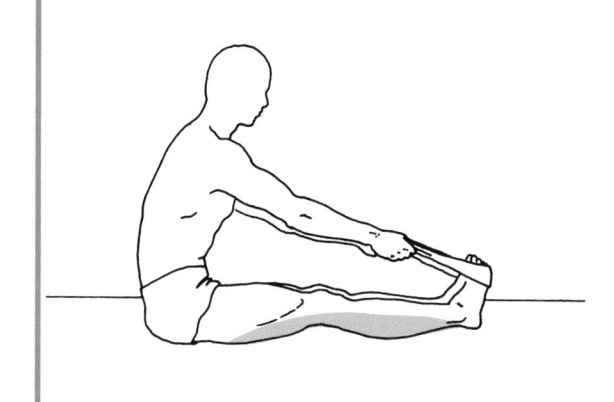

- 両足を伸ばして床に座る。上体を前に曲げて，手，またはタオルを足に巻いてつま先をつかむ。
- 上体の方へゆっくりと引っ張る。

48

- 壁から腕の長さ分，離れて立つ。足は肩幅に開いて，つま先は内側に向ける。そのとき，頭部，首，脊髄，骨盤，脚，足首を一直線上にして，壁に寄りかかる。
- 両踵は内側に向けてしっかりと床につける。腕を曲げて，壁に体重をかける。
- 息を吐いて，膝をロックさせたり無理な動作をしないようにする。

49

- 両足を伸ばして立つ。そして，上体を伸ばす。
- 上体を前に曲げて，手で足先をつかむ。そして，足先を引っ張る。

> 上体を戻すときには，そのまま起こすよりは，膝を曲げたり，上体をまわして起こす。また，収縮してからリラックスする方法は，伸ばしている大腿四頭筋の膝後方の張りと違和感を軽減する。

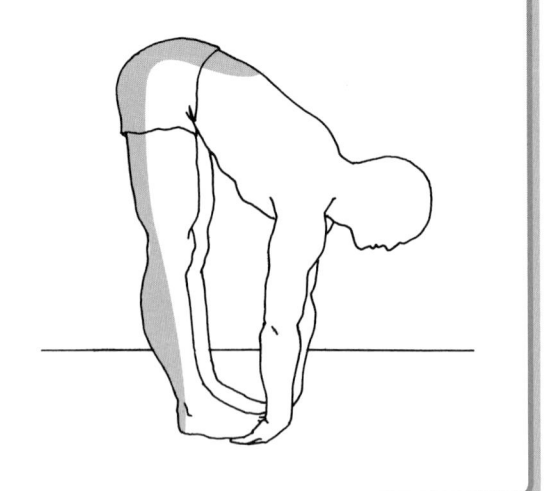

大腿部（ハムストリングス）

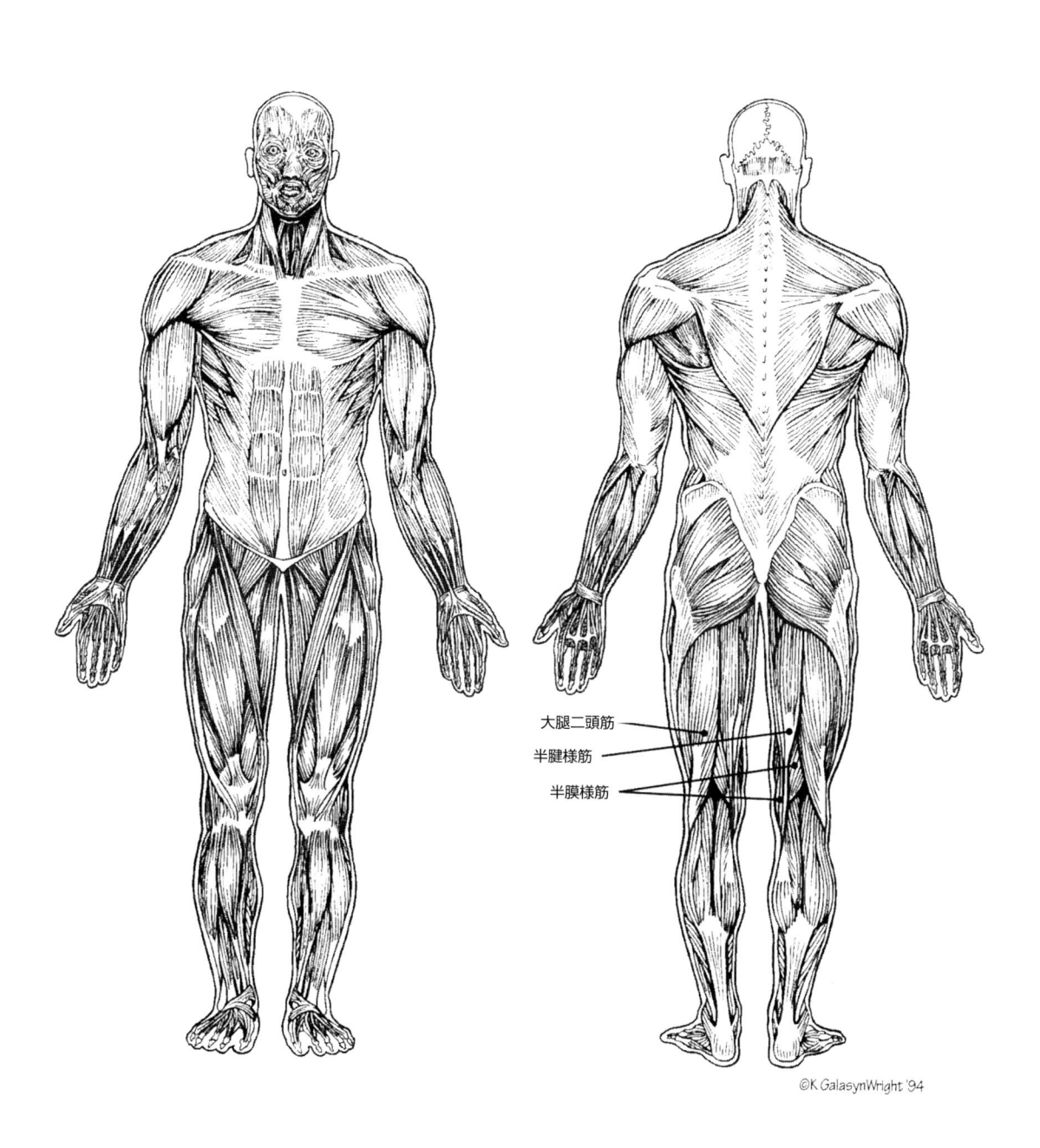

大腿二頭筋
半腱様筋
半膜様筋

©K.GalasynWright '94

50

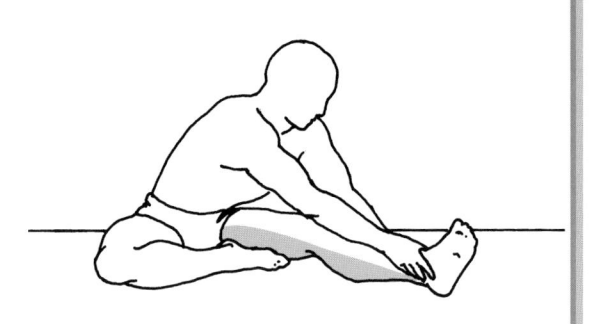

- 片足を伸ばして床に座る。そして，もう一方は膝を曲げて，他方の足の内腿にその踵が触れるまで曲げる。
- 下腿の外側と曲げている足のふくらはぎが，床につく。
- 息を吐く。伸ばしている足を伸ばしたまま，上体をその大腿に近づくように曲げる。

このストレッチングは，伸ばしているハムストリングスの張りを軽減する。

51

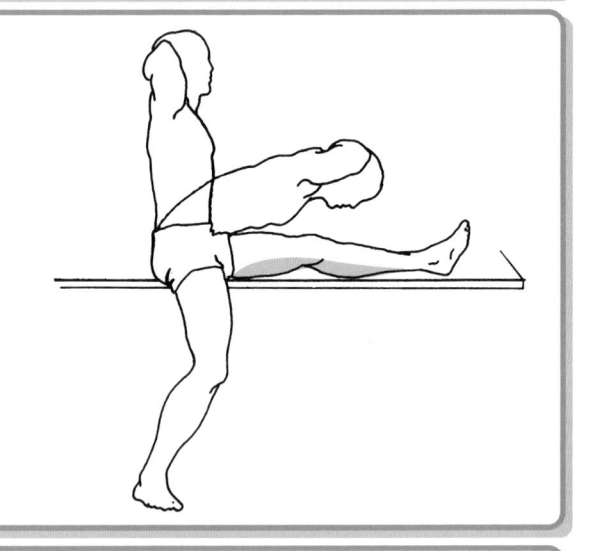

- 片足を伸ばして，もう一方は床につけた状態でベンチに座る。両手は頭の後ろに置く。
- 息を吐く。肘を上げて，足は伸びている状態で，上体を伸ばしたまま，腿の方へ曲げる。

このストレッチングは，伸ばしているハムストリングスの張りを軽減する。

52

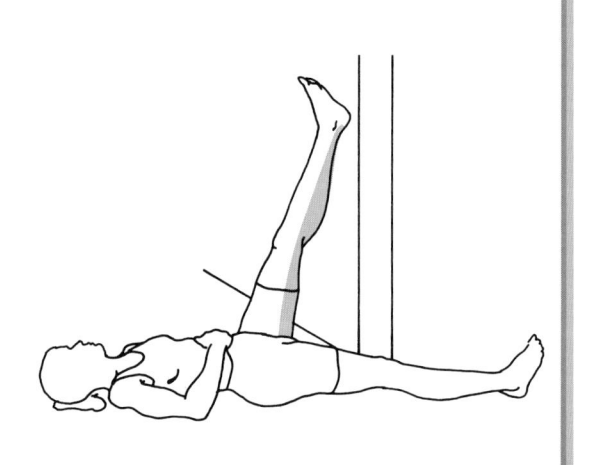

- ドアの端に仰向けに寝る。そして，臀部をドアの端につける。
- 片足の膝を伸ばして上げてからドアにもたれてリラックスする。もう一方の足は，床につける。臀部からドア端までの距離を近づけるか，上げている足をドアから離すことによって強度は増す。

このストレッチングは，伸ばしているハムストリングスの張りを軽減する。

53

- 片足を曲げて，踵を臀部に近づけて仰向けに寝る。
- 息を吸いながら，もう一方の足を上方に伸ばす。
- 息を吐く。そして，ゆっくりと上げている足を顔に近づける。そのとき，足は伸ばしたままの状態を保つ。

> このストレッチングは，伸ばしているハムストリングスの張りを軽減する。もし，腰に異常がある場合には，伸ばしている足を曲げるときにゆっくりと床に近い所で行う。

54

- 仰向けに寝る。足全体にタオルを巻きつける。息を吸いながら，足を上方に伸ばす。
- 息を吐きながら，上げている足を伸ばした状態で顔に近づける。

> このストレッチングは，伸ばしているハムストリングスの張りを軽減する。もし，腰に異常がある場合には，伸ばしている足を曲げるときにゆっくりと床に近い所で行う。

55

- 上体を支えるために手を臀部の後ろについて，足を伸ばして床に座る。
- 片膝を伸ばして，片手で足首の内側をつかむ。
- 息を吐いて，脚が床から垂直になるまで伸ばす。

> このストレッチングは，伸ばしているハムストリングスの張りを軽減する。

56

- 片足を台の適度な高さまでゆっくりと上げて休む。
- 息を吐いて，両足をまっすぐに伸ばしたまま，臀部に力を入れる。ゆっくりと上体を大腿の方に曲げる。

> このストレッチングは，伸ばしている大腿四頭筋の張りを軽減する。

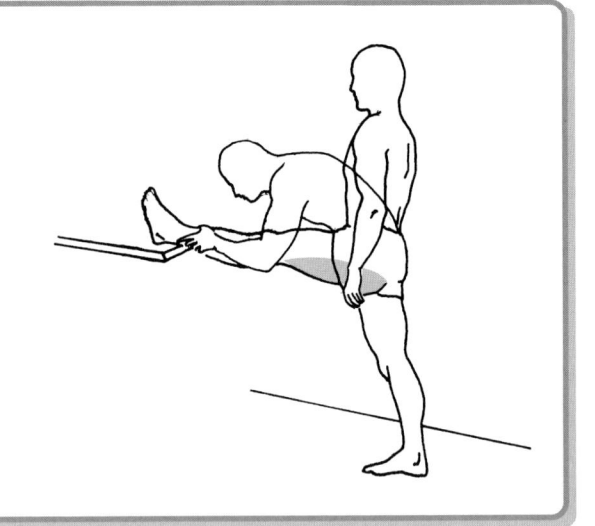

57

- 右足を左足のつま先前から約30cm離して立つ。
- 息を吐く。上体を前に曲げて，床につくか，両手が右足横につくようにする。そのとき，足は伸ばしたままで行う。

58

- 床に足をつけてスクワット姿勢をとる。
- 片膝を曲げて，もう一方の足は反対方向に伸ばした状態でしゃがみこむ。
- 右足首を右手で，左足首は左手でつかむ。
- 息を吐いて，上体を伸ばした腿の方へ曲げる。

> このストレッチングは，武術における基本である。しかし，他種目の選手には必要ではない。これは，股関節のストレッチングでもある。

59

- 両足をそろえて膝をつく。両手は横に置く。片膝を上げて，足をサポートのために少し前に出す。
- 息を吐く。両足をつけて膝をつく。バランスをとるために両手をつける。
- 片足を上げて，足を体の前に出す。その足の足首を丸めた毛布の上にのせる。
- 息を吐く。ゆっくりと毛布で滑らせながら，前足を前方に開いていく。後ろ足を伸ばして，開脚姿勢にする。

> スプリット（開脚）は，ハムストリングスのストレッチングのための高度な方法のひとつです。技術的に正しいスプリットとは，両足はまっすぐに伸ばし，臀部は四角形（前を向いて，横にひねらない）にする。そして，床にぴったりとつける。臀部後部を若干，外に開くと美しく見えるとされている。しかし，臀部伸筋が硬いこと，または不適切なトレーニングを行っている選手は，この開脚は困難である。

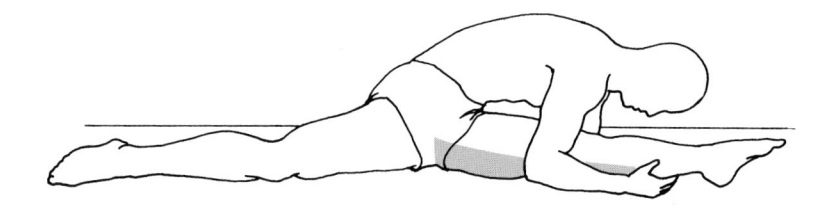

60

- 前後開脚をする。
- 息を吐いて，前に伸ばしている脚の方へ上体を曲げる。

61

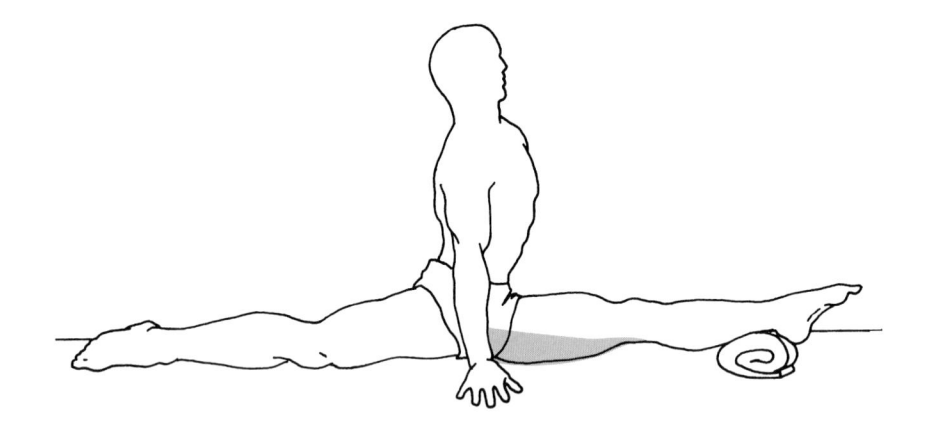

- 両足をそろえて膝をつく。両手は、バランスをとるために床に置く。
- 片膝を上げて、足を丸めた毛布の上におく。
- 息を吐く。ゆっくりと毛布で滑らせながら、前足を前方に開いていく。後ろ足を伸ばして、開脚姿勢にする。

> このストレッチングも膝の後ろをストレッチしていることを感じる。

⚠ このストレッチングは、特別に柔軟性を要求される競技の選手に有効である。たとえば、フィギュアスケート（ペア）、武術、新体操である。しかし、ほとんどの選手はこの種目をストレッチングプログラムに組み入れる必要がない。

62

- 壁を背にして1m程度離れて立つ。サポートのために両手を床につけて上体を前に曲げる。そして、片足を壁の方へ上げる。
- 息を吐いて、上にあげている足をまっすぐしたまま開脚姿勢になるまで上げ続ける。

63

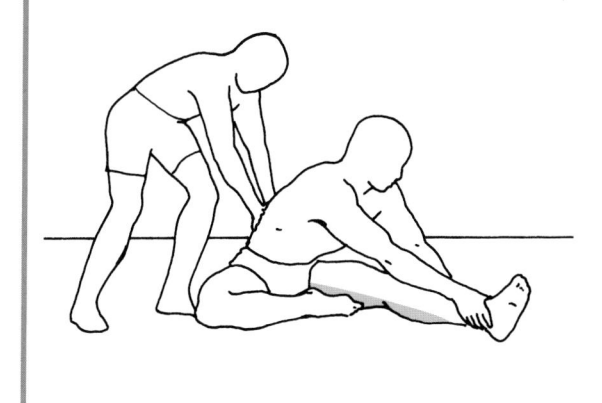

- 片足を曲げて，もう一方は伸ばして床に座る。曲げている方の足は，踵が伸ばしている足の内転筋部に触れるまで曲げる。
- パートナーは，片手を背中の真ん中に添え，もう一方の手は，腰に添えて後ろに立つ。
- 息を吐いて，前足をまっすぐ伸ばしたまま，背中を伸ばし，曲げる。そのとき，パートナーは，背中の上部をゆっくり押す。

パートナーとしっかりと呼吸を合わせる。

64

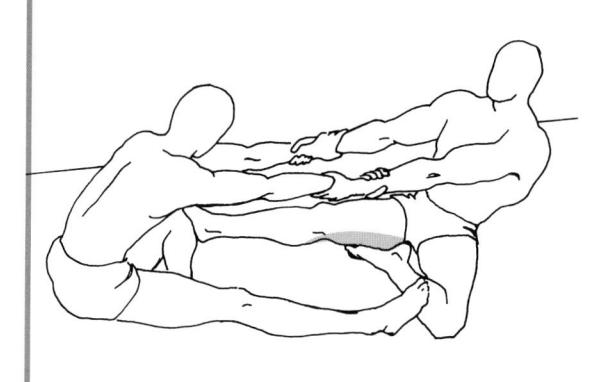

- 足を伸ばして開脚姿勢で床に座る。片足を曲げて，踵が伸ばしている足の内転筋部に触れるまで曲げる。
- 伸ばしている足をパートナーの曲げている膝の部分へ，パートナーと同じ姿勢をとる。手は，お互いの手首をつかむ。
- 息を吐いて，パートナーが手を後方に引っ張りながら，上体を前に曲げる。

65

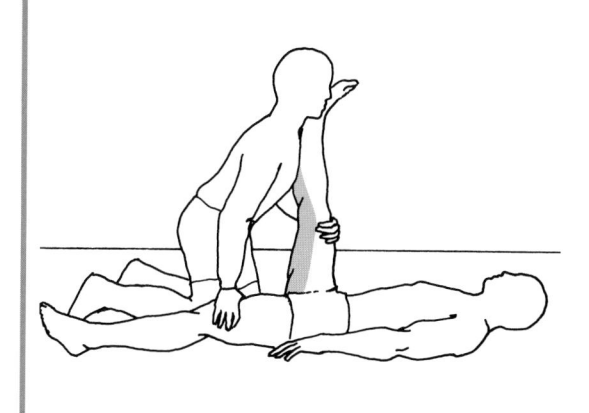

- 仰向けに寝て，片足を上げる。
- パートナーは，上げていない腿をしっかりと固定させて，上げている足をつかむ。
- パートナーが，足を上げているときに同時に息を吐く。

両足をまっすぐ伸ばして，臀部をしっかりと引き締めることを忘れないように。

⚠ パートナーは，踵をつかむことをしないようにする。てこ作用により膝を伸ばしてしまうかもしれないからである。

66

- パートナーと向き合って立つ。
- 息を吸いながら，片足をパートナーは，両手で上げる足の足首の上をつかむ。
- パートナーが足を上げる時に，息を吐く。

> 両足を伸ばすことを忘れないように。そして，パートナーとしっかりと呼吸を合わせる。

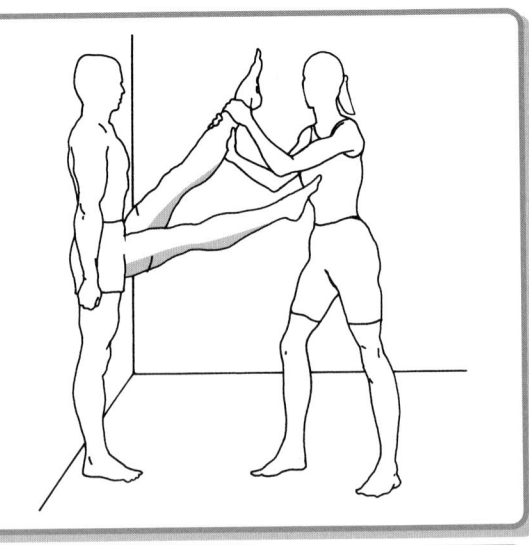

67

- 片足をパートナーの肩にのせて，向き合って立つ。
- 息を吐いて，上体を前に曲げる。そのとき，パートナーは，1歩後ろに下がる。

> このストレッチングは，武術のテキストに広く紹介されている。しかし，それ以外の競技者には必要ない。

68

- 片足をパートナーの肩にのせて，向き合って立つ。
- そのまま後ろを向いて，息を吐いて，上体を足首の方へ曲げる。そのとき，パートナーは，1歩後ろに下がる。

> このストレッチングは，武術のテキストに広く紹介されている。しかし，それ以外の競技者には必要ない。

69

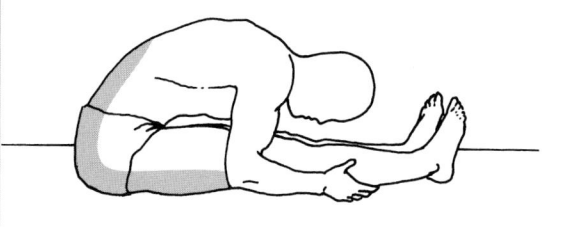

- 両足を伸ばしたまま床に座る。
- 息を吐く。足を伸ばしたまま、背中も伸ばしながら上体を前に曲げる。

> このストレッチングも腰をストレッチしていることを感じる。大腿四頭筋を収縮させることによって、ハムストリングスの張りを軽減させるようにする。

70

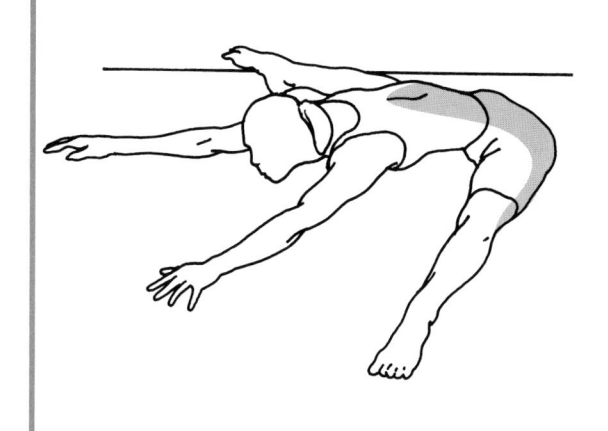

- 両足を開いて、床に座る。
- 息を吐く。両足は伸ばしたまま、背中も伸ばしながら上体を前に曲げる。

> このストレッチングも腰をストレッチしていることを感じる。大腿四頭筋を収縮させることによって、ハムストリングスの張りを軽減させるようにする。

⚠ 踵を床から離さないように、また、臀部や腿を前方に回したりしないようにする。これは、内転筋の肉離れを引き起こす可能性がある。

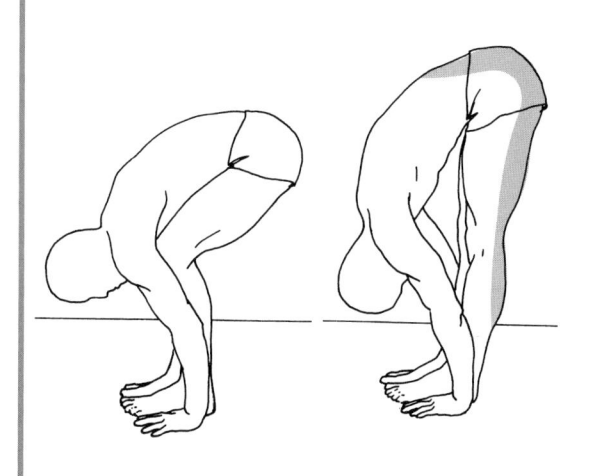

71

- 踵を床にしっかりとつける。胸を腿につける。両手は、バランスをとるために床につける。
- 息を吐いて、ゆっくりと両足を伸ばす。過度の張りを腿裏に感じたら止める。
- 膝を伸ばして、最初の位置に戻る。

> このストレッチングも腰をストレッチしていることを感じる。このストレッチングは、バランスをとるために臀部を壁につけて行うこともできる。

72

- 両足を開いて立つ。そして，臀部を伸ばして，両足は伸ばしたままである。両手で足首をつかむ。
- 息を吐いて，腿の方へ胸を近づける。
- 膝を伸ばして，最初の位置に戻る。

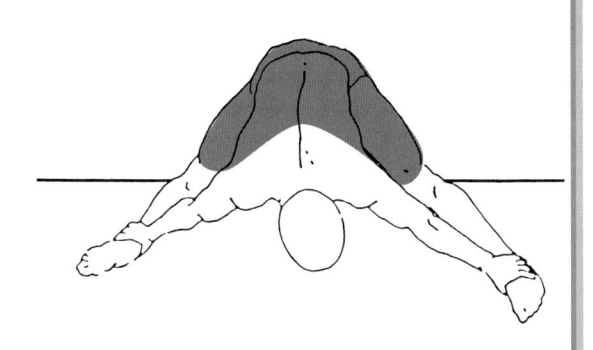

73

- 踵を壁から30cm程度離して両足を開いて立つ。
- 頭の後ろで両手を組む。両足を伸ばしたまま，上体も伸ばして前に曲げる。つまり，腿の方へ胸を近づけることである。
- もとの位置に戻るときは，膝を曲げるか上体を回しながら息を吐いて行う。

74

- 両踵をつけて壁から30cm程度離して立つ。
- 頭の後ろで両手を組む。両足を伸ばしたまま，上体も伸ばして前に曲げる。つまり，腿の方へ胸を近づけることである。

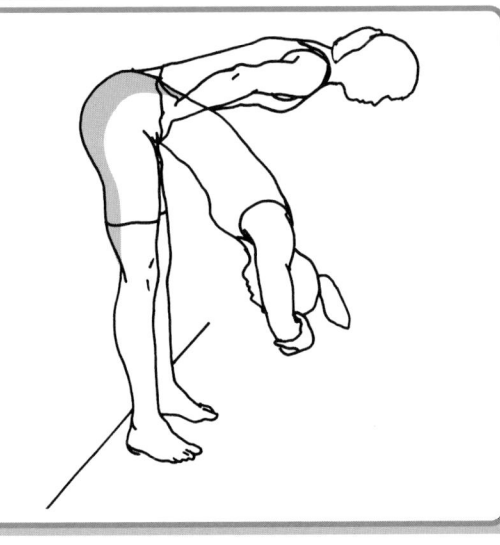

75

- 両踵をつけて，床に壁から30cm程度離して立つ。
- 息を吐いて，腿の方へ上体を曲げる。そして，両手は，つま先につくように曲げる。
- もとの位置に戻るときは，膝を曲げるか，上体を回しながら息を吐いて行う。

両足を伸ばしたまま行うことを忘れずに。

76

- 両踵をつけて壁から30cm程度離して立つ。
- 息を吐いて，腿の方へ上体を曲げる。そして，両手の平が床につくように曲げる。
- もとの位置に戻るときは，膝を曲げるか上体を回しながら息を吐いて行う。

このストレッチングは，3m級と10m級のダイビング選手には必要不可欠である。

77

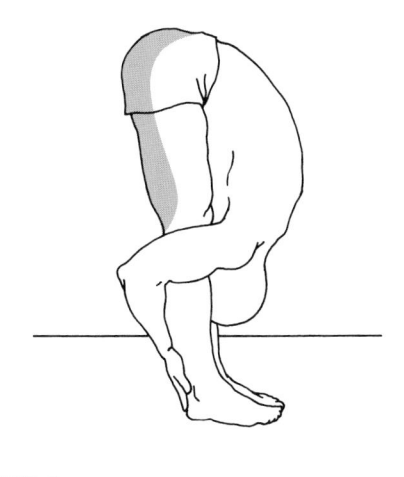

- 両踵をつけて壁から30cm程度離して立つ。
- 息を吐いて，腿の方へ上体を曲げる。そして，両手でアキレス腱の周りをつかむ。そして，ゆっくりと上体を腿に近づける。

このストレッチングは，3m級と10m級のダイビング選手には必要不可欠である。

78

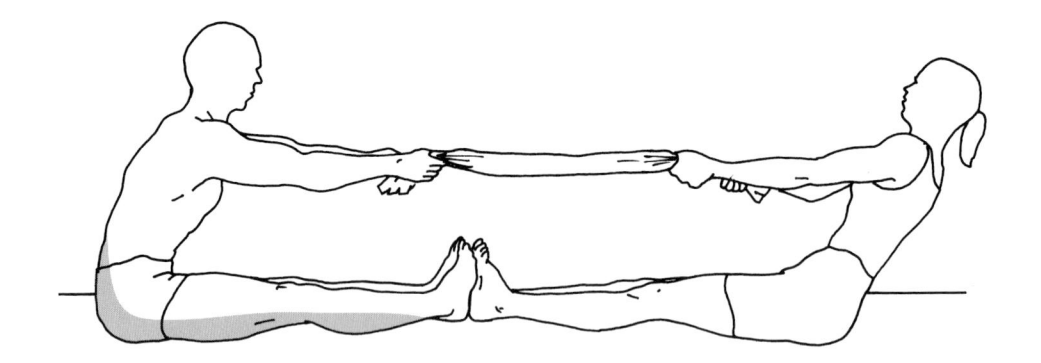

- 両足を伸ばして床に座る。パートナーも足裏をつけて、同じように座る。
- タオルの両端をお互いに握る。
- 息を吐く。両足を伸ばしたまま、背中を伸ばして前に曲げる。パートナーがタオルを引いて、後ろに倒したときに胸を腿につける。

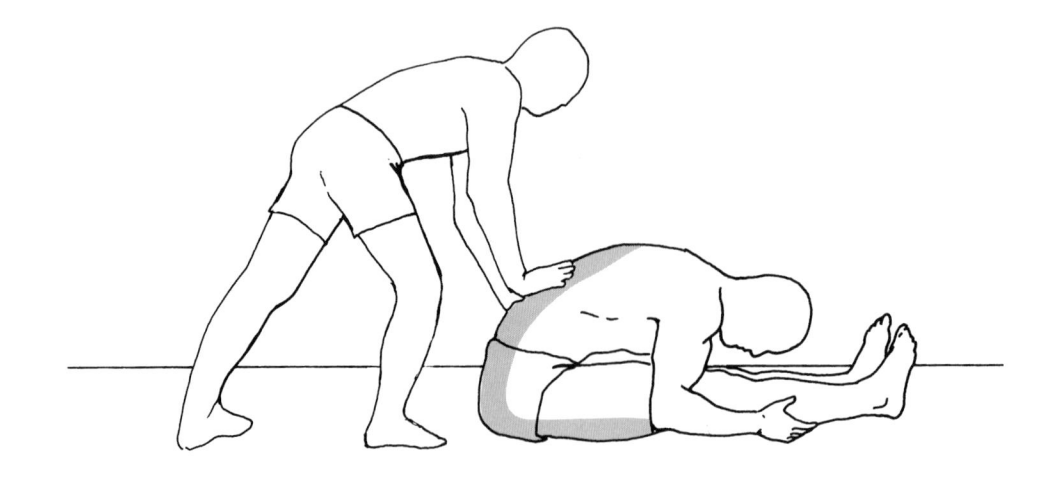

79

- 両足を伸ばして座る。パートナーは、後ろに立って片手は背中に、もう一方は腰に置く。
- 息を吐く。両足を伸ばしたまま、背中を伸ばして前に曲げる。パートナーは、上体を前に押す。

80

- 足を肩幅に開いて軽量のバーベルを肩に担いで立つ。
- 息を吸う。両足を伸ばしたまま，床と平行になるまで上体を曲げる。
- この状態を一瞬保つ。そして，ゆっくりと息を吐きながらもとの状態に戻す。

重い重量をあげる場合，足を若干，曲げる選手もいる。重い重量を使うことは，背中の強化になる。このストレッチングを行うときは，腰にベルトを巻いて行うとよい。

81

- 軽量のバーベルを両手をまっすぐに伸ばして持って立つ。
- 息を吸う。両足を伸ばして，バーベルと床に置く位置まで上体を前に曲げる。
- この状態を一瞬保つ。そして，ゆっくりと息を吐きながらもとの状態に戻す。

重い重量をあげる場合，足を若干，曲げる選手もいる。重い重量を使うことは，背中の強化になる。このストレッチングを行うときは，腰にベルトを巻いて行うとよい。

⚠ このリフト・ストレッチングを行うときは，腰にベルトを巻いて行うこと。

大腿部（内転筋群）

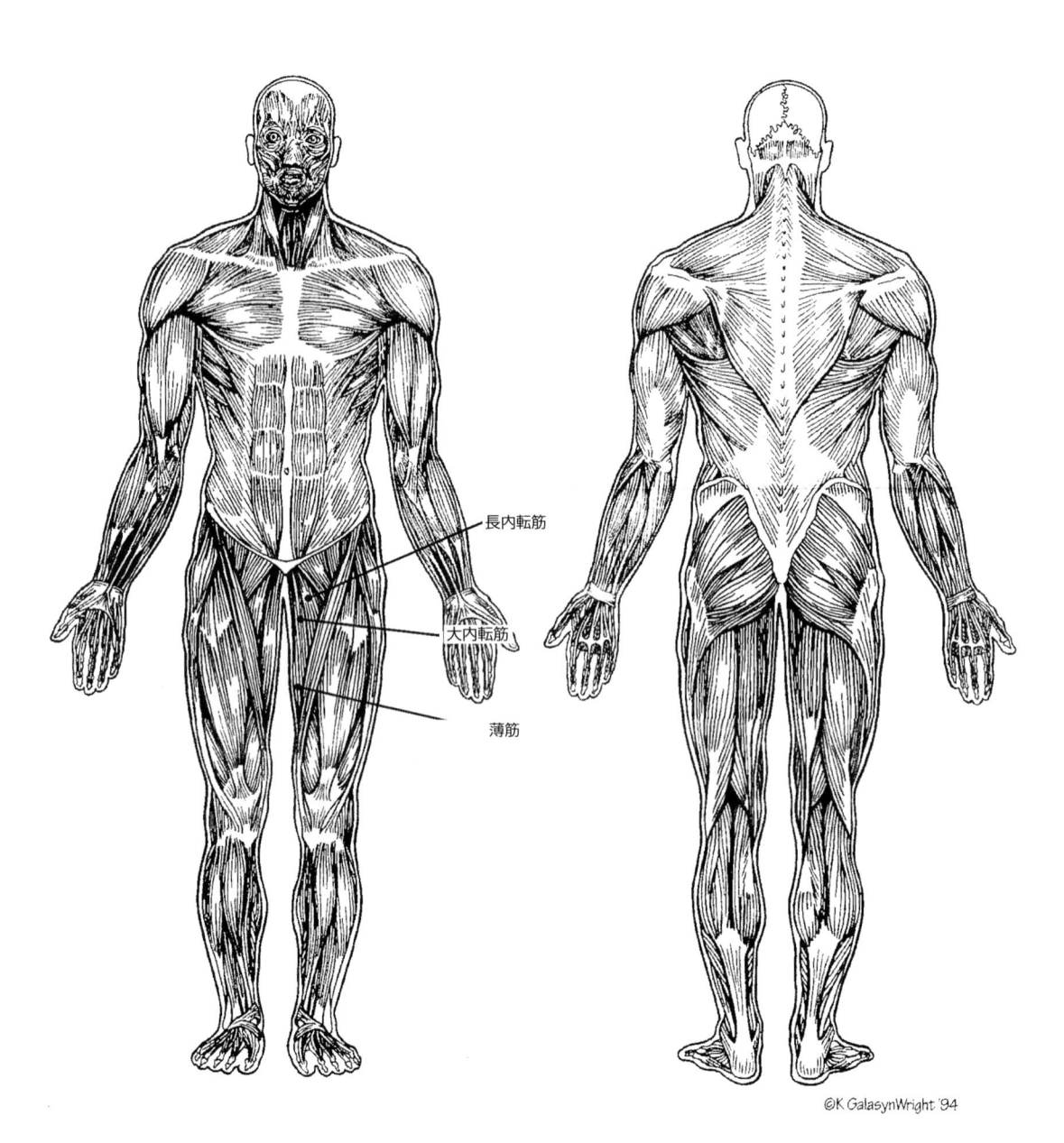

長内転筋

大内転筋

薄筋

82

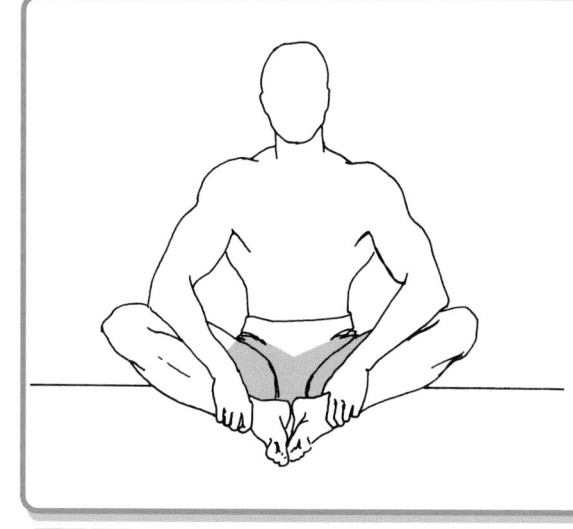

- 壁に背を向けて，臀部をつけて床に座る。両足は曲げて，開脚する。踵はお互いにつける。
- 両手で足首をそれぞれつかんで，股関節にできるだけ近づける。
- 肘は，腿または膝の内側に置く。息を吐いて，脚を床に近づけるように押す。

> 背筋を伸ばして，このストレッチングは行う。

83

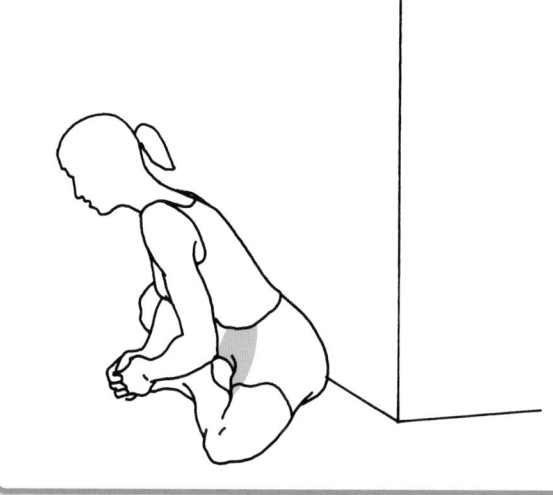

- 壁に背を向けて，臀部をつけて床に座る。両足は曲げて，開脚する。踵はお互いにつける。
- 両手で足首をそれぞれつかんで，股関節にできるだけ近づける。
- 息を吐いて，上体を前に曲げる。背筋を伸ばして，胸を床に近づける。

> 内転筋群（股関節）が硬い場合，踵を前に出すと簡単に行うことができるかもしれない。

84

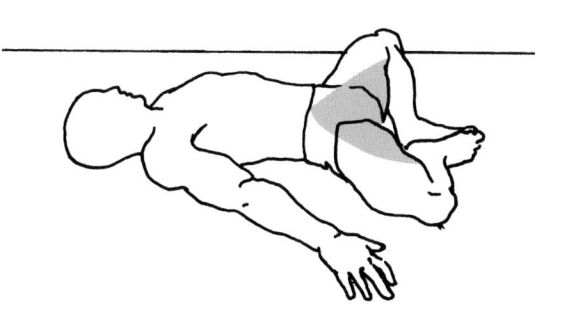

- 膝を曲げて仰向けに寝る。そのとき，踵と足裏をくっつけて臀部に引き寄せる。
- 息を吐いて，できるかぎり股関節を開く。そのときも，足裏はお互いにつけたままにする。

> このストレッチングは，狭いベンチの上で行うと，負荷がよりかかるかもしれない。膝ではなく，腿の部分を外側に動かすことに専念する。腿の上部または，足首にベルトを巻くことによって，有効に使える。

85

- 壁から数cm離して，両足をあげて，仰向けに寝る。
- 息を吐いて，ゆっくりと両足を可能なかぎり開く。

> このストレッチングは，靴や重いブーツを履いたり，または丸めたタオルを臀部の下に敷くことによって腿が若干，上体よりも浮くことによって負荷をかけることができる。膝の内側に手を置くことによって，マニュアルストレッチを加えることができる。

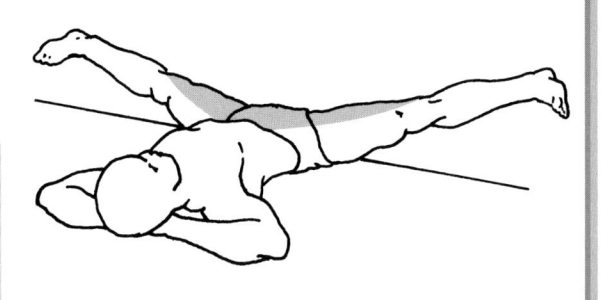

86

- ストラップを両つま先にそれぞれ巻いて，仰向けに寝る。そして，息を吸って，伸ばした両足をあげる。
- 息を吐いて，可能なかぎり股関節を開く。そして，動作の終わりにストラップを引く。

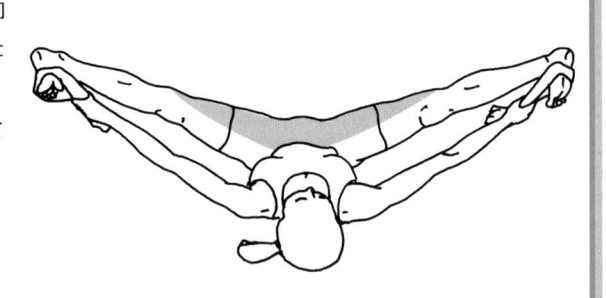

87

- 可能なかぎり両足を開いて床に座る。
- 片手は下にして，もう一方の手は頭の上にあげる。
- 息を吐いて，上体をひねる。そして，上体を腰から曲げて腿の方へ傾ける。

> このストレッチングも上体の横側をストレッチしていることを感じる。

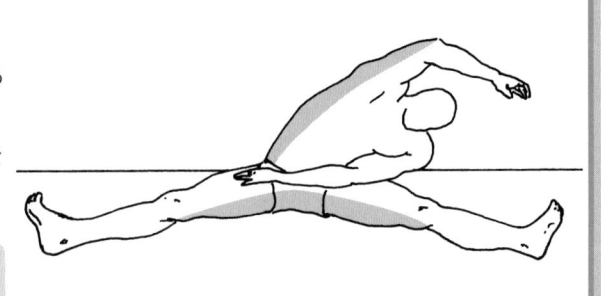

88

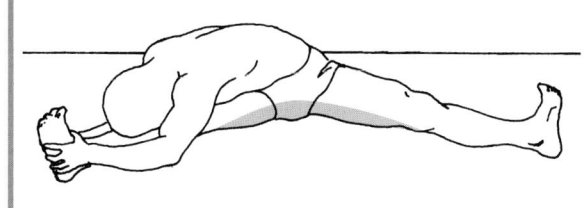

- 可能なかぎり両足を開いて床に座る。
- 息を吐いて，上体をひねる。そして，上体を腰から曲げて腿の方へ傾けて，足首をつかむ。

背中と両足を伸ばすことと踵が，床についていることに集中する。

89

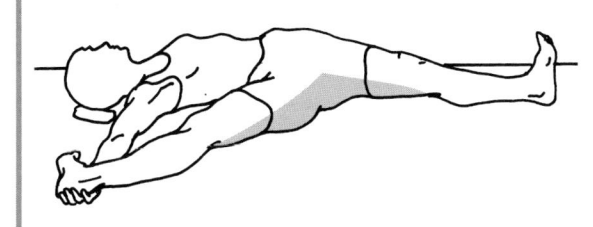

- 仰向けに寝る。片足を伸ばして足首をつかむ。そして，足を垂直に伸ばす。
- 息を吐いて，その足をゆっくりと床に沿ってあげて，体でY字型を作る。

体がまっすぐに伸びていることに注意する。

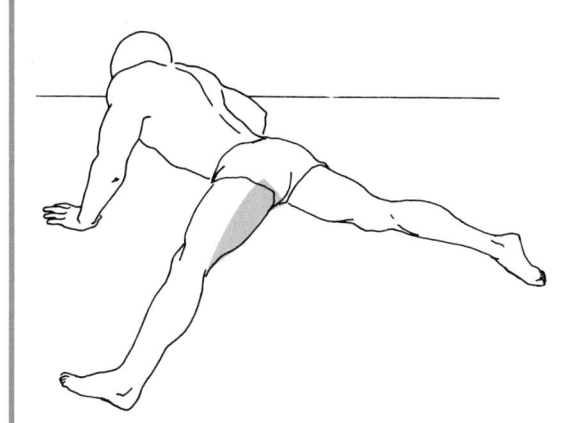

90

- つま先を後方に向けて，4点支持の体勢をとる。片足は横に伸ばす。
- 息を吐きながら腕を曲げる。臀部を反対側の床につけて，臀部を回転させる。

91

- 足を30cmほど離して、スクワットの姿勢になる。つま先は、少し外側に向ける。
- 肘を腿について、息を吐く。そして、肘で足を外側に押す。

> 膝の傷害を防ぐために足は床につけた状態にすることを忘れずに。

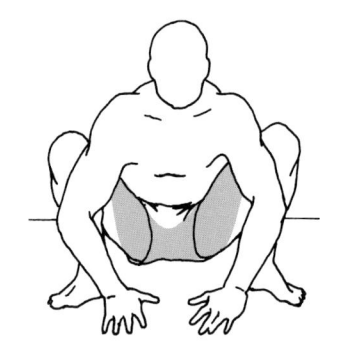

92

- 臀部よりもやや広めに両足を開いて、足は床につけて、つま先は外側に180度開いて（踵を平行にして）、ベンチの端に座る。
- 手を膝において、息を吐く。上体を床のほうへ向けて曲げる。そのとき、背筋を伸ばして行う。手は、腿を外側に押すために使う。

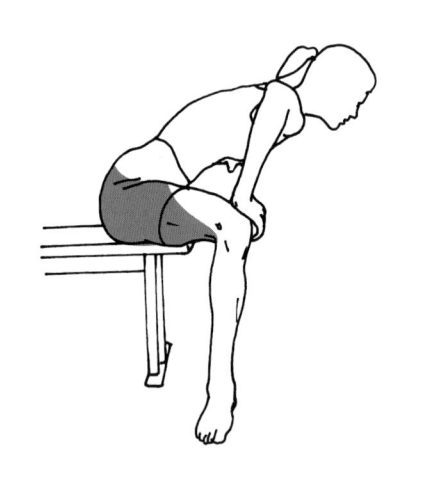

93

- 四つんばいになって、つま先は、外側に向ける。肘は、しっかりと床につける。
- 息を吐いて、膝を開く。そして、床の方へ胸を近づける。そして、腕を伸ばしたときは、腕がお互いに平行になる。

> このストレッチングは、内転筋群の中で、もっとも負荷のかかる方法のひとつ。柔軟性に優れている場合、膝を伸ばした状態で両脚スプリットをしながら行う。

94

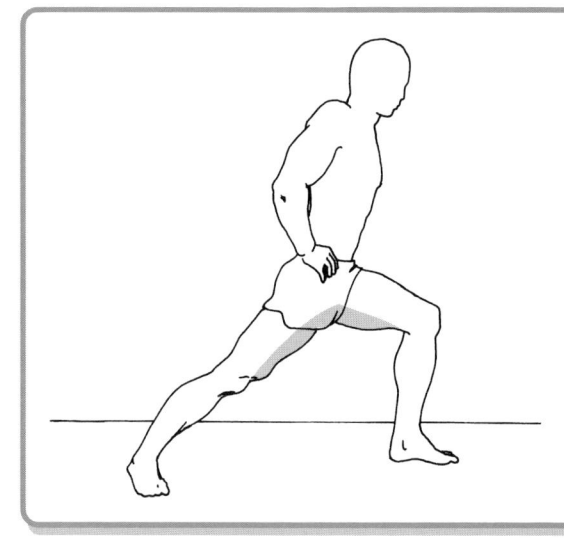

- 60cmほど足を離して前後に開いて立つ。そのとき，右足を右腿に対して90度に曲げて立つ。
- 手は腰に置き，息を吐く。左足を前方に出し，前に体重をかけて，右臀部を下げる。

95

- バーチェアーのような高いイスに片足をのせて立つ。そして，イスでバランスをとりながら，後ろ足を後方に引く。
- 息を吐いて，膝を曲げてイスの上で休み，前方と下方に体重をかける。

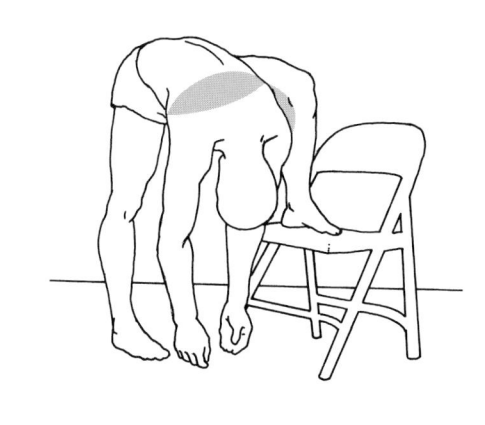

96

- 片足をイスの上にのせて立つ。
- 息を吐いて，手が床につくように上体を曲げる。

97

- 臀部の高さほどのバーや棒に向かって，立つ。息を吸って，片足をそのバーの上まで上げる。そして，踵や足の内側をその上に置く。
- 息を吐いて，バーに沿ってスライドする。

98

- 臀部の高さ程度の台に平行に立つ。踵をその台の上に置く。
- 頭の上で，腕を組む。息を吐いて，上体を台の上にのせた足の方へ曲げる。

> このストレッチングも上体の横側をストレッチしていることを感じる。

99

- 臀部の高さの台と平行に足を向けて立つ。両足をまっすぐ伸ばして，片踵はその台の上にのせる。
- 支えている足を外側に向けて，もう一方の足は横へ向ける。
- 息を吐いて，上げている足をまっすぐに伸ばし，支えている足を伸ばして，上体を膝に近づける。

100

- 臀部の高さ程度の台に平行に立つ。両足をまっすぐ伸ばして、片方の踵を台の上に置く。
- 支えている足のつま先を外に向けて、上げる足は横に上げる。
- 片手で上げているつま先をつかみ、上体を前方へ曲げる。そして、支えている足のつま先はもう一方の手でつかむ。
- 息を吐く。両足をまっすぐ伸ばして、股を広げて上体を前に曲げる。

このストレッチングもハムストリングスをストレッチしていることを感じる。

101

- 立って、片足のつま先を股関節の方へ膝を曲げて引く。
- 片手でつま先、または足首をつかむ。息を吸って、足を横へまっすぐ伸ばしたまま上げる。

ダンサーは、サポートのための手を使わずに、容易に行うことができる。多くの人は、股関節伸展筋のバランス、または筋力不足により、このストレッチングを行う能力が制限されている。

102

- 両足をそろえて伸ばした状態で床に座る。
- 息を吐いて、開脚スプリットができるように両足を開く。上体は起こしたままである。

つま先は上に向けたままで行う。

103

- 開脚スプリットの位置で座る。息を吐いて，床に胸をつける。背中は，平らにしたままにする。

> 理想的には，開脚または日本式スプリットをするときには，両足は一直線上になるようにする。柔軟性に優れている選手は，臀部を前方や後方に転がすことができる。

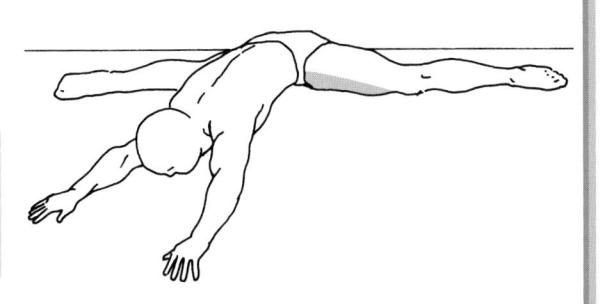

104

- 壁に背を向けて，背筋を伸ばし足は曲げ，股関節を広げて床に座る。踵はお互いにくっつける。
- 足または足首をつかみ，股関節へ可能なかぎり近づける。
- 息を吐いて，パートナーに手伝ってもらいながら，足を床に近づける。

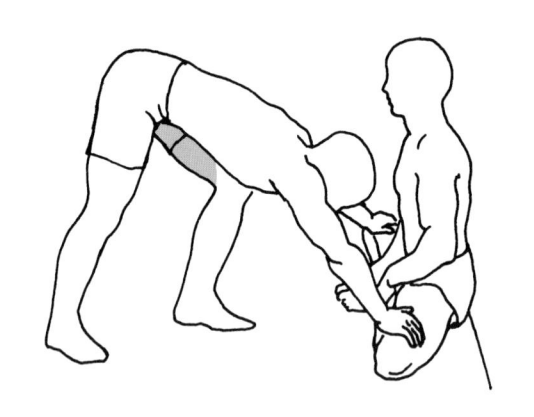

105

- 膝を曲げ，足裏を股関節の方へ引くように互いにあわせて仰向けに寝る。
- 息を吐いて，パートナーに手伝ってもらいながら，足を床に近づける。

> パートナーとしっかりと呼吸を合わせる。

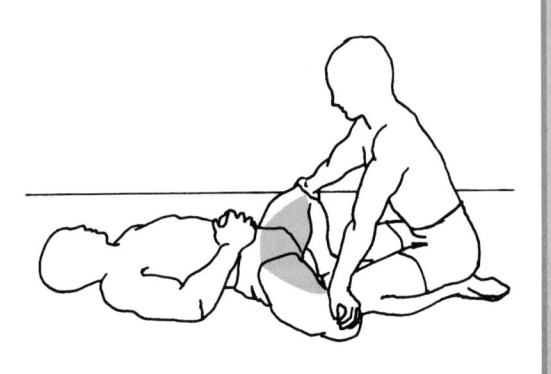

106

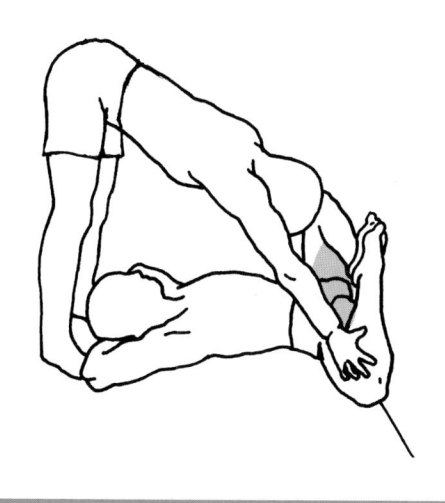

- 両足を伸ばして股関節を開脚して，足裏を互いにつけた状態で，仰向けに寝る。そして，下腿は壁につける。息を吐いて，パートナーに手伝ってもらいながら，足を床に近づける。

107

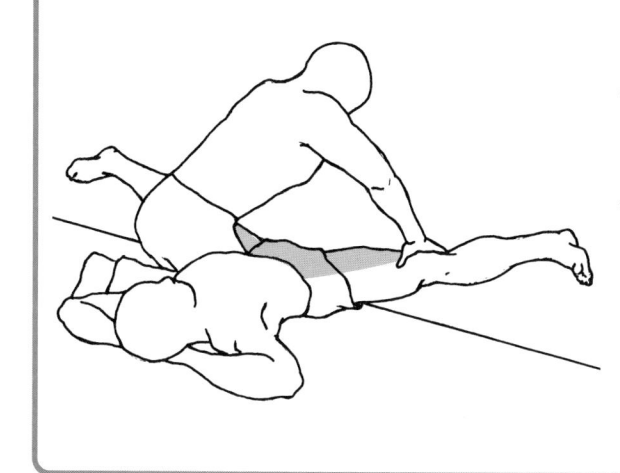

- 両足を上げて，お互いにくっつける。臀部は閉めて，壁から数cm離す。そして，可能なかぎり両足を開く。
- パートナーが足を遠くへ開いているときも，足をまっすぐ伸ばしたまま，息を吐く。

108

- 直角に上げて開脚した状態で，仰向けに寝る。
- パートナーは，足ができるだけ開くように両足首をつかむ。

109

- 両足を開いて床に座る。パートナーも同じ姿勢をとり，互いに足を固定する。前方に上体を傾けて，お互いの手首をつかむ。
- 息を吐く。両足をまっすぐ伸ばし，背筋も伸ばして上体を前に曲げる。そのとき，パートナーは，後方へ体重をかけるようにして，手首を引っ張る。

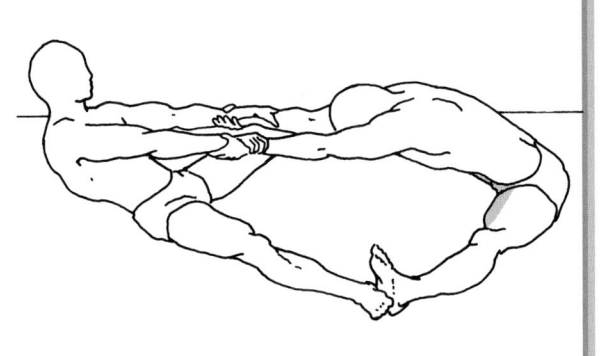

110

- 壁を背にして両足を開いて，床に座る。
- パートナーが足首または下腿をつかんでゆっくりと開脚する。そのとき，息を吐く。

111

- 開脚して座る。パートナーは，手を腰に当てる。
- パートナーが，上体を曲げるように押すときに息を吐く。

> 上体をしっかり曲げて，背中を丸めない。

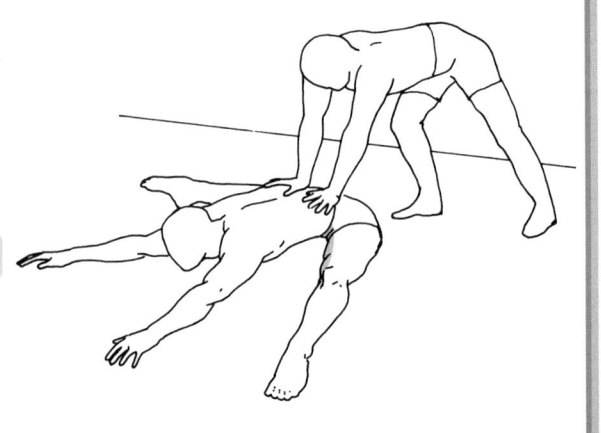

112

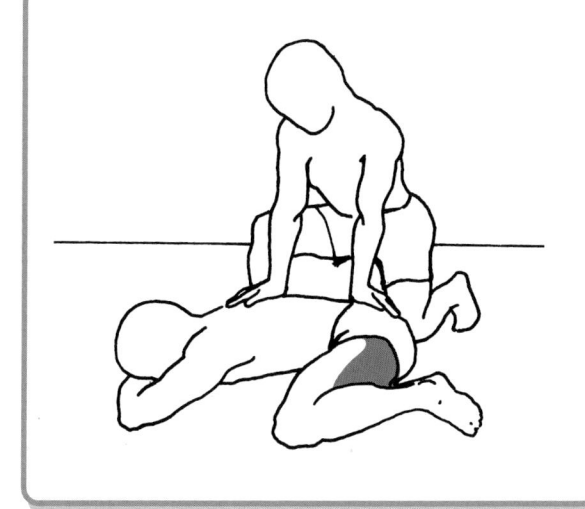

- つま先を外側に向けてうつぶせになる。肘は，床につける。
- 息を吐いて，両膝を開いて，上体を床につける。
- パートナーは，横またはすぐ後ろにしゃがむ。そして，手を腰と背中に当てる。
- パートナーが膝を開脚させるためや，骨盤を床につけるために押すときに息を吐く。

> パートナーとしっかりと呼吸をあわせる。このストレッチングは，とても負荷がかかる。

113

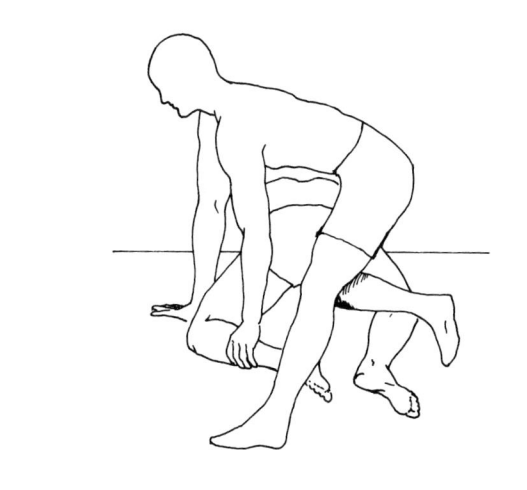

- つま先を後ろに向けて，四つんばいになる。
- パートナーは右側に立って，右足を選手の足の間に入れる。そして，右足首か足を引っかける。パートナーは，腰からまわして，左ひざをつかむ。
- パートナーは，左ひざを引っ張り，一緒に右側へロールする。ロールが完成したら，パートナーと，背中と背中，臀部と腹がくっついている。そのとき，両足は広がっている。必要であれば，右足の上に，パートナーは左足をかける。
- 息を吐いて，パートナーが足をゆっくりと広げながら，ゆっくりと息を吐きます。

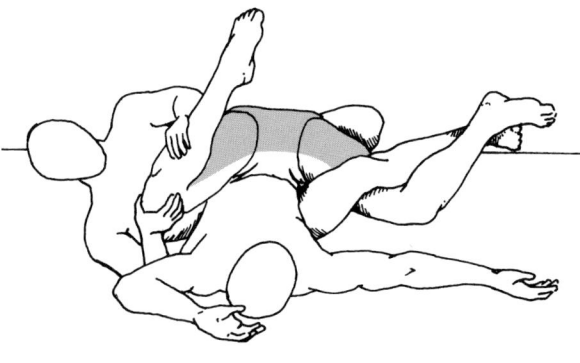

> ⚠ 左膝が，過大な負荷が内側にかからないように，伸びていることを確認する。

114

- 壁に手をついて立つ。息を吸って，片膝を曲げて横に上げる。
- パートナーは，足首と膝をつかむ。パートナーが足を持ち上げたときに息を吐く。

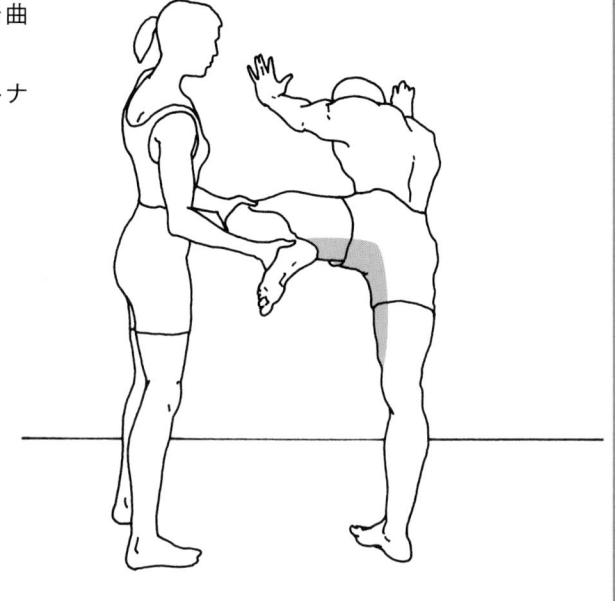

115

- バランスをとるために片手をイスに添えて，片足は横に上げる。
- パートナーは，踵と足首の上をつかむ。パートナーが，足を上げるときに息を吐く。

> このストレッチングをしている間，臀部が突き出ないように集中する。パートナーとしっかりと呼吸をあわせる。

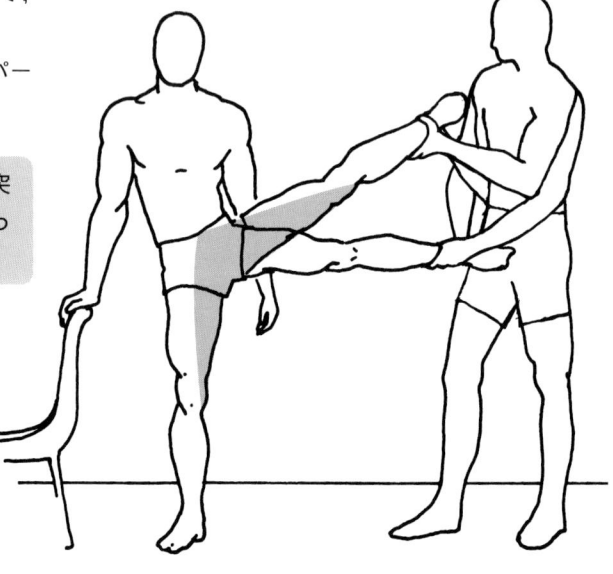

116

- パートナーと向かい合い、立つ。そして、足をパートナーの肩にのせる。
- 臀部を反転させる。そうすると、足がパートナーの顔から離れる。パートナーが離れるときに息を吐く。

> これは、武術において上級者向けのパートナーストレッチングであり、ほとんどの選手には不必要である。パートナーとしっかりと呼吸をあわせる。

117

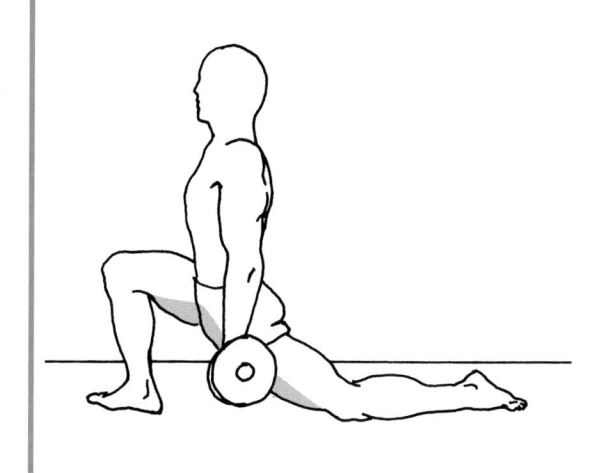

- ペアの軽量ダンベルを持って立つ。足は、平行にして、足は肩幅に開く。
- 片足を前に1歩出して、後ろ膝が床につくまで重心を前に移す。
- 息を吐いて、最初の位置に戻る。

> 軽い重量からはじめて、前足の踵を浮かせない、または、つま先の前に出るようにする。膝の曲げる角度は、90度以上にならないこと。

118

- 肩に軽量のバーベルを担いで立つ。足は平行にして、肩幅ぐらい広げる。
- 片足を前に1歩出して、後ろ膝が床につくまで重心を前に移す。
- 息を吐いて、最初の位置に戻る。

> 膝の曲げる角度は、90度以上にならないこと。

大腿部（大腿四頭筋）

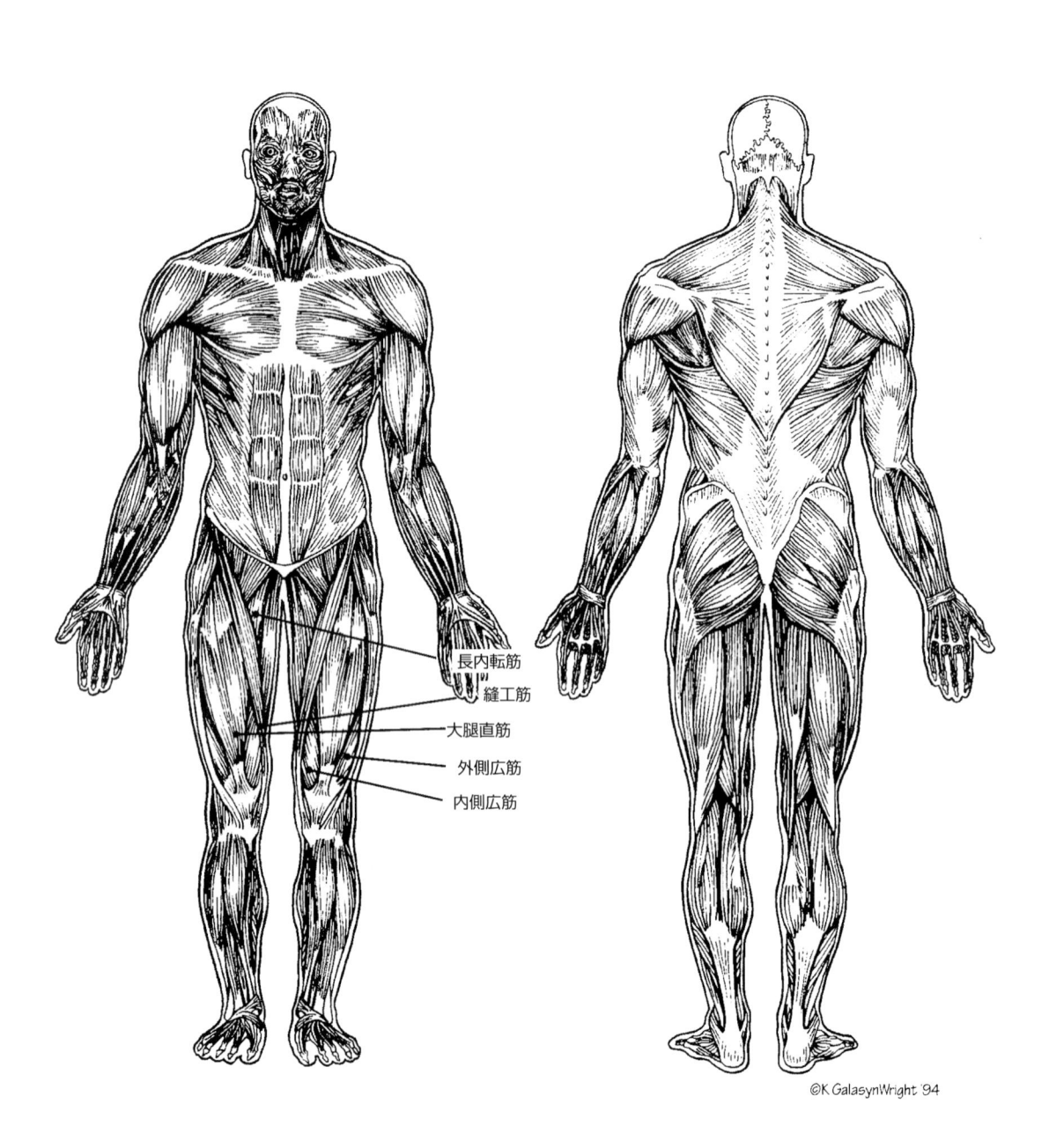

長内転筋
縫工筋
大腿直筋
外側広筋
内側広筋

©K GalasynWright '94

119

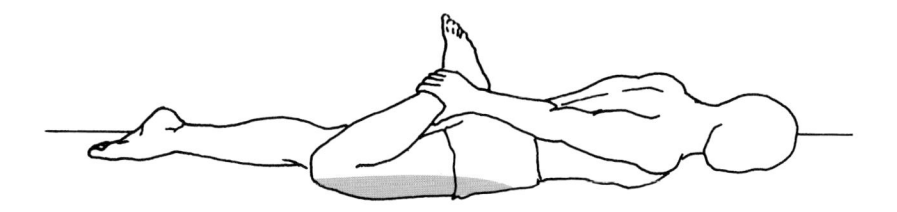

- うつ伏せに寝て，膝を曲げる。
- 息を吐いて，曲げた足の足首をつかむ。そして，踵を臀部に引き寄せる。このとき，膝に過度の圧力を加えないように注意する。

> このストレッチングを最大にするには，足の内側が互いにくっついて，骨盤が後方へ回転していることを確認する。（足に挟まれて，尾骨が見えないようにする。）

⚠ 腰をそらさないことと骨盤を捻らないこと。

120

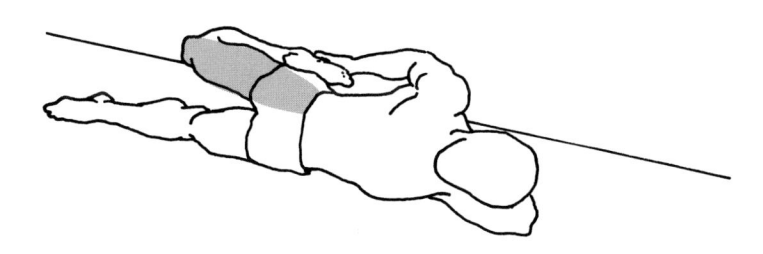

- 横に寝て，膝を曲げる。
- 息を吐いて，曲げた足の足首をつかむ。そして，踵を臀部に引き寄せる。このとき，膝に過度の圧力を加えないように注意する。

> このストレッチングを最大にするには，足の内側が互いにくっついて，骨盤が後方へ回転していることを確認する。（足に挟まれて，尾骨が見えないようにする。）

⚠ 腰をそらさないことと骨盤を捻らないこと。

121

- バランスをとるために何かにつかまり，片膝を曲げる。
- ゆっくりと支えている足を曲げる。息を吐いて，片手で上げている足のつま先をつかむ。
- 息を吸って，ゆっくりと臀部へ踵を引き寄せる。このとき，膝に過度の圧力を加えないように注意する。

> このストレッチングを最大にするには，足の内側が互いにくっついて，骨盤が後方へ回転していることを確認する。(足に挟まれて，尾骨が見えないようにする。)

⚠ 腰をそらさないことと骨盤を捻らないこと。

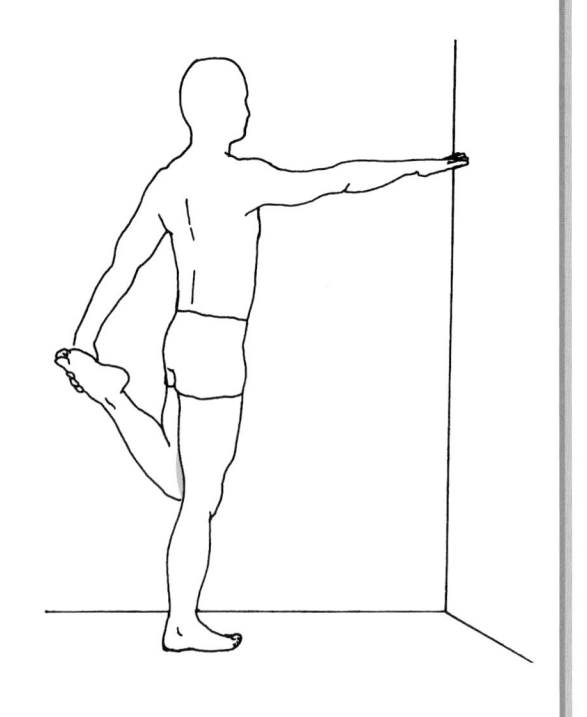

122

- バランスをとるために何かにつかまり，片膝を曲げる。
- 前に体重をかける。徐々に支えている足を曲げて，上げている足を反対の手でつかむ。
- 息を吐いて，臀部に踵を引き寄せる。そして，支えている足の膝の後ろで上げている足の膝を交差する。
- そして，踵を臀部に引き寄せる。このとき，膝に過度の圧力を加えないように注意する。

123

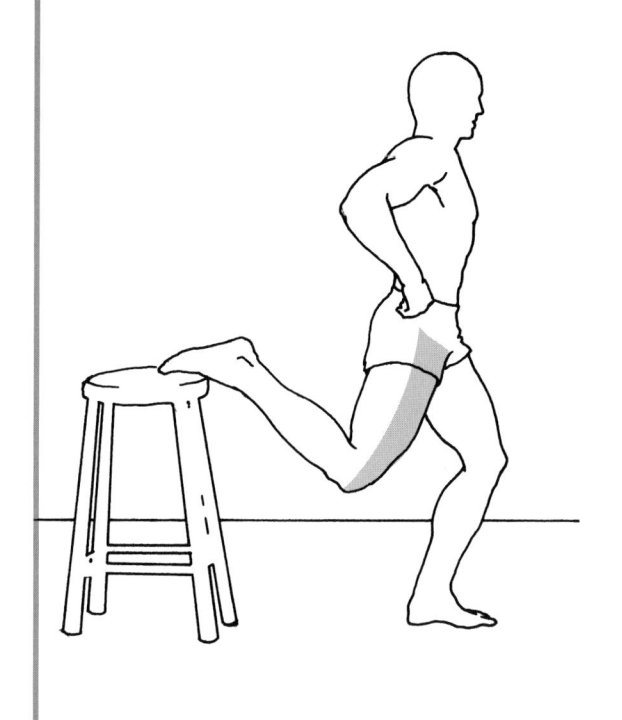

- 片足を，後ろに置いたイスの上にのせて立つ。
- 息を吸って，ゆっくりと前膝を曲げる。

このストレッチングを最大にするには，それぞれの足が離れないようにして，骨盤が後方へ回転していることを確認する。（足に挟まれて，尾骨が見えないようにする。）

⚠ 腰をそらさないことと骨盤を捻らないこと。

124

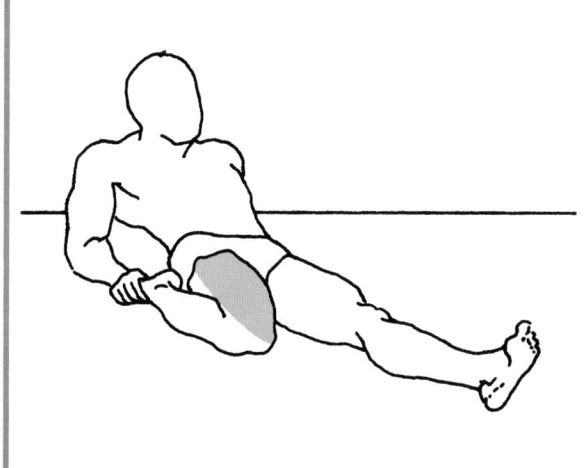

- 膝の内側と腿が床の上につくように床に座る。右足を曲げて，そのつま先は，伸ばしている足と一直線上になる。
- 息を吐く。対角線的に後ろに倒す。前腕と肘は，背中をそらすことなく，後ろ足と反対方向になる。続けて，背中が平らになるまで，後方に傾ける。

殿筋を収縮させて，床から臀部を離すとストレッチが増す。

⚠ 前足のつま先を横へ揺らすことをさせてはいけない。脊髄への過度の負荷から守るためには，前足を若干曲げている姿勢を保つ。

125

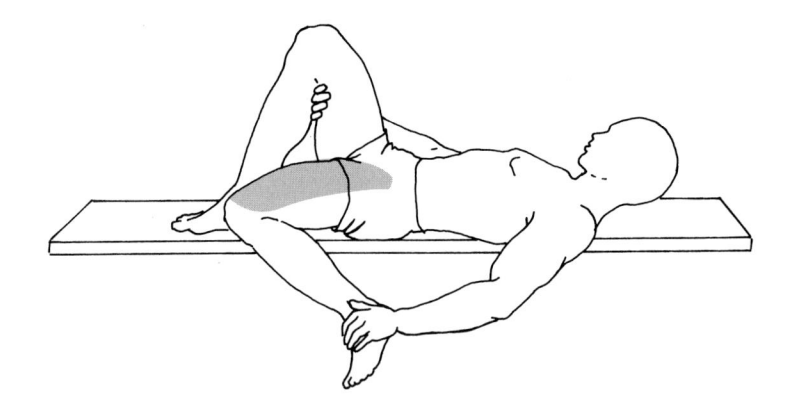

- テーブルの端に仰向けに寝る。内側の足を曲げて，臀部の固定を助けるために，臀部の方向へずらす。内側の手で曲がっている膝の裏面をつかむ。
- 息を吐く。外側の足をテーブルからはずして，外側の手で，足首かつま先をつかむ。そして，踵を臀部の方へ引く。

> 腿の真ん中から上部にかけてストレッチされているように感じる。

⚠ 腰を守るために，頭を上げて，腹筋を収縮させるようにする。

126

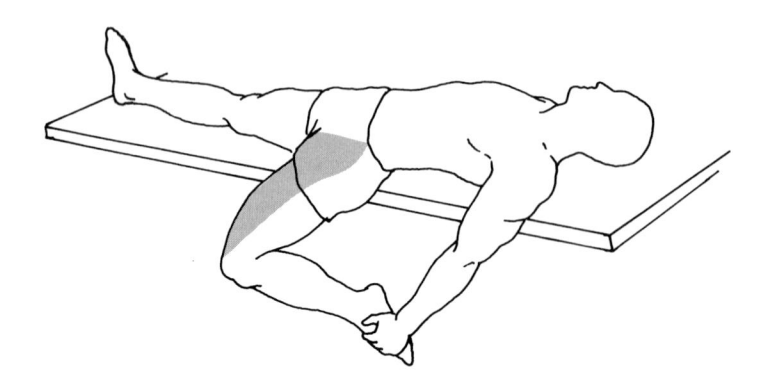

- テーブルの端に仰向けに寝る。息を吐く。外側の足をテーブルからはずして，外側の手で，足首またはつま先をつかむ。
- 息を吐いて，踵を臀部の方へ引く。

> 腿の真ん中から上部にかけてストレッチされているように感じる。

⚠ 腰を守るために，頭を上げて，腹筋を収縮させるようにする。

127

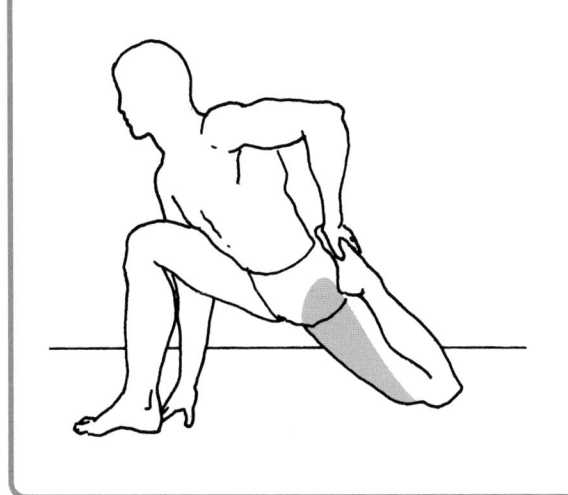

- 両手をサポートのために床につけて，片足は床につくようにしゃがむ。
- 後ろ足のつま先をつかんで，臀部の方へ引き寄せる。臀部，膝，両足からなる平行な線を保つために注意すること。

> 必要に応じて，バランスをとるためにイスを使う。

⚠ 背中をそらしたり，骨盤をねじったり，床についている膝に過度の体重をかけないこと。

128

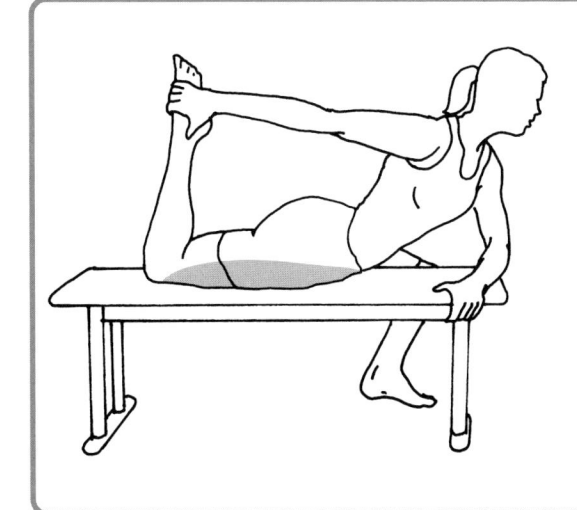

- ベンチまたはテーブルに平行に立つ。バランスをとるために端をつかむ。
- ベンチに近い方の足を上げる。そして，ベンチの上にのせる。臀部の方へ膝を曲げる。
- 息を吐いて，臀部の方へ踵を引き寄せる。

> 必要に応じて，ロープやタオルを足首に引っかける。

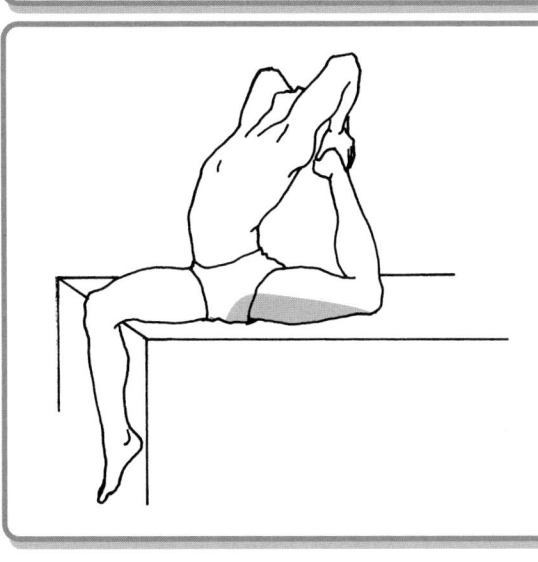

129

- 高さが1m程度の少し高めのプラットフォーム（マットを重ねたものかベッド）の端に座る。
- 後ろ足をプラットフォームの上にのせて，開脚姿勢をとる。
- 息を吐いて，後ろ足を曲げる。そして，ゆっくりと踵を頭の方へ引く。

130

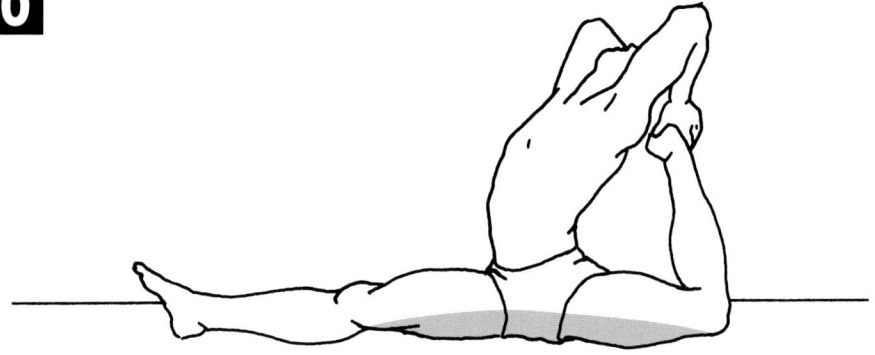

- 両足をそろえて，膝をつく。そして，横に両手をつく。片膝を伸ばして，サポートのために前に伸ばす。
- 上体を曲げて，前足に近づける。そして，サポートのために両手を前足のつま先の横に置く。
- 息を吐いて，前足を前方に出して，開脚姿勢になるように後ろ足をできるだけ伸ばす。後ろ足を曲げて，ゆっくりと頭の方へ後ろ足を引っ張る。

> ハムストリングスがストレッチされているように感じる。このストレッチングを最大にするには，両足が伸びていて，臀部が四角形をなしていて（前を向いている，横にねじれていない），そして，臀部が床に平らになっていること。

131

- 膝を曲げてうつ伏せに寝る。
- パートナーは，片手で臀部を固定させて，もう一方で足首をつかむ。
- 息を吐いて，パートナーがゆっくりと臀部へ踵を引き寄せる。このとき，パートナーは，膝に過度の圧力を加えないように注意する。

> 不快感を軽減するために，伸ばしている足の下にクッションか丸めたタオルを置くとよい。

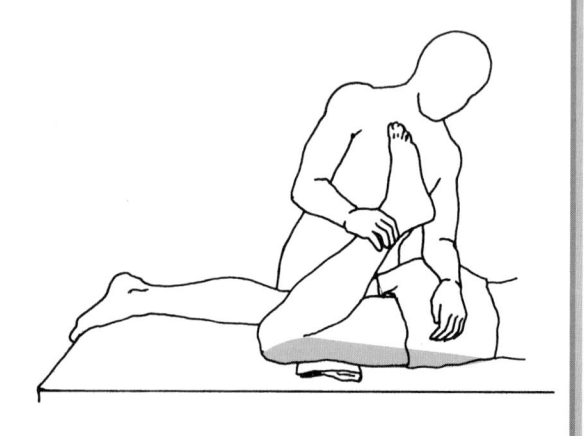

132

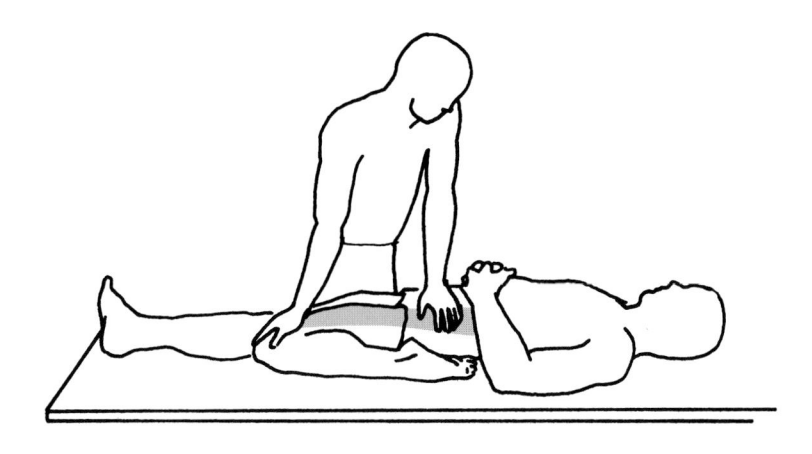

- 左足を曲げて，ベンチまたはテーブルに仰向けに寝る。膝と腿の内側は，リラックスしていて，つま先は左肩を向いている。
- パートナーは，片手で臀部を，もう一方の手で膝を固定している。
- パートナーが，その手で膝と臀部をゆっくりと押すときに息を吐く。

膝を守るために，後ろ足は，横に動かしてはいけない。

133

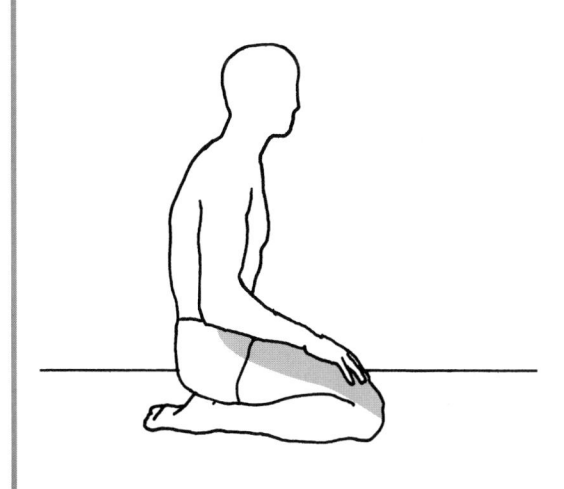

- つま先が後方を向くように正座する。
- 息を吐いて，踵の上に座る。

⚠ 臀部が足の間ではなく，必ず踵の上に座るようにすること。膝に問題がある場合，このストレッチングをしないこと。

134

- 膝をあわせて，臀部を床につけて，踵を腿の端につけて，つま先が後方を向くように正座する。
- 息を吐いて，横に揺れ動かないように，後方に体重を傾ける。

> ⚠ 背中をそらさないこと。殿筋を収縮させて，骨盤を後方に回転させるようにする。膝を床から浮かしたり，開いたりしないようにする。

135

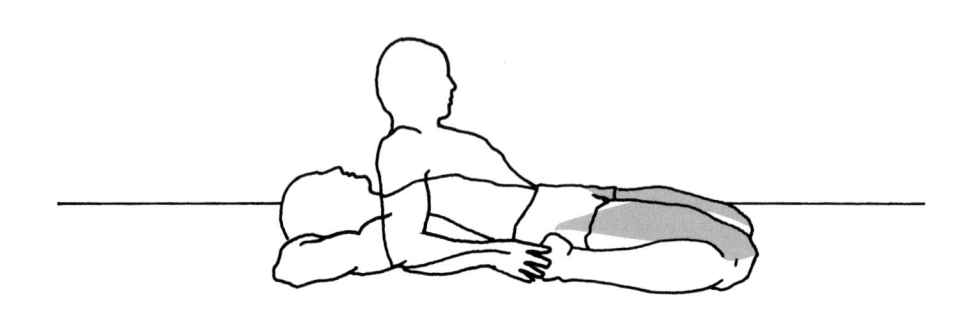

- 膝をあわせて，臀部を床につけて，踵を腿の端につけて，つま先が後方を向くように正座する。
- 息を吐いて，背中が平らになるまで，後方に体重を傾ける。足が横に揺れ動かないようにする。

> 背中をそらさないこと。殿筋を収縮させて，骨盤を後方に回転させるようにする。膝を床から浮かしたり，開いたりしないようにする。

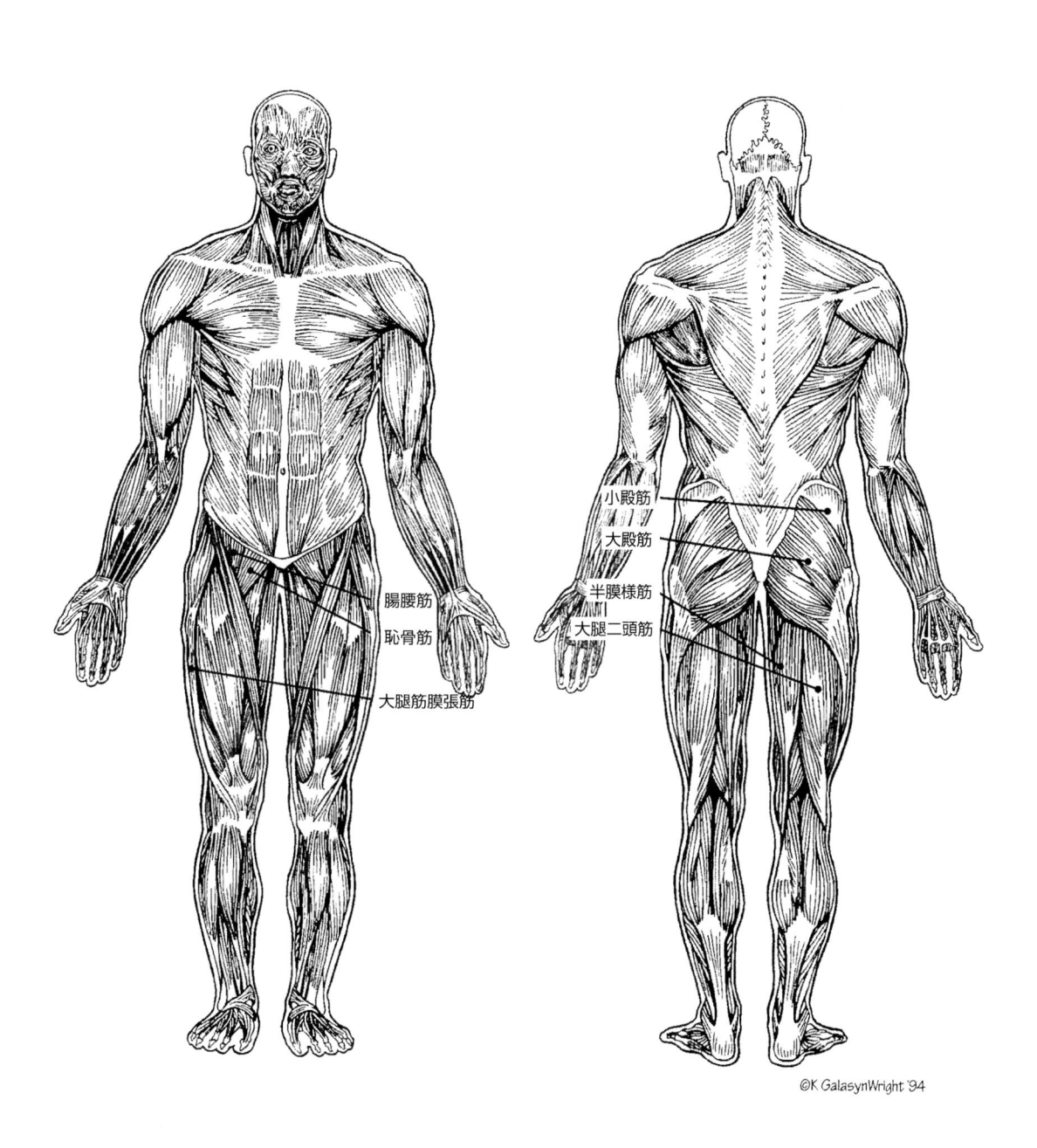

臀部とその周辺

腸腰筋
恥骨筋
大腿筋膜張筋

小殿筋
大殿筋
半膜様筋
大腿二頭筋

©K GalasynWright '94

136

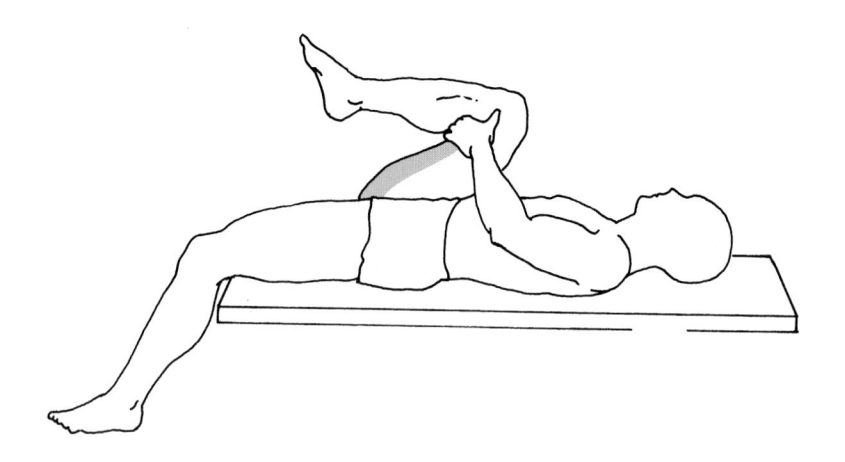

- 両膝から下をテーブルの端から出して，仰向けに寝る。
- 息を吸って，股関節を曲げて，膝を胸につける。両手は，上げた膝の後ろで組む。
- 息を吸って，膝を胸につけたまま，反対の足はテーブルの端からぶら下げておく。

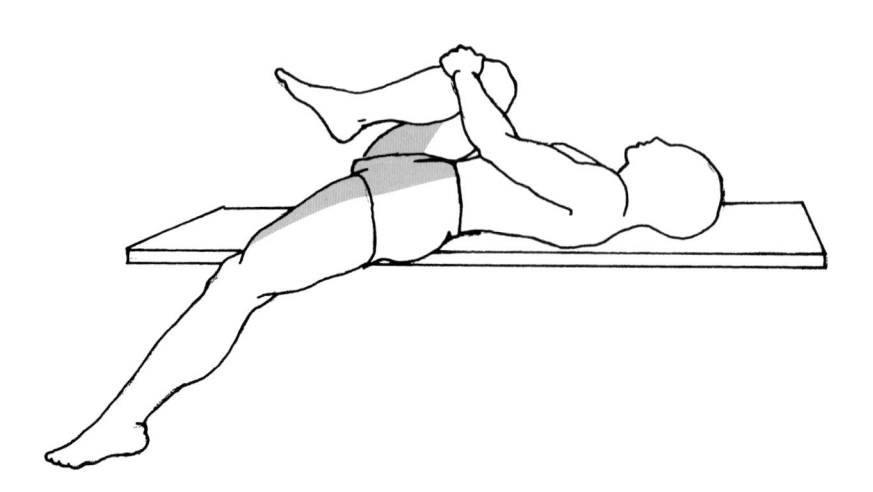

137

- テーブルの端に仰向けに寝る。外側の足全体をテーブルの端から出す。
- 息を吸って，反対の足を曲げて，ゆっくりと腿を胸に近づける。

138

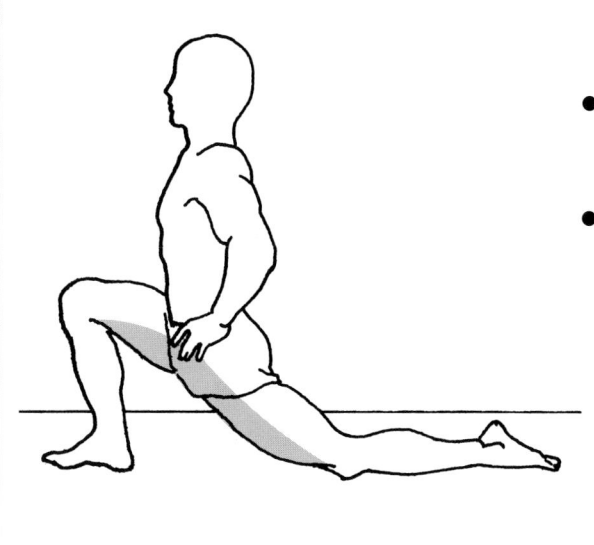

- 両足を60cm程離して前後に開いて立つ。片膝を曲げて，腰を落とす。そして，反対の膝を床につける。
- 両手は腰において（または，片手を前膝に置いて，もう一方を臀部に置く）前膝を90度に曲げる。
- 息を吐いて，後ろ足の臀部の前側を床の方へ押す。

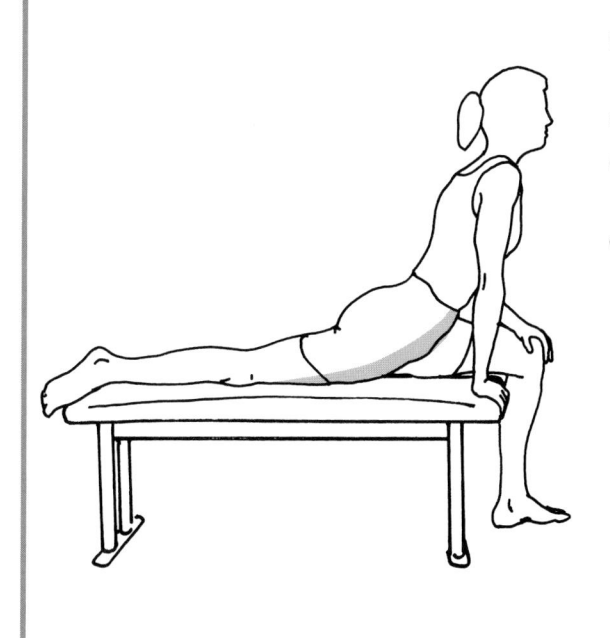

139

- 約１mの高さのベンチまたはテーブルと平行に立つ。
- 膝を曲げて，バランスをとるために手を置く。
- ベンチに片足をのせた開脚姿勢を作るために，足を後方にずらす。
- 息を吐いて，サポートしている手でベンチを押す（上げる）。臀部は正しい姿勢をとりながら，下方へ押す。

140

- 床から1m程度のプラットフォーム（マットを積み重ねたものかベッド）の上に座る。
- 片足を後方に開く。開脚姿勢になる。つまり、プラットフォーム上でその足はリラックスしている状態となる。
- 息を吐いて、サポートしている手でベンチを押す（上げる）。臀部は正しい姿勢をとりながら、下方へ押す。

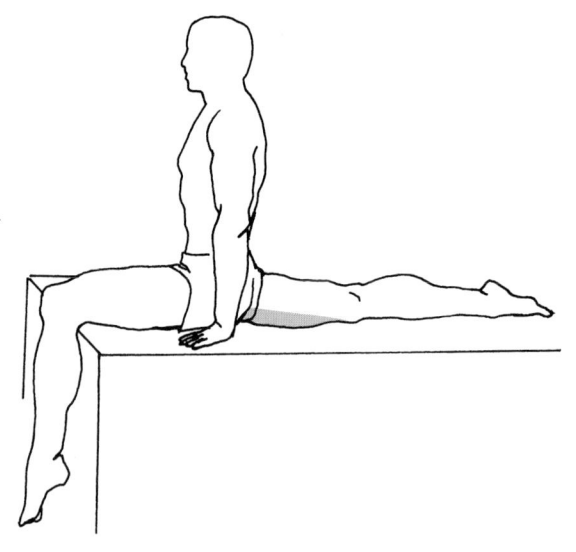

141

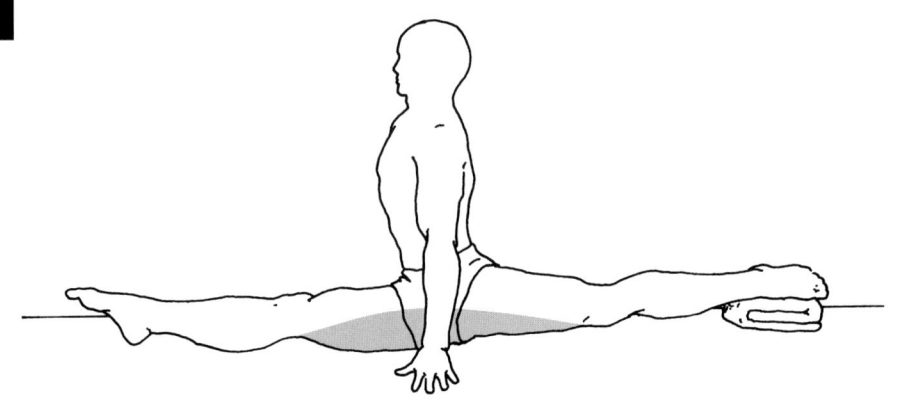

- 両足をそろえ、両手を横について膝をつく。片膝を上げて、サポートのために片足を置く。
- 息を吐いて、まっすぐ前に上体を曲げる。両手は前足の前に置く。
- 前足を前方にずらして、後ろ足をまっすぐ伸ばして（つまり開脚状態）、丸めたマットの上でリラックスする。

> 美しく見せるために、開脚姿勢をするときに、臀部後部を若干、外に出すことを勧める。ところが、股関節の硬かったり、正しいトレーニングをしていない選手は、このターンアウトは難しい。

142

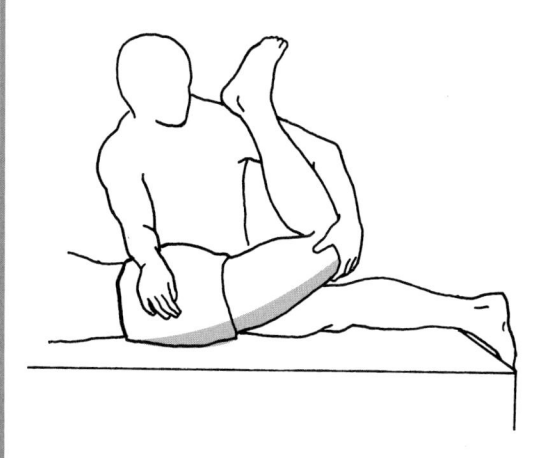

- 片足を曲げて，うつ伏せに寝る。
- パートナーが，片手を膝（または，腿前部）の下に置く。そして，もう一方の手は，臀部の横またはやや上に置く。
- パートナーが，テーブルか床に，片手で腹部を固定する。もう一方の手は，ゆっくりと足をもう一方の足より持ち上げる。そのとき，臀部を収縮させる。

⚠ このストレッチングは，強度を増すことができる。パートナーとしっかりと呼吸を合わせる。

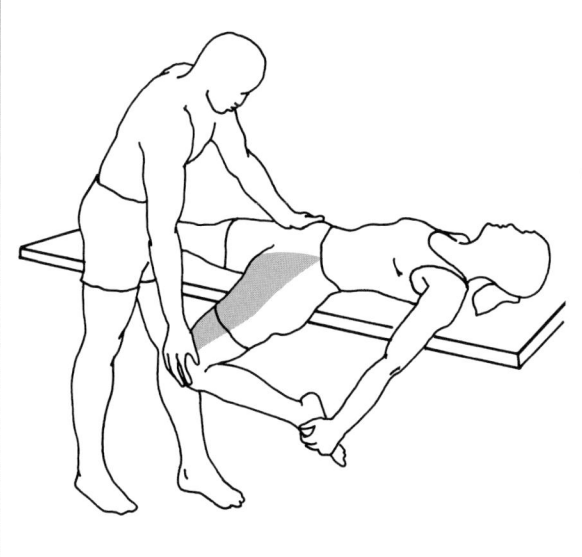

143

- テーブルの端に仰向けに寝る。
- 息を吐く。外側の足をテーブルの端から出す。外側の手で足首またはつま先をつかむ。そして，踵を臀部の方へ引く。
- パートナーは，片手を左膝に，もう一方は右臀部に添えて立つ。パートナーは，臀部と膝をゆっくりと押しているときは，息を吐く。

⚠ 腰を防ぐために，頭を上げて腹筋を収縮させる。

144

- 片足を若干外，側に向けて立つ。バランスをとるために何かにつかまる。
- 息を吐いて，股関節を曲げて，膝を後方へ上げる。
- パートナーは，片手を上げている膝の下に置き，もう一方は臀部の上に置く。
- パートナーが，片手で体を固定し，もう一方で，上げている足をもっているときは，息を吸う。

⚠ アラベスクを行っているとき，腰の過伸展は傷害を引き起こす。脊椎の末端まで力が及ぶので，脊椎のすべての関節を伸ばす。

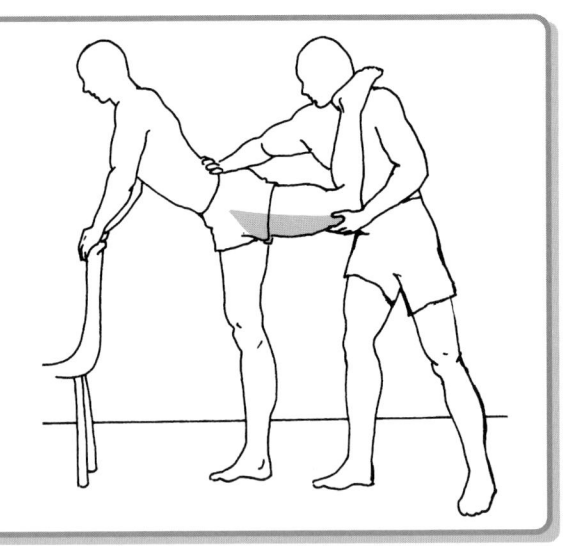

145

- 片足を若干，外側に向けて立つ。バランスをとるために何かにつかまる。
- 息を吐いて，股関節を曲げて，足を伸ばしたまま後方へ上げる。
- パートナーは後方に立って，上げている腿を肩にかけて支える。両手は，上げている足に回し組む。そして，臀部の上に置く。
- パートナーが，片手で体を固定し，もう一方で，伸ばしている足を上げて，肩で固定しているときは息を吸う。

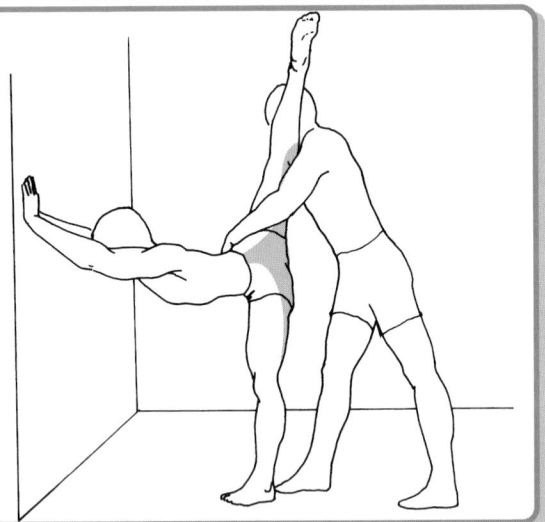

146

- 両足を伸ばしてテーブルの端に横に寝る。
- 息を吐いて，片足の伸ばして外転させる。そうすると，片足は，テーブルの端からぶら下がる状態になる。

> 大腿筋膜張筋をストレッチされているように感じる。

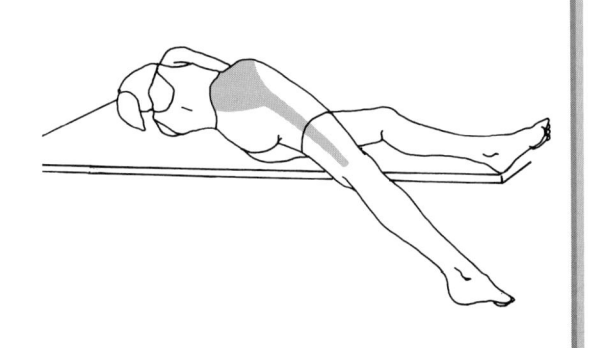

147

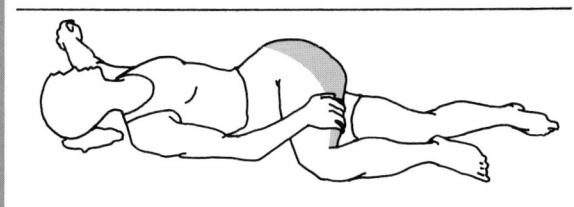

- 足を伸ばして仰向けに寝る。
- 片膝を曲げる。胸まで上げて，もう一方の手でつかむ。
- 息を吐いて，その膝が床につくように引っ張る。肘，頭，そして肩が床につくようにする。

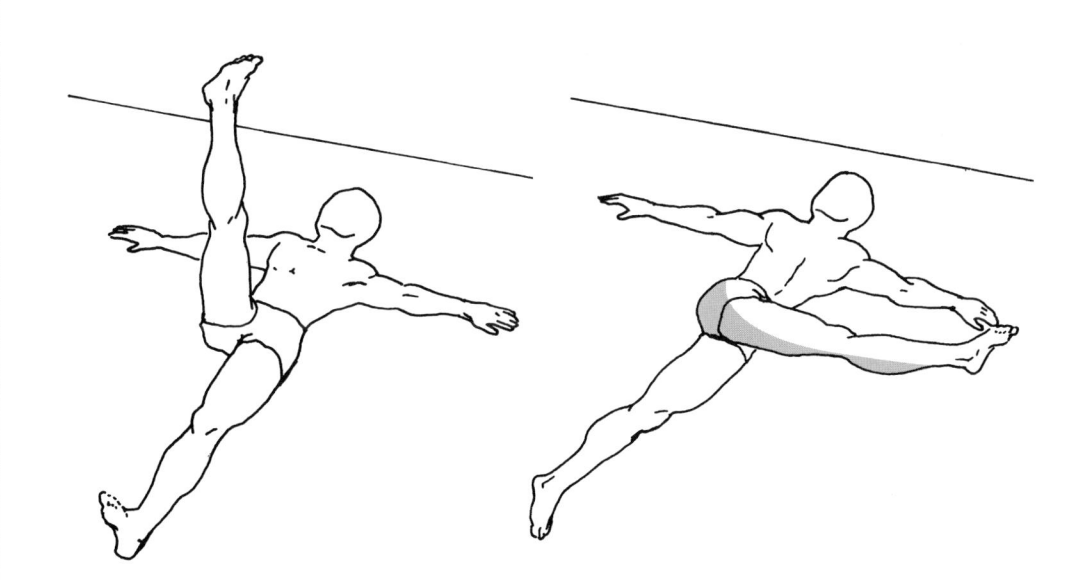

148

- 片足を上げて仰向けに寝る。そして，まっすぐ伸ばし，腕を外側に開く。
- 息を吐いて，上げている足を反対側の手の方へ下げる。肘，頭，そして肩が床につくようにする。

149

- 片足をまっすぐ上げて，腕は横に開いてテーブルの端に仰向けに寝る。
- 息を吐いて反対側の手の方へ上げている足を倒す。そして，反対側の手でその足をつかみ引っ張る。肘，頭，肩が床につくようにする。

150

- 膝を曲げて，手は頭の後ろで組んで仰向けに寝る。
- 左足を上げて，右足に引っ掛ける。
- 息を吐いて，左足を使って，床へ右足の内側を押す。肘，頭，肩が床につくようにする。

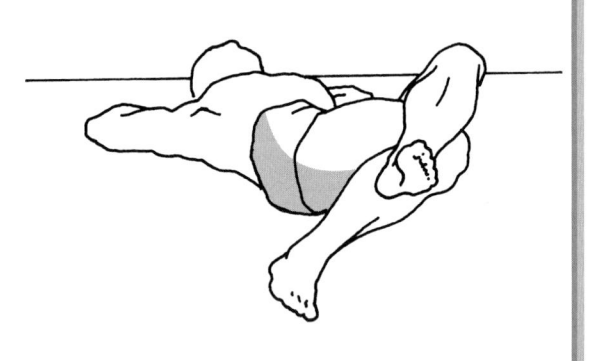

151

- 左膝が右膝の上で交差するように仰向けに寝る。
- 息を吐いて，右膝を曲げて持ち上げる。そして，左足を顔の方へゆっくりと押す。腰，頭，肩が床につくようにする。

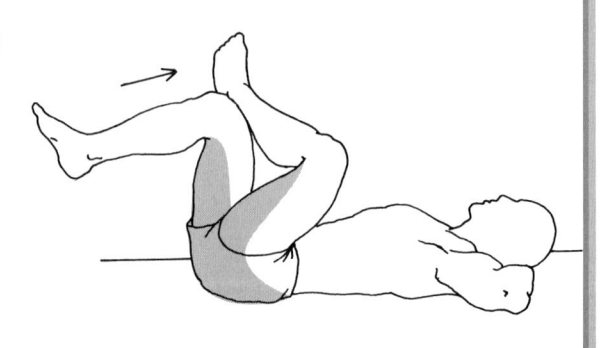

152

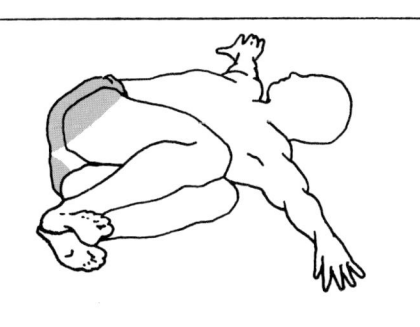

- 両手は外側に向けて,両膝を曲げて仰向けに寝る。
- 息を吐いて,同じ側に両足を下ろす。肘,頭,肩が床につくようにする。

153

- 両手を外側に向けて,両足を上げて仰向けに寝る。
- 息を吐いて,同じ側に両足を下ろす。肘,頭,肩が床につくようにする。

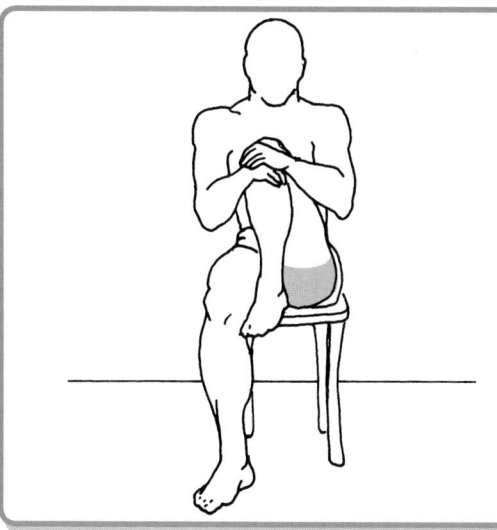

154

- 片足を曲げて,イスに座る。片方の踵は,イスの端にのせる。その上げている足の膝の前で手を組む。
- 息を吐いて,膝を引く。イスの上に踵がのるようにする。

155

- 臀部の後ろに両手をまわして，両足を伸ばして座る。
- 左足を右足の前で交差して，臀部の方へ踵をずらす。左膝の外側に右肘を置く。
- 息を吐いて，上体をひねって，ゆっくりと右肘で，膝を押しながら左肩を見る。

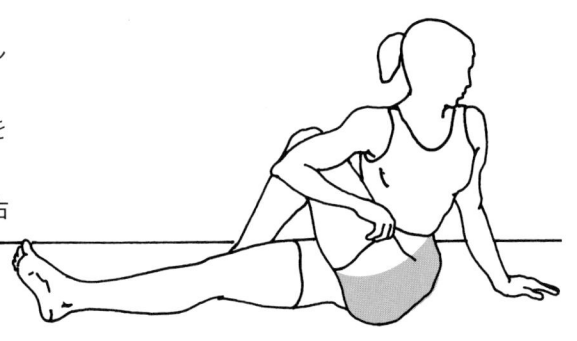

156

- 片足を曲げて，臀部の方へ踵をずらし仰向けに寝る。
- 同じ側の手で膝を，反対側の手で足首をつかむ。
- 息を吐いて，足を反対側の肩へ引く。腰と肩が床につくようにする。

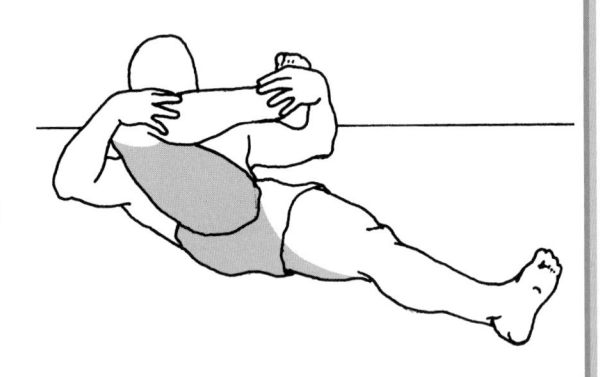

157

- 壁を背にして，床に座る。片足を曲げて，踵を臀部の方へずらす。
- 同じ側の肘で膝をフックする。そして，反対の手で足首をつかむ。
- 息を吐いて，反対の肩へ足を引く。

背筋を伸ばして行う。

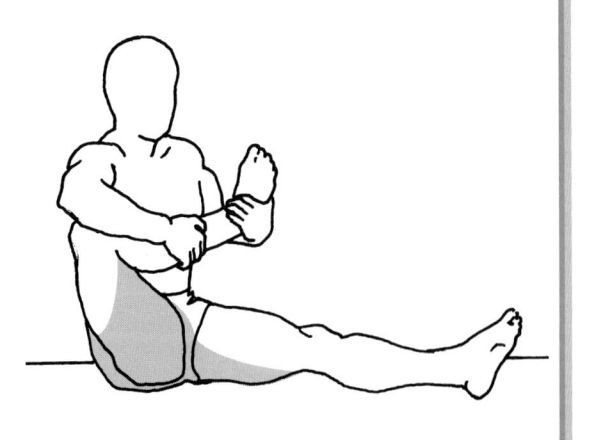

158

- 両膝を交差して床に座る。
- 息を吐いて，前方に曲げる。

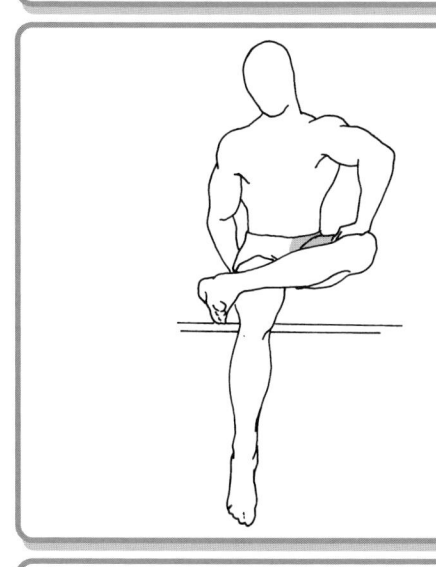

159

- 片足を反対の膝上に交差してイスに座る。または，床に座る。
- 膝の内側に手をついて，前方に曲げる。

160

- 左膝を曲げて床に座る。つまり，左足は右の方を差している。
- 右足は左足の上を交差して，右足を床の上につける。
- 息を吐いて，上体を前方に曲げる。そして，頭は下にしている膝の上に置く。

161

- 両足を伸ばして床に座る。そして，指が足の方へ向いて両方の手の平を床につける。
- 右膝を曲げて，右足を床の上に置く。踵は左膝につく。右膝が床から離れないようにする。
- 息を吸って，後ろの左足を伸ばす。左腿の前部，膝の皿，すね，甲の内側，つま先の上部は，床についていなくてならない。息を吐いて，床に右臀部を押す。

> このストレッチングの強度は，足上部と下部で正しい角度を形成するまで，腿から右足を動かすことによって増す。

162

- 臀部の高さ程度の頑丈な台から腕の長さ程度，離れて立つ。
- 息を吸い，片膝を曲げて，骨盤を前方に動かす。そして，腿の外側，ふくらはぎ，足首をその台の上に置く。息を吐いて，上体を前方に曲げる。

> パッドの入ったベンチまたは丸めたタオルは，違和感を減らす。

163

- 床に座る。右膝を曲げて足の裏は上に向けて，右足をできるだけ高く左足の上に置く。
- 息を吐きながら，左膝を曲げる。足の裏は上に向けて，左足を右足の上に置く。そのとき，無理にストレッチしない。

> このストレッチングは，「パドマ」または「ロータス」と呼ばれ，ヨガにおいてもっとも重要な瞑想姿勢のひとつです。

⚠ このストレッチングは，膝に問題を抱えている人には勧められない。

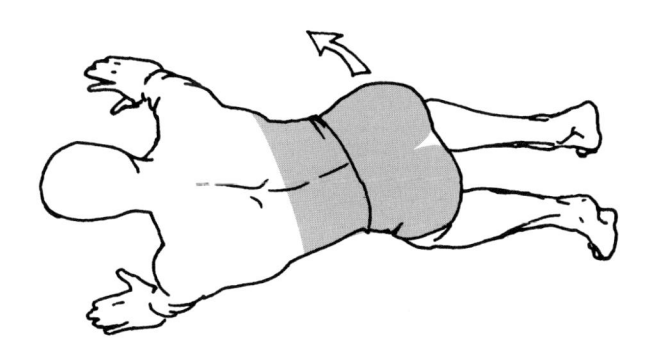

164

- 四つんばいになる。
- 息を吐いて，片腕を曲げて外側から反対側へ回転させる。

165

- 壁から腕の長さ程度，離れて立つ。
- 片手を壁につけて，腰の横にもう一方の手を置く。
- 息を吐く。足をまっすぐに伸ばして，臀部を収縮して前方へ，壁の方へ回転させる。

166

- 壁から腕の長さ程度，離れて立つ。
- 足を前に曲げて，頭，首，脊椎，骨盤，後ろ足，足首の一直線の線を失わずに壁に重心をかける。
- 後ろ足の踵をしっかりとつけて，臀部を外側に回転させて，臀部に対して平行にする。

167

- 膝と臀部をまっすぐに伸ばして，横に寝る。
- 息を吐いて，臀部をリラックスさせて，腕を立てる。腕は，直接肩の下において，伸ばしている腕と手に体重を乗せる。

骨盤を固定させるために，反対側の足を床に置かなければならない。

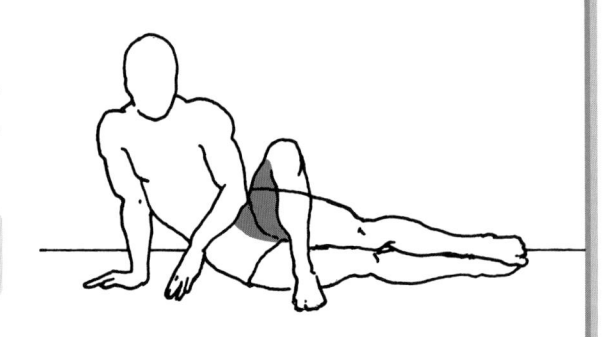

168

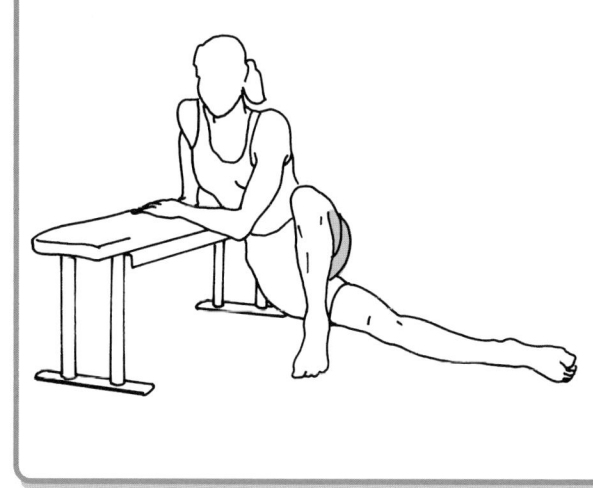

- 腕を伸ばして，両手は，ベンチの上にのせて床に座る。足は横に伸ばす。
- 息を吐いて，体を横に向ける。つまり，左足を右膝の上で交差させて床の上に左足を置く。
- 息を吐いて，支えている腕を曲げて，臀部を床へ下げている最中に，伸ばしている足をベンチからスライドさせる。

このストレッチングは，ばね股関節の矯正をするダンサーのために使われる。

⚠ 膝の外側靱帯に傷害をしたことがある場合，このストレッチングをしてはいけない。

169

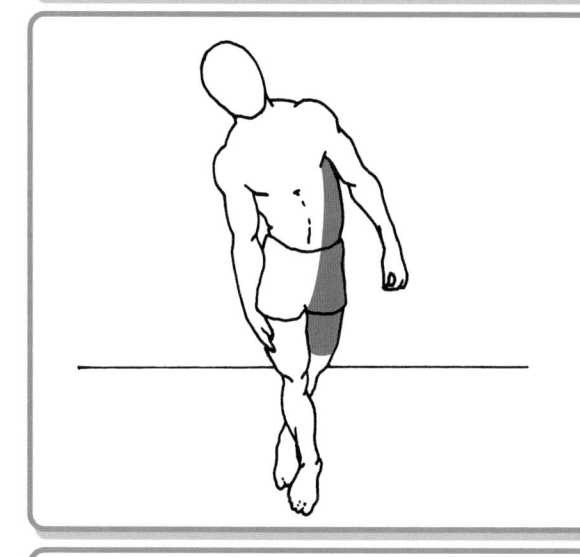

- 両手を体の横にして，できるかぎり遠くへ伸ばして外転している左足で立つ。
- 息を吐いて，右側へ上体を曲げる。両手は，臀部に添える。

170

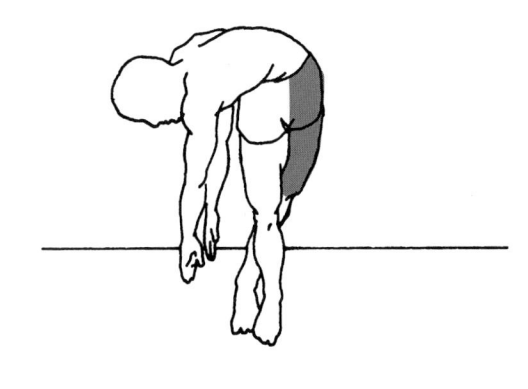

- 両手を体の横にして，できるかぎり遠くへ伸ばして外転している左足で立つ。
- 息を吐いて，右側へ上体を曲げる。両手で左足の踵を触るようにする。
- 息を吐いて，上体をまわし，最初の位置に戻る。

⚠ これは，脊椎の伸展と屈曲が合体した強度の高いストレッチングである。

171

- 片足を上げて伸ばして、両腕は外側に開いて、体はテーブルの端に仰向けに寝る。
- 上げている足を反対側に下げて、パートナーがつかむ。
- 息を吐いて、パートナーがぶら下がっている足を押す。頭と肩がテーブルにつくようにする。

> パートナーとしっかりと呼吸をあわせる。

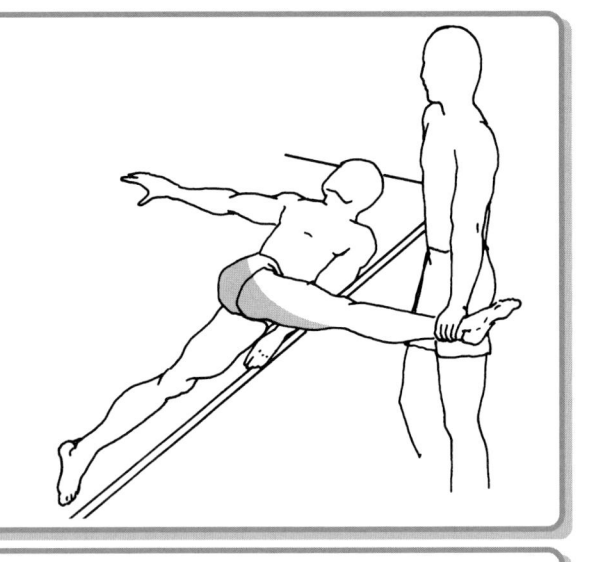

172

- 膝を曲げて、頭部後方で手を交差させて、仰向けに寝る。
- 右足を左足に交差させる。
- パートナーが片手で臀部を、もう一方で右膝を固定する。
- 息を吐いて、パートナーが右足をゆっくりと床の方へ押す。肘、頭、肩が床につくようにする。

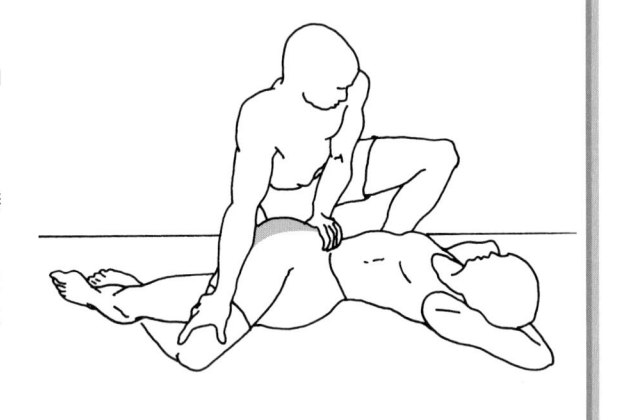

173

- 体を伸ばして、テーブルの上にうつ伏せに寝る。一番近いテーブルの端で膝を曲げる。
- パートナーが、片手で体を固定して、もう一方で曲げている足首をつかむ。パートナーが足を反対側に押すときに息を吐く。

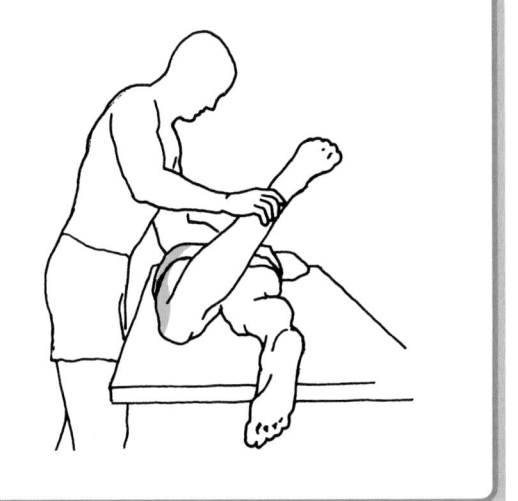

174

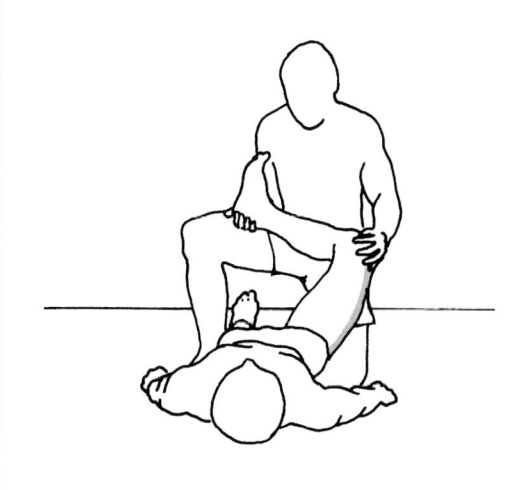

- 片足を上げて仰向けに寝る。腿は垂直に近くなり，膝は曲がる。
- 息を吐いて，上げている足を体の方に動かす。
- パートナーは，ストレッチする側の膝と足首を持つ。
- パートナーが，体の方へ足を動かすときに息を吐く。

175

- 壁に向かって，左膝を曲げて，右足を上げて右側に立つ。
- パートナーは，曲げている姿勢で足を上げてつかむ。
- パートナーが，膝がもっと遠くへ曲がるように足を押すときに息を吐く。

> これは，武術で使う上級者のストレッチングである。

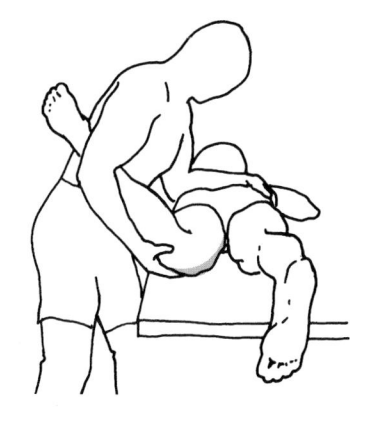

176

- テーブル上でうつ伏せになり，できるだけテーブルの端で，足を曲げる。
- パートナーが片手で体を固定し，もう一方で曲がっている足をつかむ。
- パートナーが体から足を引っ張っているときに，息を吐く。

177

- 片足を上げて，仰向けに寝る。そして，腿をほぼ垂直にして膝を曲げる。
- 息を吐いて，体から上げている足を徐々に動かす。
- パートナーは，ストレッチする側の膝と足首を持つ。
- パートナーが，体から上げている足を徐々にゆっくりと動かすときに，息を吐く。

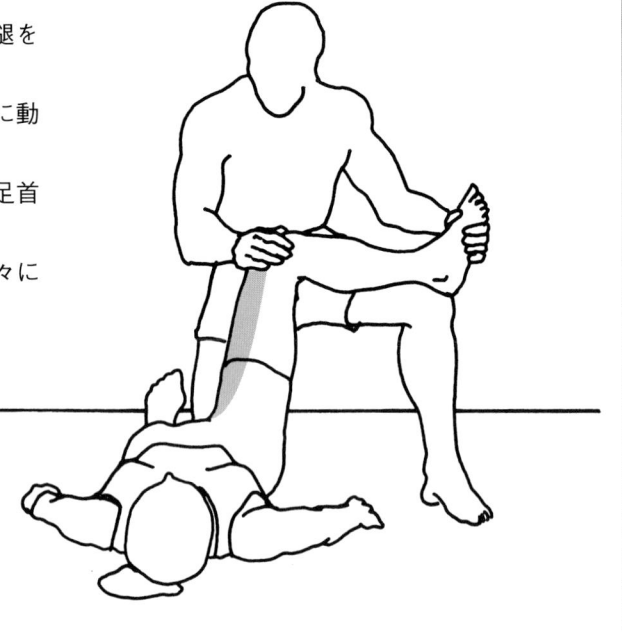

上半身下部

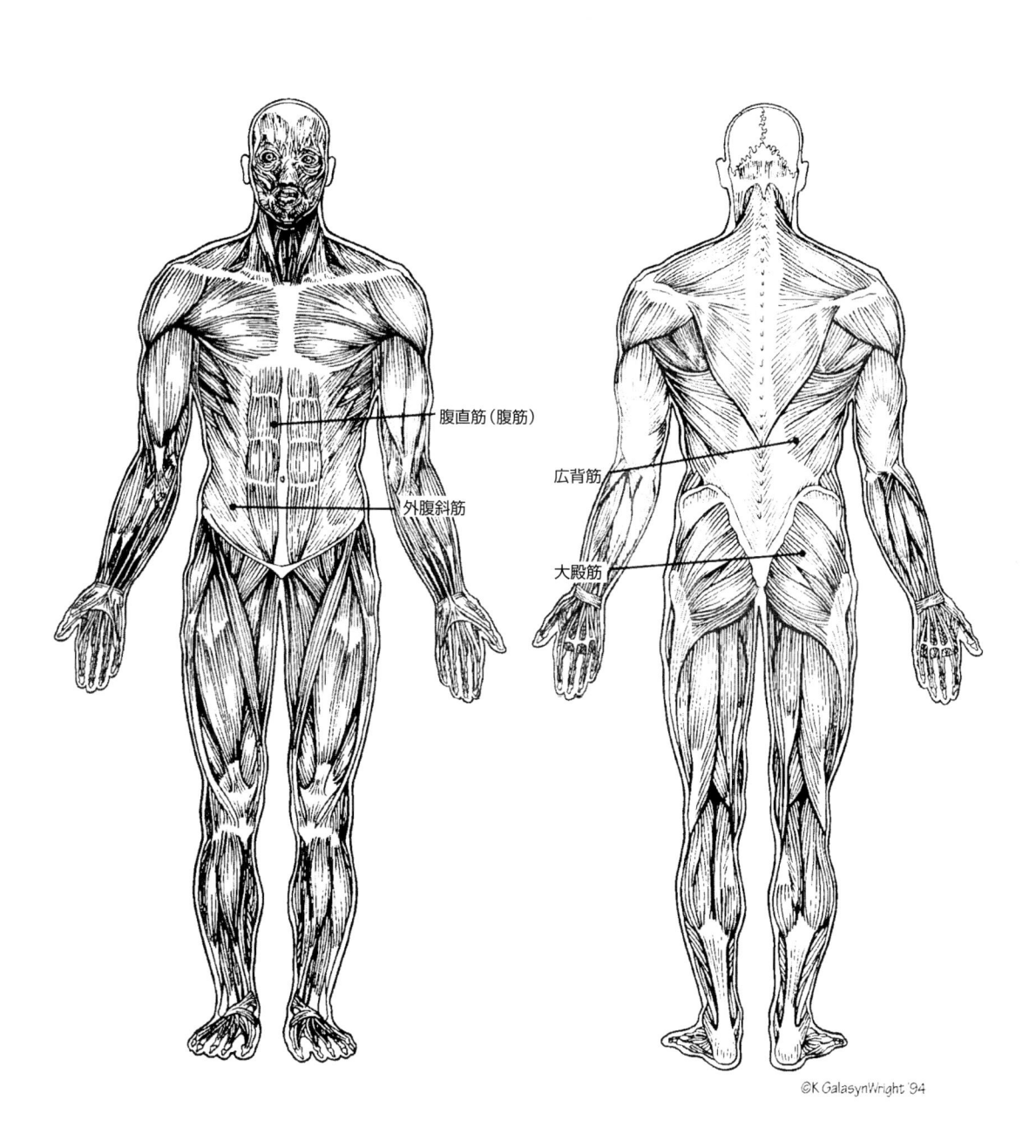

腹直筋（腹筋）

外腹斜筋

広背筋

大殿筋

上半身下部

178

- 仰向けに寝る。
- 息を吐いて，下半身を台の端に移動させる。つまり，下半身を台の端からぶら下がらせる。

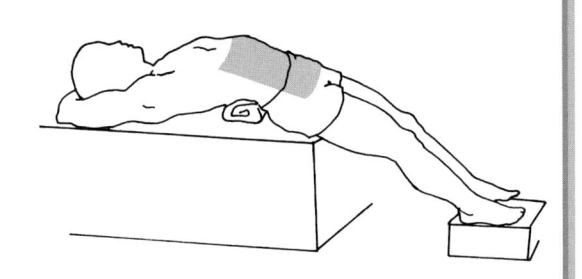

> ⚠ 側彎症がある場合には，このストレッチングを行ってはいけない。

179

- 台の端に下半身をぶら下がらせて，仰向けに寝る。
- 息を吐いて，片方の肘を台の上から離す。

> ⚠ 側彎症がある場合には，このストレッチングを行ってはいけない。

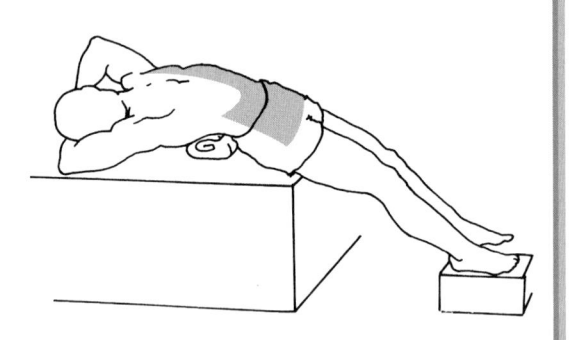

180

- 棒にぶら下がる。両手で，順手でつかむ。
- 息を吐いて，腕を伸ばして体をそらすように棒を持ってぶら下がる。

> 野球のベンチの端からぶら下がることも同じような効果が得られる。

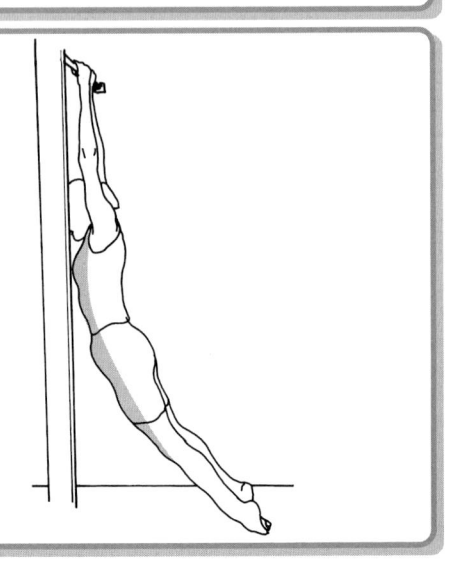

181

- 上体を伸ばして，うつ伏せに寝る。
- 指先を前に向けて，臀部と手の平を床につける。
- 息を吐いて，大殿筋を腰に過度の負荷がかからないように，収縮しているときに，頭，上体とそらした腰を持ち上げる。

182

- 脚を少し離して，つま先は後方を向けて，床に膝をつく。
- 手の平を臀部上部，そらした腰，収縮させた臀部の上において，臀部を前に押し出す。
- 息を吐いて，背中をそらして，頭を後方に落とす。そして，ゆっくり手を踵につける。

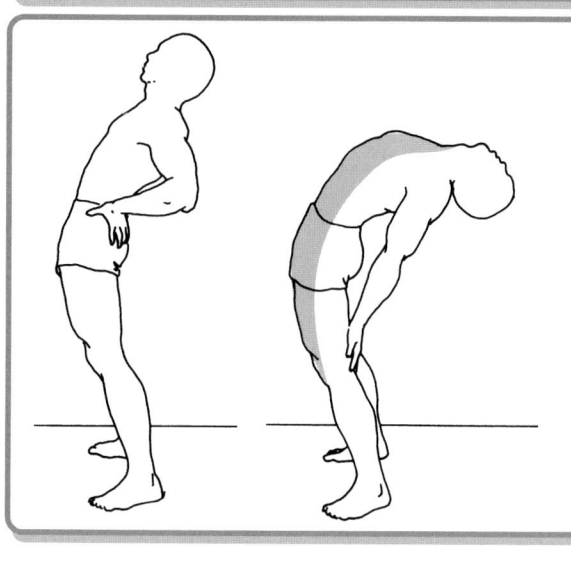

183

- 手を腰に当てて，1mほど足を開いて立つ。
- 背中をそらして，臀部を収縮させて，前に突き出す。
- 息を吐いて，背中をそらしたまま，頭を後ろに落とす。そのとき，口を開いて，手を徐々に腿の方へ降ろす。

184

- うつ伏せに寝る。膝を曲げて，踵を臀部の方へ近づける。
- 息を吸い，両足首をつかみ，臀部を収縮させて，胸をそらせて，膝を床から離す。

> ヨガで一般的なこのアサナは，足の裏をより頭に近づけるまたは，垂直に伸ばすことによって負荷がかかる。

185

- 踵をつけて，指先は，足の方を向けて，首の横（肩の下）に手の平を床につけて仰向けに寝る。
- 息を吸う。そして，上半身を上げて，おでこを床につける。

> このストレッチングは，柔道やレスリングの選手には必要である。

186

- 踵をつけて，指先は足の方を向けて，首の横（肩の下）に手の平を床につけて仰向けに寝る。
- 息を吸う。そして，上半身を上げて，おでこを床につける。片腕を上げて，前腕を床に置く。

> このストレッチングは，柔道やレスリングの選手には必要である。

187

- 踵をつけて，指先は，足の方を向けて，首の横（肩の下）に手の平を床につけて仰向けに寝る。
- 息を吐いて，腕と足を伸ばして，手首を肩と平行にフルブリッジにする。

> このストレッチングは，器械体操の選手には必要である。肩がストレッチされていることを感じる。

188

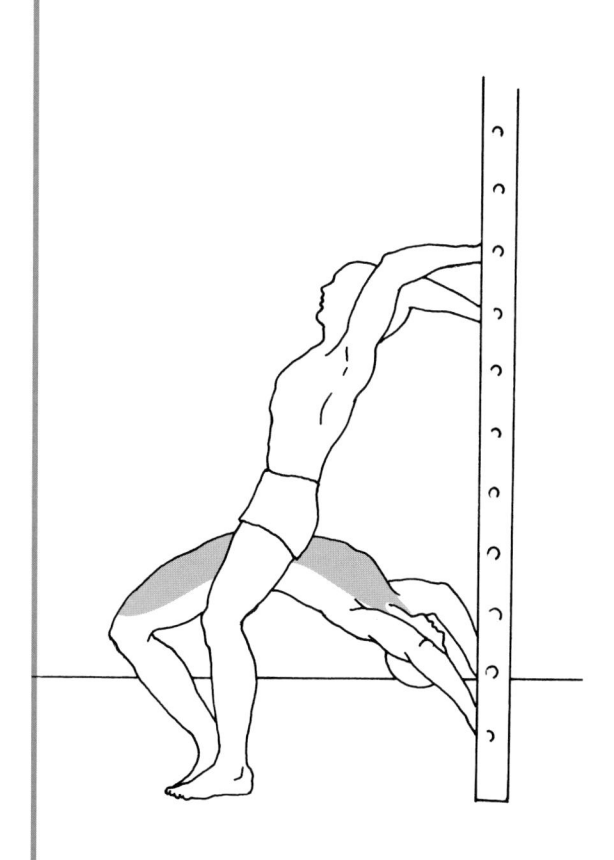

- 壁から１ｍ離れて背を向けて立つ。頭の高さに手を置く。
- 息を吐いて，手を壁伝いに下ろす。補助のためにろくぼくを使うのもよい。
- 手を壁つたいに上げてもとの位置に戻る。

> これは，背中をそらすためには非常に効果的である。

189

- 足を肩幅に開いて、手を腰に置く。息を吐いて、臀部を前に突き出して、腰をそらす。
- 背中をそらしながら、手を頭の上に上げる。腕を伸ばして、肩幅に開いた状態で床に手をつく。

補助のためにろくぼくを使うのもよい。

⚠️ このストレッチングは、エリート選手にとってもハイレベルであり、危険であるので、注意が必要である。

190

- 腰をまっすぐに，腕も垂直に伸ばして，肘は耳の横につけて片足を90度に上げて立つ。
- 背中をそらす。マットに両手がつくのを見る。腕をまっすぐ伸ばし，肩幅に開く。
- 支えている足の足首の伸ばして，肩が手の上にきたときに，腕に重心を移す。床から足を離すときに，腕の間に頭を入れて，手で支えたスプリット開脚ポジションをとる。
- 足が床につくときに，手を床から押す。

191

- 腰をまっすぐに，腕も垂直に伸ばして，肘は耳の横につけて片足を90度に上げて立つ。
- 前に1歩踏み出して，肩幅に開いた手を床に置く。そして，支えている足と腕でただちに押す。
- 続けて，上体をそらし，支えている足を閉じる。
- 手で押して，臀部を前に出し，支えている足をまっすぐ伸ばして，直立した位置に戻す。

192

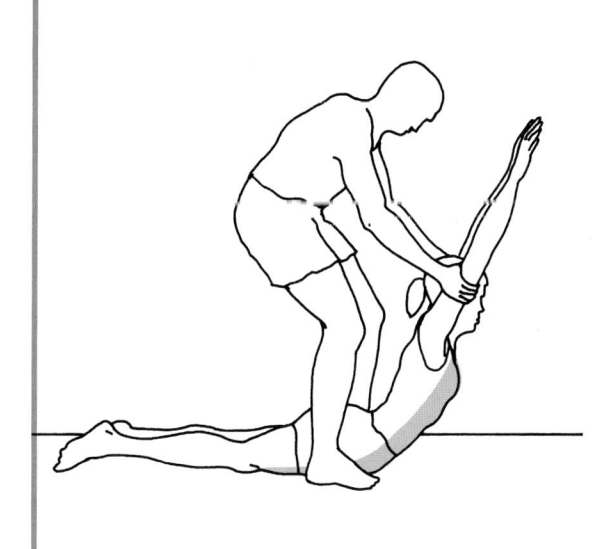

- 腕を平行にして，前に伸ばして，うつ伏せに寝る。
- パートナーが臀部を挟んで，頭を前に，臀部と膝を曲げて，肩と肘の間をつかむ。
- 息を吸って，床から上半身を持ち上げたときに，腰に過度の負荷を与えないように臀部を収縮させる。

⚠ パートナーとしっかりと呼吸を合わせる。

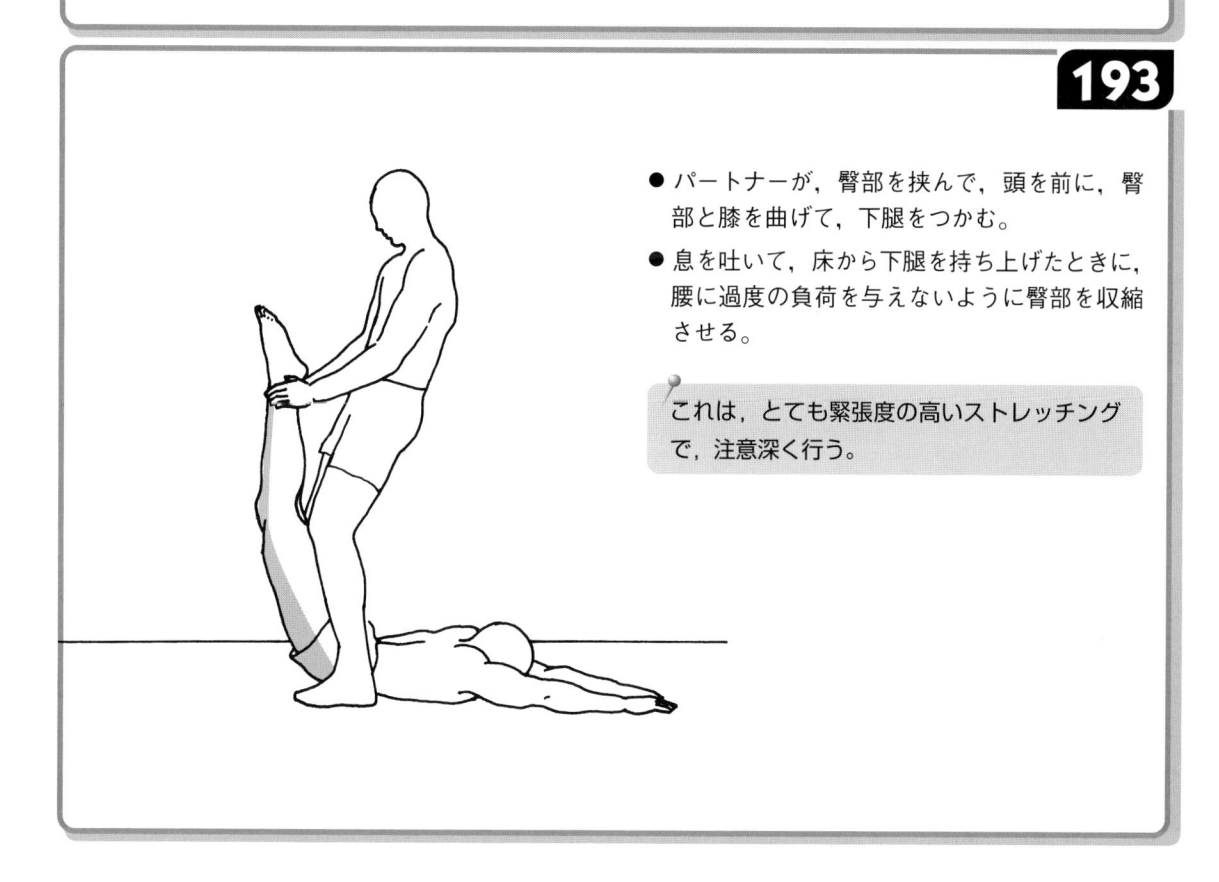

193

- パートナーが，臀部を挟んで，頭を前に，臀部と膝を曲げて，下腿をつかむ。
- 息を吐いて，床から下腿を持ち上げたときに，腰に過度の負荷を与えないように臀部を収縮させる。

これは，とても緊張度の高いストレッチングで，注意深く行う。

腰

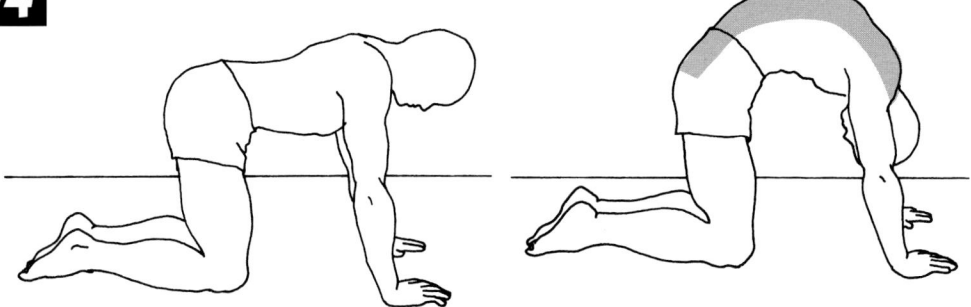

194

- つま先を後ろに向けて四つんばいになる。
- 息を吸って，腹筋を収縮させて，背中を丸める。
- 息を吐いて，腹筋をリラックスさせて，フラットな腰の位置に戻す。

195

- 脚を若干，開いてイスに座る。
- 息を吐いて，上半身を伸ばし，腿に胸をつける。

> 腹筋を収縮させることは，腰をリラックスさせることになる。

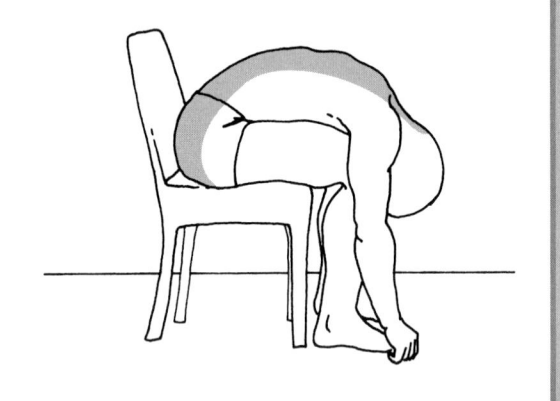

196

- 膝を曲げて，ベッドまたはベンチに座る。
- 上体を伸ばして，腿に胸をつける。
- 息を吐いて，足を伸ばす。

> 重要なのは，このストレッチを感じる箇所は，ハムストリングスに移るかもしれないということ。この場合では，後ろに下がって，その体勢を保つ。腹筋を収縮させることは，腰をリラックスさせることになる。

197

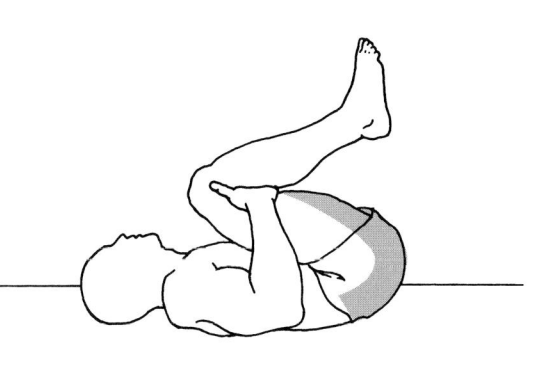

- 膝を曲げて，足を臀部のほうに近づけて，仰向けに寝る。
- 膝の過伸展を防ぐために腿の後ろをつかむ。
- 息を吐いて，胸と肩の方へ膝をひきつける。そして，臀部を床から離す。
- 傷みや緊張を防ぐために，足を再び伸ばす。

198

- 臀部の方へ足をずらし，膝を曲げて，仰向けに寝る。
- パートナーは，片手をハムストリングスの下において，もう一方で踵をつかむ。
- 息を吐いて，パートナーが腿を胸の方へ引き寄せる。
- 傷みや緊張を防ぐために，足をゆっくりと再び伸ばす。

199

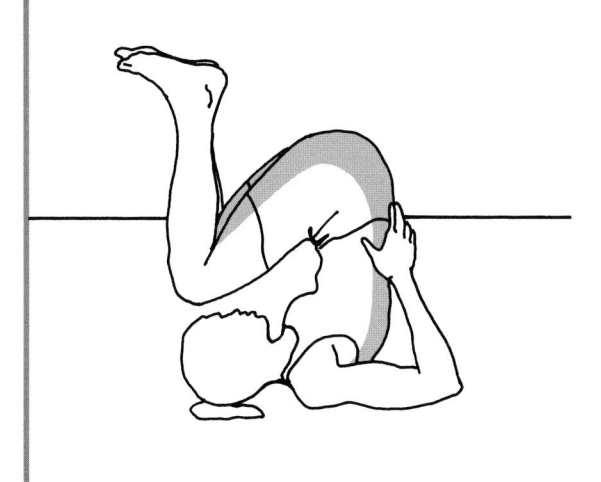

- 手の平を下にして，臀部を腕で抑えて仰向けに寝る。
- 息を吐いて，手の平で床を押して，足を持ち上げる。そうすると，膝は，前頭の上でリラックスする。手で，臀部の重さを支える。

首の後部がストレッチされていることを感じる。

⚠ 首の過屈曲を防ぐ。

200

- 手の平を下にして，臀部の横に置き仰向けに寝る。
- 息を吸って，手の平で床を押す。そして，足を垂直に上げる。
- 息を吐く。足をまっすぐに伸ばし，そして，下腿を30〜60cm離れた台の上に置く。

首の後部がストレッチされていることを感じる。

⚠ 首の過屈曲を防ぐ。

201

- 手の平を下にして，臀部の横に置き仰向けに寝る。
- 息を吸って，手の平で床を押す。そして，足を垂直に上げる。それから，腰に手を置いて，体を支える。
- 息を吐いて，足を開脚して，片足を床につける。その間，反対の足は，垂直に保つ。柔軟性にかける場合，下げる足を水平にする。

首の後部と床についているハムストリングスがストレッチされていることを感じる。

⚠ 首の過屈曲を防ぐ。

202

- 手の平を下にして，臀部の横に置き仰向けに寝る。
- 息を吸って，手の平で床を押す。そして，足を垂直に上げる。それから，腰に手を置いて，体を支える。
- 息を吐いて，足をまっすぐにして開脚する。そして，つま先を床につける。

> このストレッチングは，柔道やレスリングの選手には重要である。首の後部と床についているハムストリングスが，ストレッチされていることを感じる。

⚠ 首の過屈曲を防ぐ。

203

- 手の平を下にして，臀部の横に置き仰向けに寝る。
- 息を吸って，手の平で床を押す。そして，足を垂直に上げる。それから，腰に手を置いて，体を支える。
- 息を吐いて，足をまっすぐにしてそろえる。そして，つま先を床につける。

> このストレッチングは，柔道やレスリングの選手には重要である。首の後部と床についているハムストリングスが，ストレッチされていることを感じる。

⚠ 首の過屈曲を防ぐ。

204

- 上体は，腿の上でリラックスして，手と足は床につけてしゃがむ。
- ハムストリングスが張るまで膝を伸ばす。
- 息を吐いて，膝を曲げて最初の位置に戻る。

205

- 足をまっすぐ伸ばして，手は横にして立つ。
- 上体を前に曲げて，腰は平らにしたまま，手を膝まで下ろす。
- 息を吐いて，もとの位置に戻るときに膝を曲げるか上体を回す。

📍 腰とハムストリングスが，ストレッチされていることを感じる。

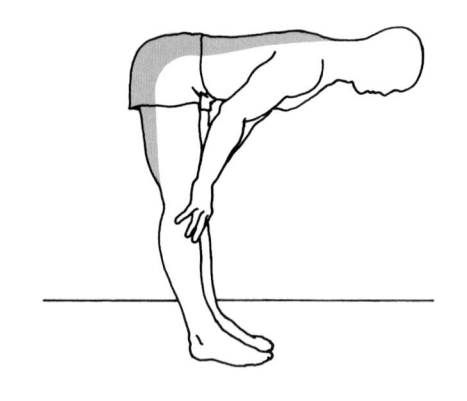

206

- 内反ブーツをはいて，順手で懸垂棒にぶら下がる。
- 棒からぶら下がり，膝を曲げて，両足を上げる。そうすると，棒にブーツを引っかけることができる。手を離してブーツを棒に引っかける。

⚠️ 緑内障，高血圧，血管が弱い，または脊椎の不安定性がある場合には，内反ストレッチングはしてはいけない。これらの内反器具を使う場合には，正しい説明と監視をするべきである。

207

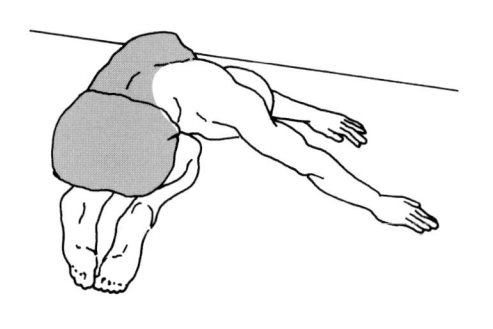

- 四つんばいになる。腕を伸ばして、胸を床に近づけて、できるかぎり遠くへ届くように手を伸ばす。
- 息を吐いて、上体を若干ひねって、手の平と前腕を押す。

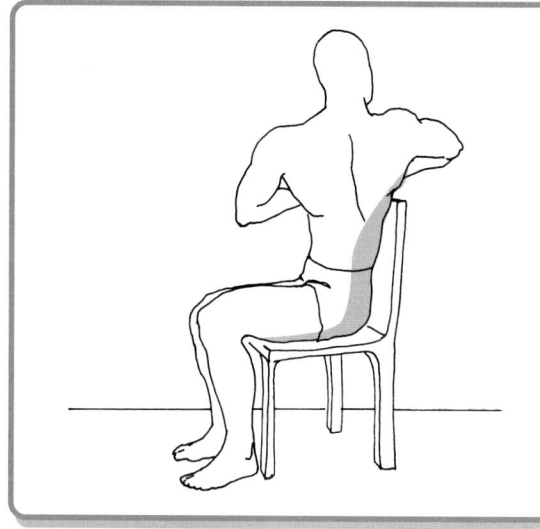

208

- 背もたれのあるイスに座る。右にひねって、イスの後ろに手を置く。
- 息を吐く。足を床にしっかりとつけて、臀部をしっかりとイスにつける。臀部右側を前方に押して、右肘を中に入れる。

上半身側部

209

- 足を交差して床に座る。頭の後ろで手を組む。
- 息を吐いて、右肘を右膝へ持っていく。左肩と肘の後ろはそのままである。

210

- 足を開いて床に座る。手を頭の後ろで組む。
- 息を吐いて，上体を横に倒して，右肘を右腿へ持っていく。左肩と肘の後ろはそのままである。

211

- 床に膝をついて，右足を伸ばして，左膝と一直線になる。
- 腕を横に上げて，息を吐いて，右から曲げる。右手を右足に乗せて，左手を左耳の上にくるように伸ばす。

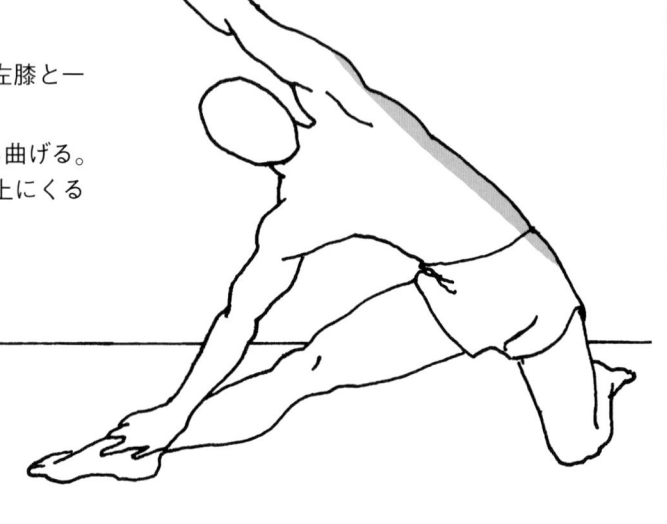

212

- 重心を後ろに倒して，足を開いて床に座る。手は，臀部の後ろにつき，体を支える。
- 息を吐いて，踵で自分自身を支えて，頭上に左腕を右側へ振り，床から臀部を離す。

213

- 足を肩幅に開いて，頭の上で腕を組む。
- 息を吐いて，片耳を肩の方へ落として，腕も横に曲げる。

214

- 腕を伸ばして棒にぶら下がる。順手または逆手のどちらのストレッチングが効果的か，実際に試して決める。
- 息を吐いて，あごを引いて，肩を内側に入れる。

> 背中上部と肩がストレッチされていると感じる。野球のベンチ端から，ぶら下がることも同じような効果が得られる。

215

- 順手で棒からぶら下がる。
- 息を吐いて，足を後方へずらし，腕も伸ばして，ぶら下がっている上体をそらす。上体を横にねじり，腕を耳の横に置く。

> 腹筋が，ストレッチされていると感じる。

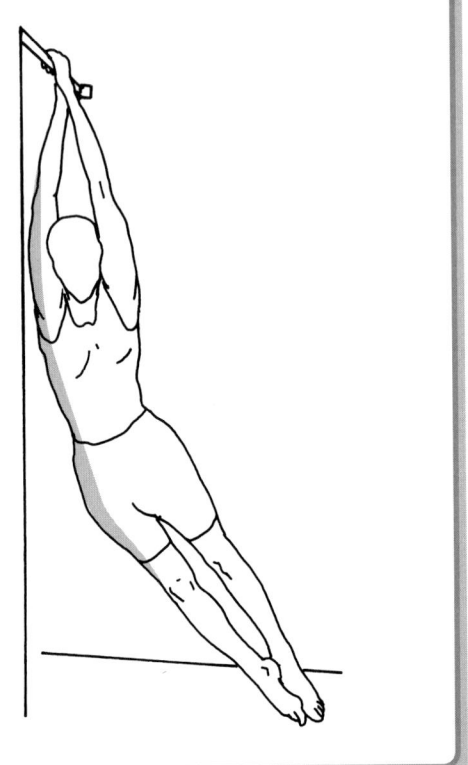

216

- 棒からぶら下がる。
- 片手ずつ離して，逆手で棒を再びつかむ。

> 腕橈骨筋が，ストレッチされていると感じる。

217

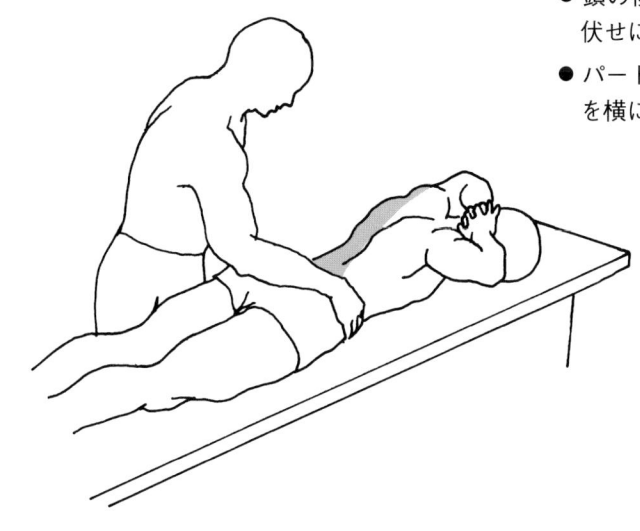

- 頭の後ろで手を組んで，テーブルの上にうつ伏せに寝る。
- パートナーが，両手で骨盤を固定して，上体を横にひねる。

218

- 安定させるためにテーブルの横をつかんでうつ伏せに寝る。
- パートナーが，腿の下をつかんで，下半身を横に持ち上げる。

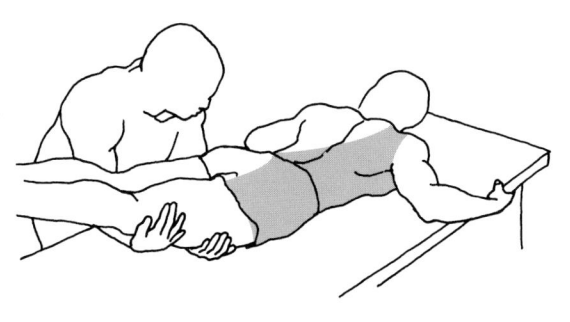

219

- 頭の上に腕を伸ばして，テーブルの上に横に寝る。不快感がある場合，丸めたタオルを使う。
- パートナーが，臀部を固定して，上半身側部上方がストレッチされていることを感じる。

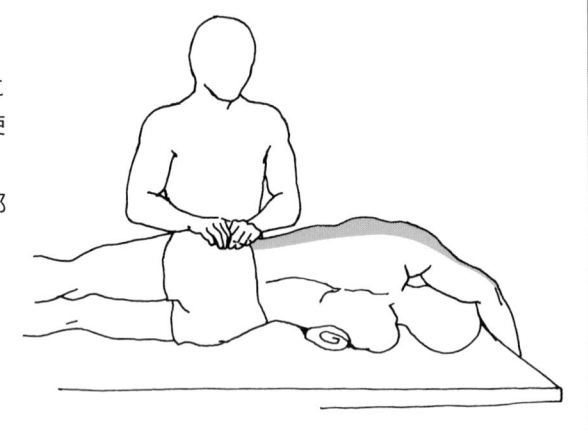

220

- テーブルの端に両手を下にぶら下げて横たわる。不快感がある場合，丸めたタオルを使う。
- パートナーが，臀部を固定する。

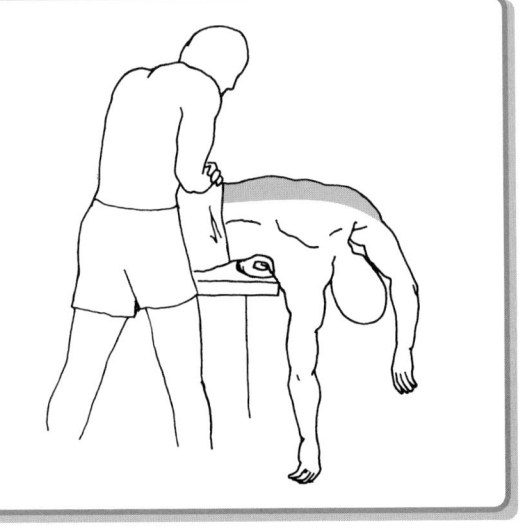

221

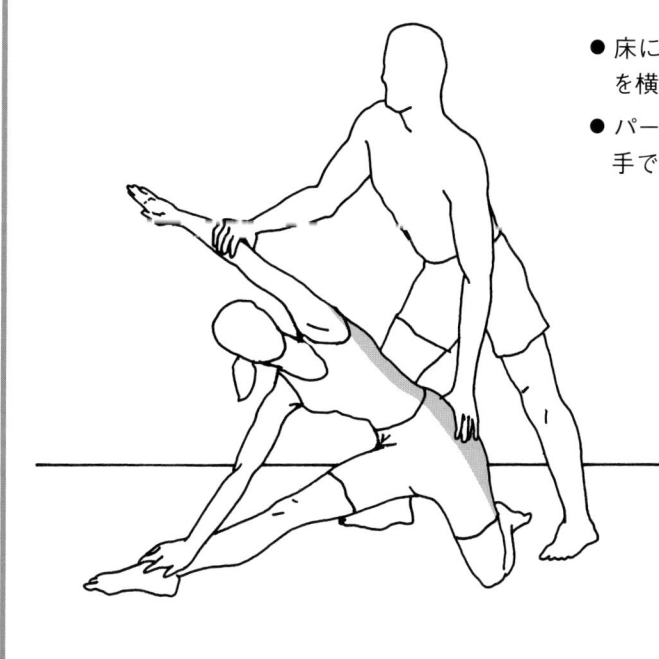

- 床に膝をついて，左膝と一直線にして，右膝を横に伸ばす。そして，腕は横に上げる。
- パートナーが片手で臀部を固定して，反対の手でストレッチしている肘をつかむ。

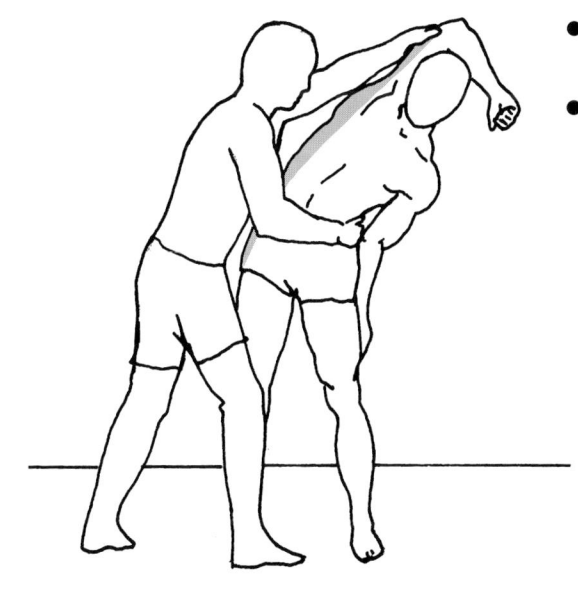

222

- 足を若干，開いて立つ。片手は横にして，もう一方は頭上で曲げる。
- パートナーは片手を臀部に固定して，もう一方の手は，上げている腕の肘上か肘下を押す。

223

- テーブルの端で上半身を伸ばして、うつ伏せに寝る。肩の後ろに棒を担ぐ。
- 息を吐いて、できるだけ高く、上半身をゆっくりとひねる。そして、もとの位置に戻る。

> このストレッチングは、円盤投げや槍投げなどの投てき競技や、野球、ゴルフ、ラケットスポーツなどの選手には非常によい。

224

- 足を平行に肩幅に開いて立つ。片手は、頭の後ろに曲げて、もう一方は、横で軽量のダンベルを持つ。
- 息を吐いて、横に動きを保ったまま、ゆっくりとできるだけ深く曲げる。

> どんな種類の重り（円盤、砲丸、野球のバット、ボウリングの球、ゴルフクラブを入れたバッグなど）でも行うことができる。

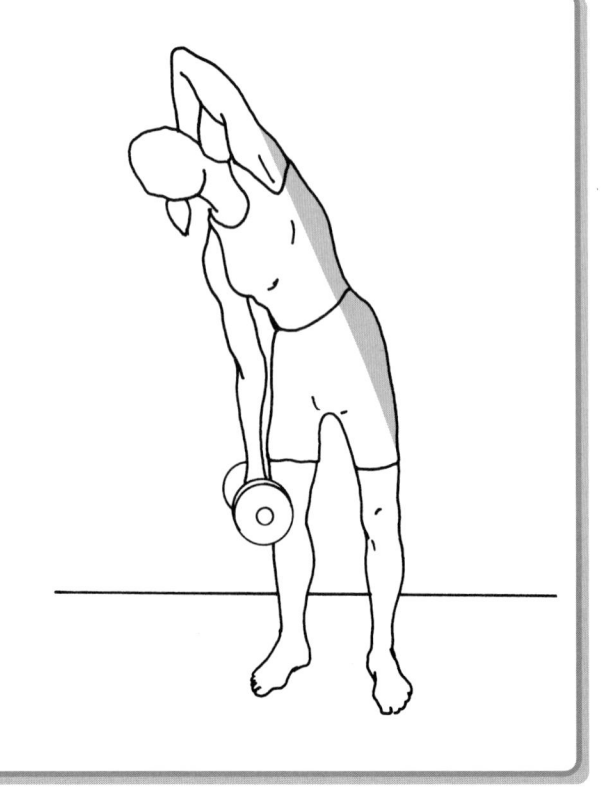

225

- 膝は若干曲げて，軽量のバーベルを肩の上に担いで，足を平行に肩幅に開いて立つ。
- 息を吐いて，上半身をできるかぎりひねる。

⚠️ ゆっくりとターンする。それは，過度のストレッチされる筋肉の吸収力を超えないためである。

背中上部

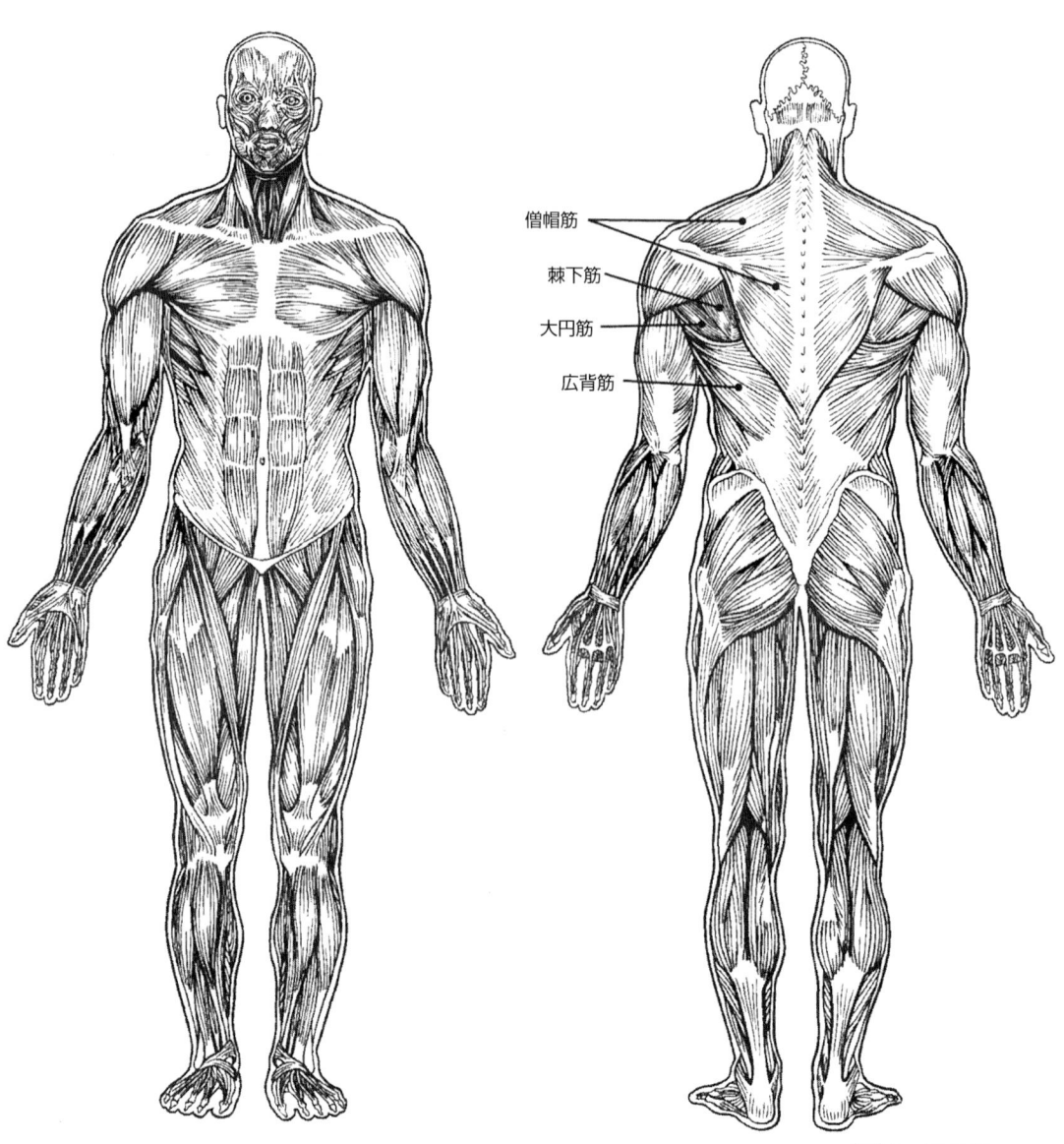

僧帽筋
棘下筋
大円筋
広背筋

©K GalasynWright '94

226

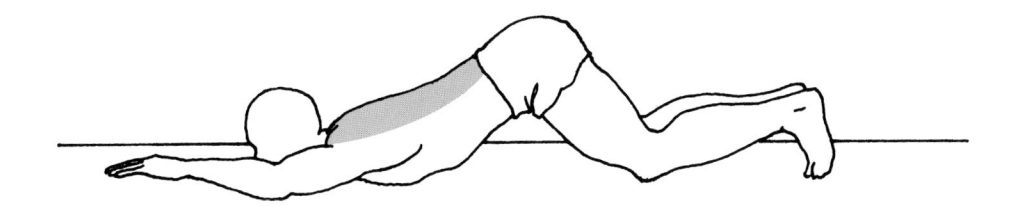

- 四つんばいになる。腕を前方に伸ばして，胸を床につける。
- 息を吐いて，肩を伸ばして腕で床の方へ押して，背中をそらす。

227

- 腕を頭の上に置き，腰の高さの棒から1m離れて足をそろえて立つ。
- 腕と足を伸ばしたまま，上体を曲げる。背中は平らにして，両手で棒をつかむ。
- 息を吐いて，背中をそらすように棒を押す。

> 骨盤を上方に押し上げることによって，背中の下部とハムストリングスもストレッチすることができる。

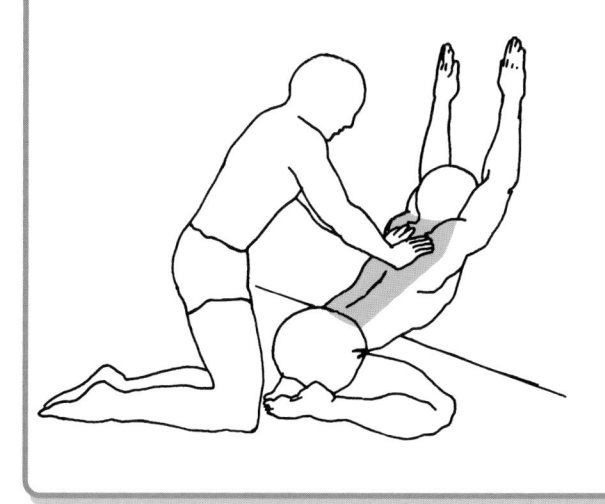

228

- 腕の長さだけ壁から離れ，壁に向かって膝を曲げて開脚して座る。
- 肘を伸ばして，腕を上げて，前に重心をかける。そして，指先は上にむけて，手の平を肩幅に開いて壁に置く。
- 息を吐いて，壁を押しながら胸を開いて，背中をそらす。
- パートナーは肩甲骨上部に置き，ゆっくりと押しながら，頭から遠ざける。

229

- 膝を少し曲げて床に座る。上半身は腿の上で休む。肘は膝の下に置いて，手で腿をつかむ。
- 息を吐いて前に曲げる。そして，足を床につけたまま，腿を後ろに引く。

> 肩甲骨の間（菱形筋）がストレッチされていると感じるはずである。ストレッチングの強度は背中を丸めると変わってくる。

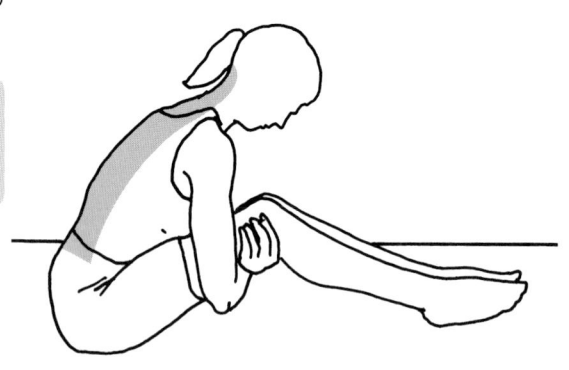

230

- 頭を左にして，左肘を伸ばし，前腕を腰の上でリラックスさせてうつ伏せに寝る。
- パートナーが肩の前方をつかみ，肩の前部を持ち上げて肩甲骨を露出させてゆっくりと上に上げる。

> 菱形筋がストレッチされていると感じるはずである。

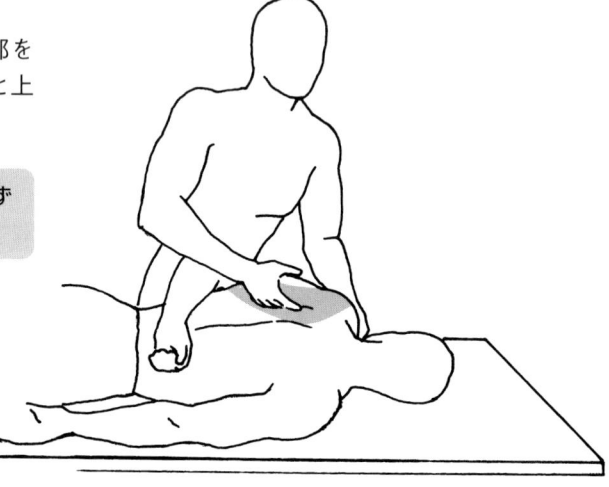

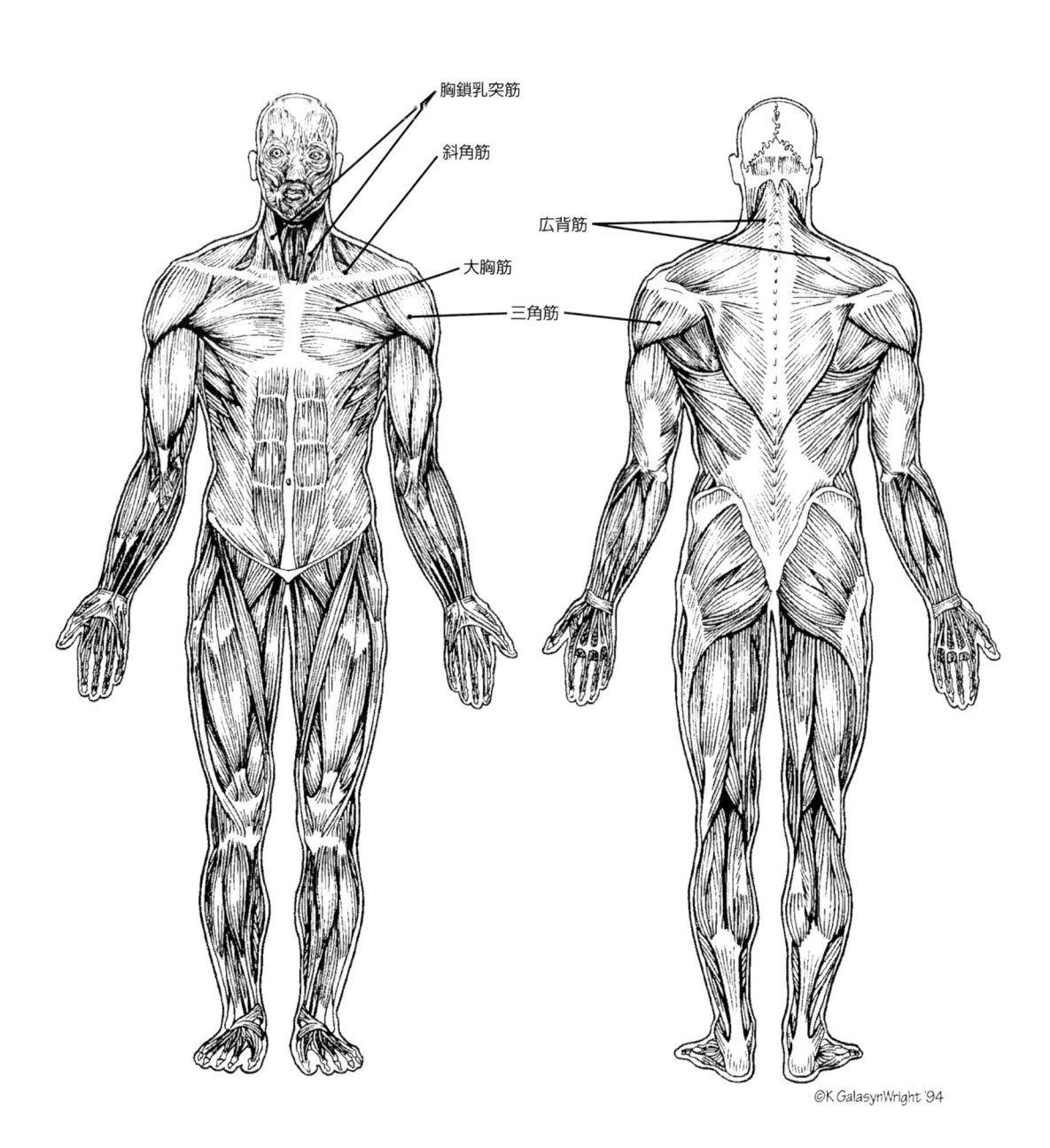

首部

胸鎖乳突筋
斜角筋
広背筋
大胸筋
三角筋

©K GalasynWright '94

首後部

231

- 両膝を曲げて，仰向けに寝る。
- 首の後ろで両手を組む。
- 息を吐いて，肩甲骨を床につけたまま，頭を胸の方へ引く。

> このストレッチングは，肩甲骨を床から離してしまった場合，無意味なものになる。

232

- 首を頭の後ろで組んで，立つまたは座る。
- 息を吐いて，頭を前方に引いて，あごを胸につける。このストレッチング中は，肩の力を抜く。

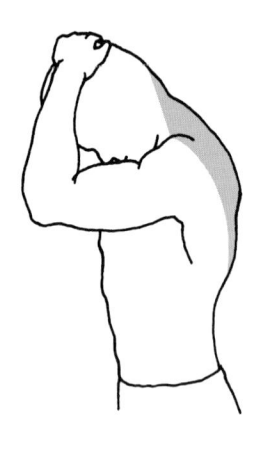

233

- 四つんばいになる。腕を曲げて，後頭部に置く。
- 息を吐いて，頭を前方に回る。そして，あごを胸に引きつける。

> 柔道とレスリングの選手には，とても重要なストレッチングである。

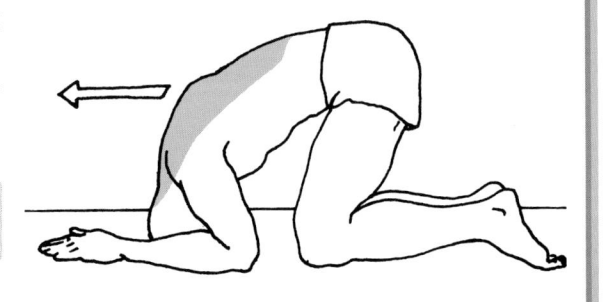

234

- 臀部に手を置いて，仰向けに寝る。
- 息を吐いて，手の平で床を押す。両足を上げて，臀部を床から離す。そして，足を垂直に伸ばす。
- 肘を曲げて，サポートのために手を腰に置く。

> 柔道とレスリングの選手には，とても重要なストレッチングである。

235

- 臀部に手を置いて，仰向けに寝る。
- 息を吐いて，手の平で床を押す。両足を上げて，臀部を床から離す。そして，足を垂直に伸ばす。
- 肘を曲げて，サポートのために手を腰に置く。息を吐いて，足を開いて，両つま先を床につける。

> 腰とハムストリングスがストレッチされていると感じるはずである。これは，柔道とレスリングの選手には，とても重要なストレッチングである。

236

- 臀部に両手を当てて，仰向けに寝る。手の平を下にして，両足を上げて，臀部を床から離す。額へ膝を近づける。
- 肘を曲げて，サポートのために手を腰に置く。あごを胸に引き寄せて，曲げた膝を床につけて，両耳の脇に置く。
- 息を吐いて，前腕を床につけて，手を組む。

> 柔道とレスリングの選手には，とても重要なストレッチングである。

⚠ エリート選手であっても，このストレッチングは，危険または，上級すぎるかもしれない。

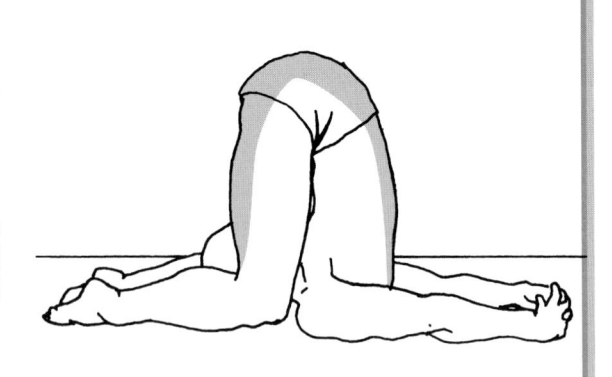

237

- 臀部に両手を当てて，仰向けに寝る。手の平を下にして，両足を上げて，臀部を床から離す。額へ膝を近づける。
- 肘を曲げて，サポートのために手を腰に置く。あごを胸に引き寄せて，曲げた膝を床につけて，両耳の脇に置く。
- 息を吐いて，膝の後ろに手を置く。そして，腿を胸に引きつける。膝とすねは，床につける。

> 柔道とレスリングの選手には，とても重要なストレッチングである。

238

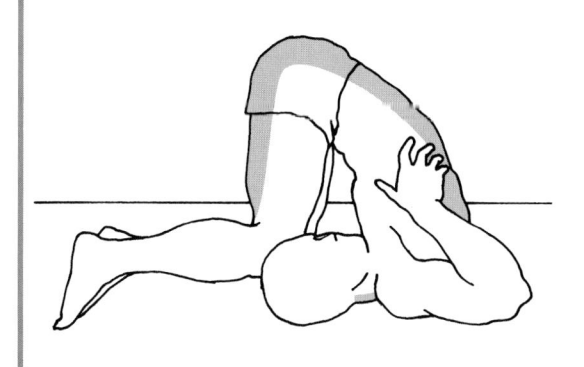

- 臀部に両手を当てて，仰向けに寝る。手の平を下にして，両足を上げて，臀部を床から離す。額へ膝を近づける。
- 肘を曲げて，サポートのために手を腰に置く。あごを胸に引き寄せて，曲げた膝を床につけて，両耳の脇に置く。
- 息を吐いて，膝を頭部左側に置く。そして，腿を胸に引きつける。膝とすねは床につける。

> 柔道とレスリングの選手には，とても重要なストレッチングである。

239

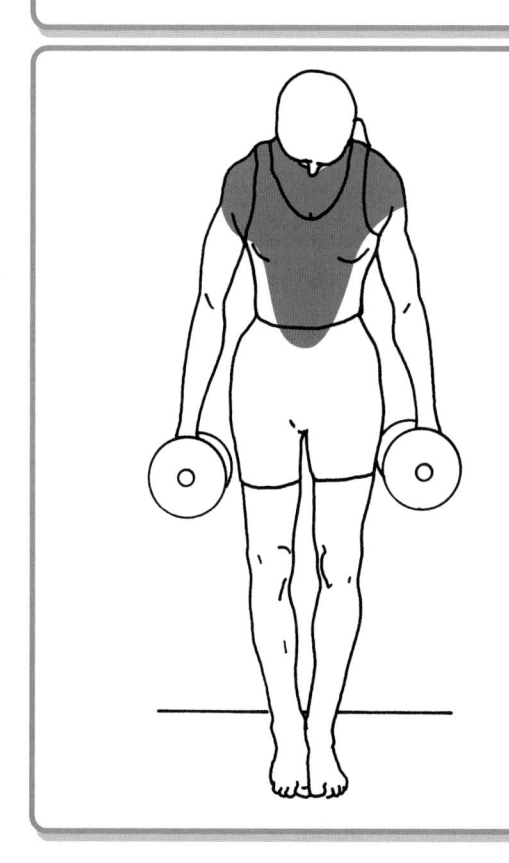

- 臀部の高さに軽量のダンベルを持って，両足をつける。
- 息を吐いて，できるだけ低く左肩を落とす。あごを胸の方に引いて，リラックスする。

240

- ダンベルを前に持って，両足をつけて立つ。

> バーベルのかわりに，円盤，砲丸，野球のバット，ゴルフクラブの入ったバッグなどのような重りのあるものを使ってもよい。

241

- テーブルの端から，頭を出して，床またはテーブルに仰向けに寝る。
- パートナーが，両手で後頭部を支える。

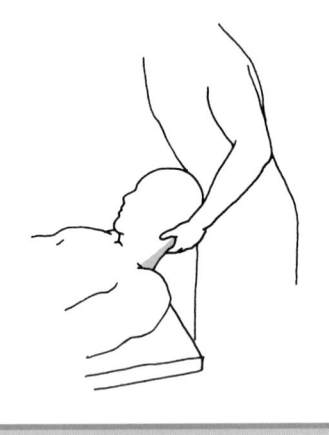

首の側部

242

- 肩を固定するために，イスの脚を右手でつかみ，座る。
- 左手を頭部の右側に置く。
- 息を吐いて，左肩の方へ頭部の左側を引く。

> ストレッチングは，イスから手を離したら無意味になる。

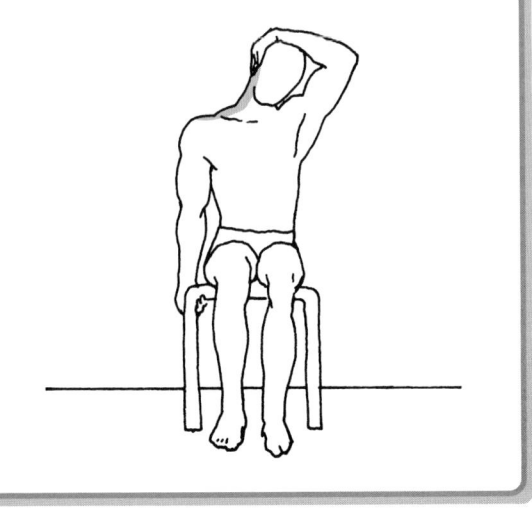

243

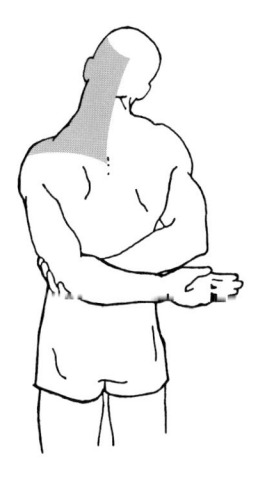

- 曲げた左腕を背中に回して立つ。
- 反対の手でその肘をつかみ。背中の真ん中まで引っ張る。
- 息を吐いて，右耳を右肩へつけるようにする。

> 固定している肩を離してしまうと，無意味になる。

244

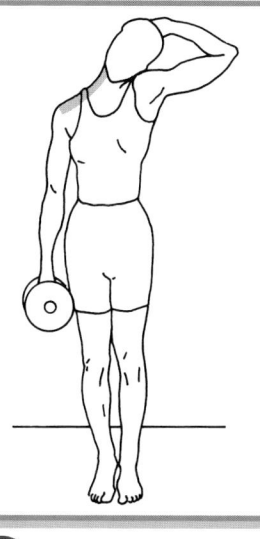

- 手で軽量のダンベルを持ち，両足をつけて立つ。
- 息を吐いて，可能なかぎり右肩を下げる。同時に，左手を頭の右側に置く。
- 息を吐いて，頭部の左側を左肩の方へ引く。

> 左肩を曲げたままにしておくこと。

首の前側

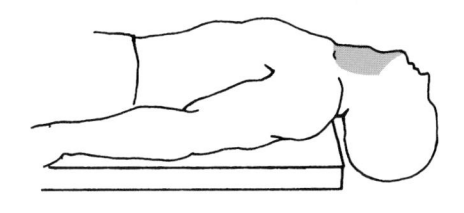

245

- テーブルの端から，頭を出して，テーブルに仰向けに寝る。
- そのままの体勢でリラックスする。

246

- 頭部を注意深く後ろに傾けて座る。あるいは立って行う。
- 前頭部に手を置いて，息を吐き，ゆっくりと頭部を後方に引く。

柔道とレスリングの選手には，とても重要なストレッチングである。

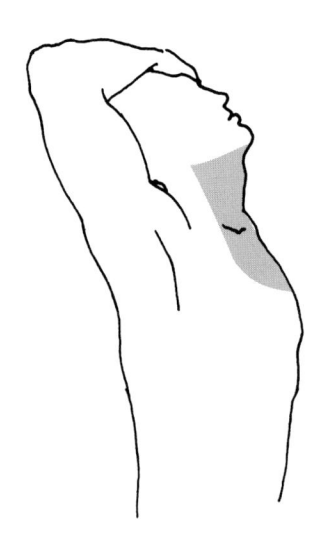

247

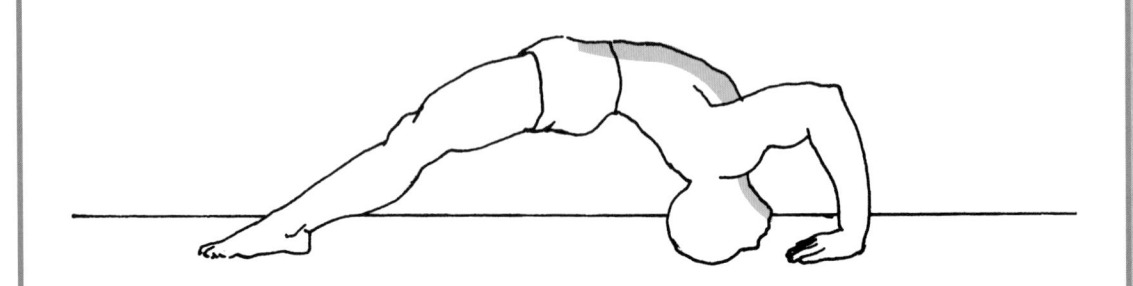

- 仰向けになり，臀部に踵を近づけて，肩の下に手の平をつける。そして，指先を足の方へ向ける。
- 息を吸って，骨盤を上げて，前頭部を床につけリラックスする。
- 息を吐いて，頭部を後方へロールする。

柔道とレスリングの選手には，とても重要なストレッチングである。

胸部と上背部

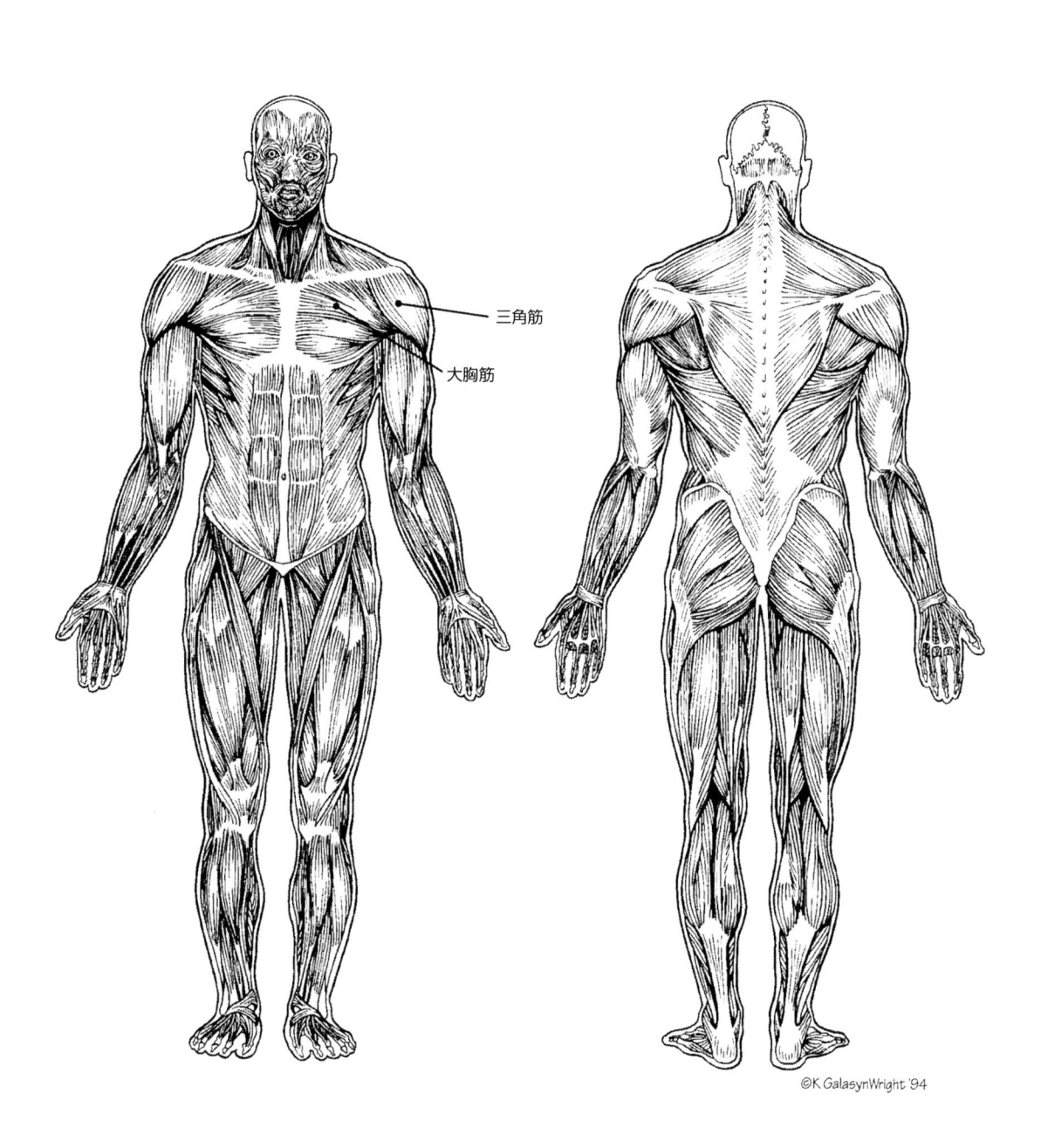

三角筋
大胸筋

248

- 上背部の下に丸めたタオルを敷いてテーブルの上に寝る。足を曲げて上半身はテーブルの端から出して，頭の後ろで両手を組む。
- 息を吐いて，床の方へ頭と肩を下げる。

> 首を伸ばして，肘を外側に開く。そして，必要に応じて，パートナーが両足を固定する。

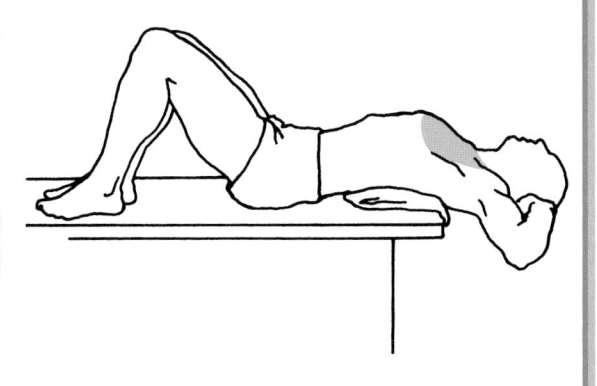

249

- 頭の後ろで両手を組んで，イスの上に座る。そして，胸の位置にイスの背もたれの端がくるようにする。
- 息を吸って，上半身を後方へそらし，腕を後方に引く。

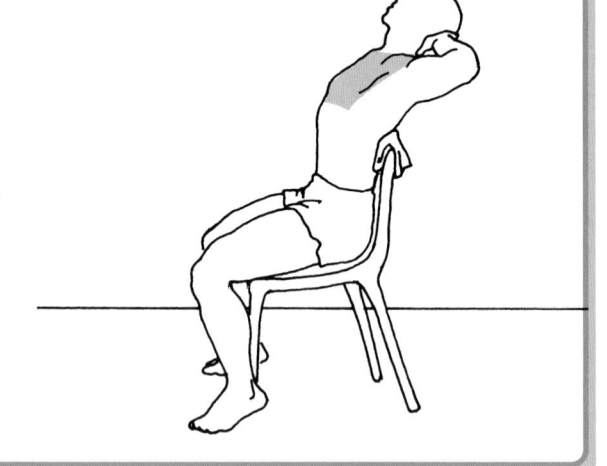

250

- イスの方へ顔を向けて，床に膝をつく。頭の上で両手を組み，前方に曲げて，イスの上にのせてリラックスさせる。頭は，イスの表面よりも落とす。息を吐いて，床の方へ頭と胸を沈める。

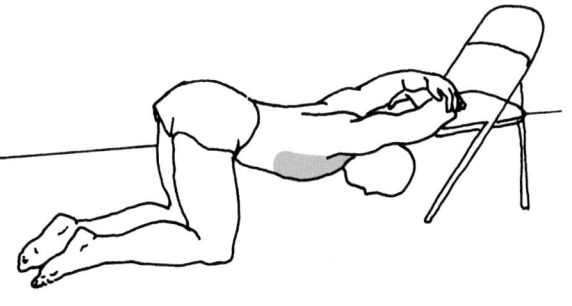

251

- 開いたドア枠または角へ向いて立つ。
- 肘を逆T字型（肘は肩の下）にして，上げる。頸椎付近の両胸筋をストレッチする。
- 息を吐いて，体全体を前に倒す。

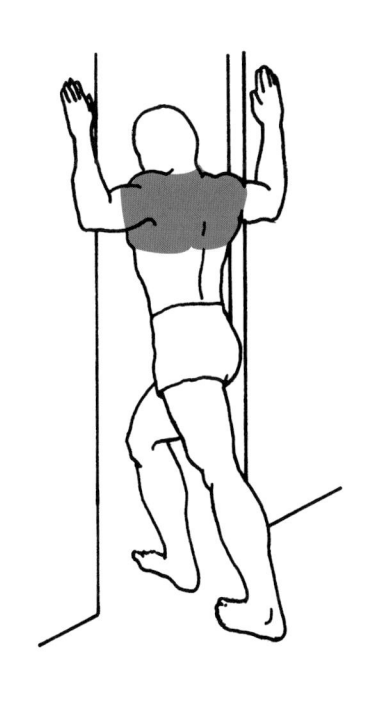

252

- 開いたドア枠または角へ向いて立つ。
- 肘を肩の高さまで上げて，曲げる。前腕はまっすぐして，壁またはドア枠に置く。そして，頸椎付近の両胸筋をストレッチする。この姿勢はT字型になる。
- 息を吐いて，体全体を前に倒す。

253

- 開いたドア枠，または角へ向いて立つ。
- 肘を肩の高さまで上げて，V字型を作る。肘を少し曲げて，壁またはドア枠に手の平をつけて，肋骨付近の両胸筋をストレッチする。この姿勢はT字型になる。
- 息を吐いて，体全体を前に倒す。

254

- 頭の後ろで両手を組み，肘を前方に出して，大きいスイスボール（エクササイズボール）の上に腰を乗せて座る。
- 息を吸い，腿を伸ばして，床から臀部を離す。ボールを転がし，ニュートラルな姿勢を作る。ボールは，肩甲骨の下に置かれ，背骨を伸ばし，膝は90度に曲げて肘を外に開く。

> 胸部がストレッチされていると感じるはずである。

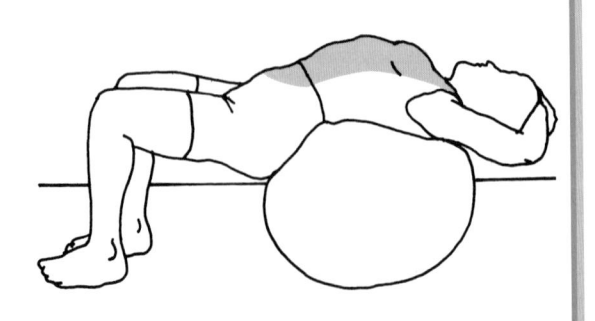

255

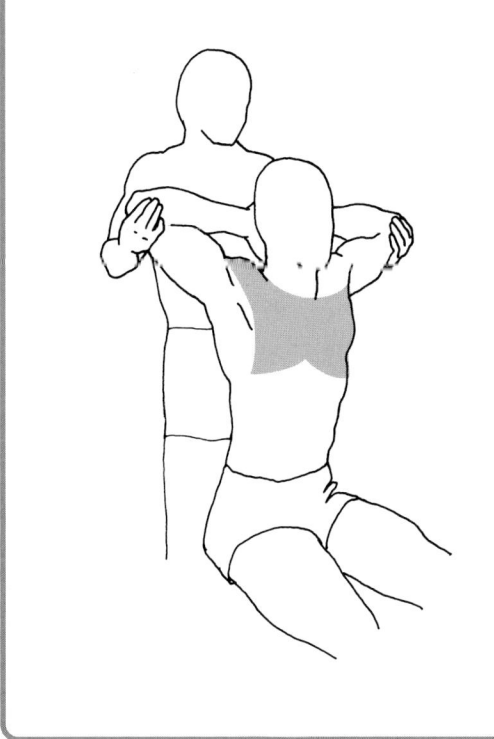

- 両腕を曲げて，両手を頭の後ろで組んで座る。
- パートナーは，両肘をつかみ後方へ引っ張る。

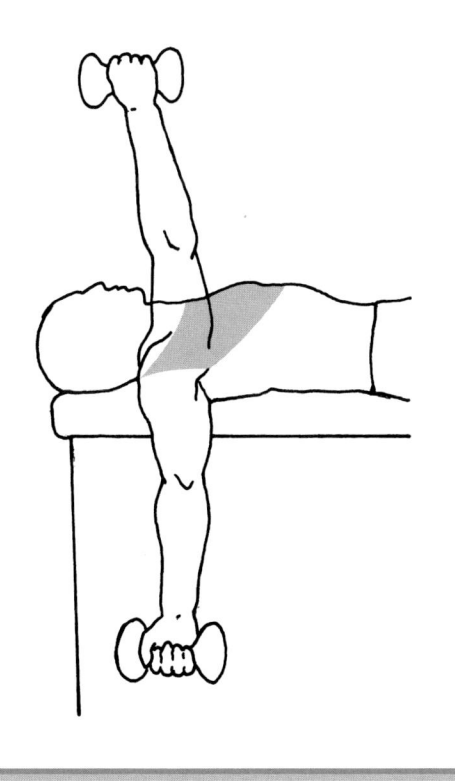

256

- 足を曲げて，ベンチの上に仰向けに寝る。
- 胸の真上で，腕を伸ばして，2つの軽量ダンベルを持つ。
- 腕を少し曲げたまま，ダンベルを持ったまま肘を肩の位置まで下げる。息を吐いて，弧を描くようにして，最初の位置に戻る。

> これらの「フライ」は，腕を伸ばしたまま行う。

⚠ このストレッチングは，肘と肩に過大な負荷がかかる。

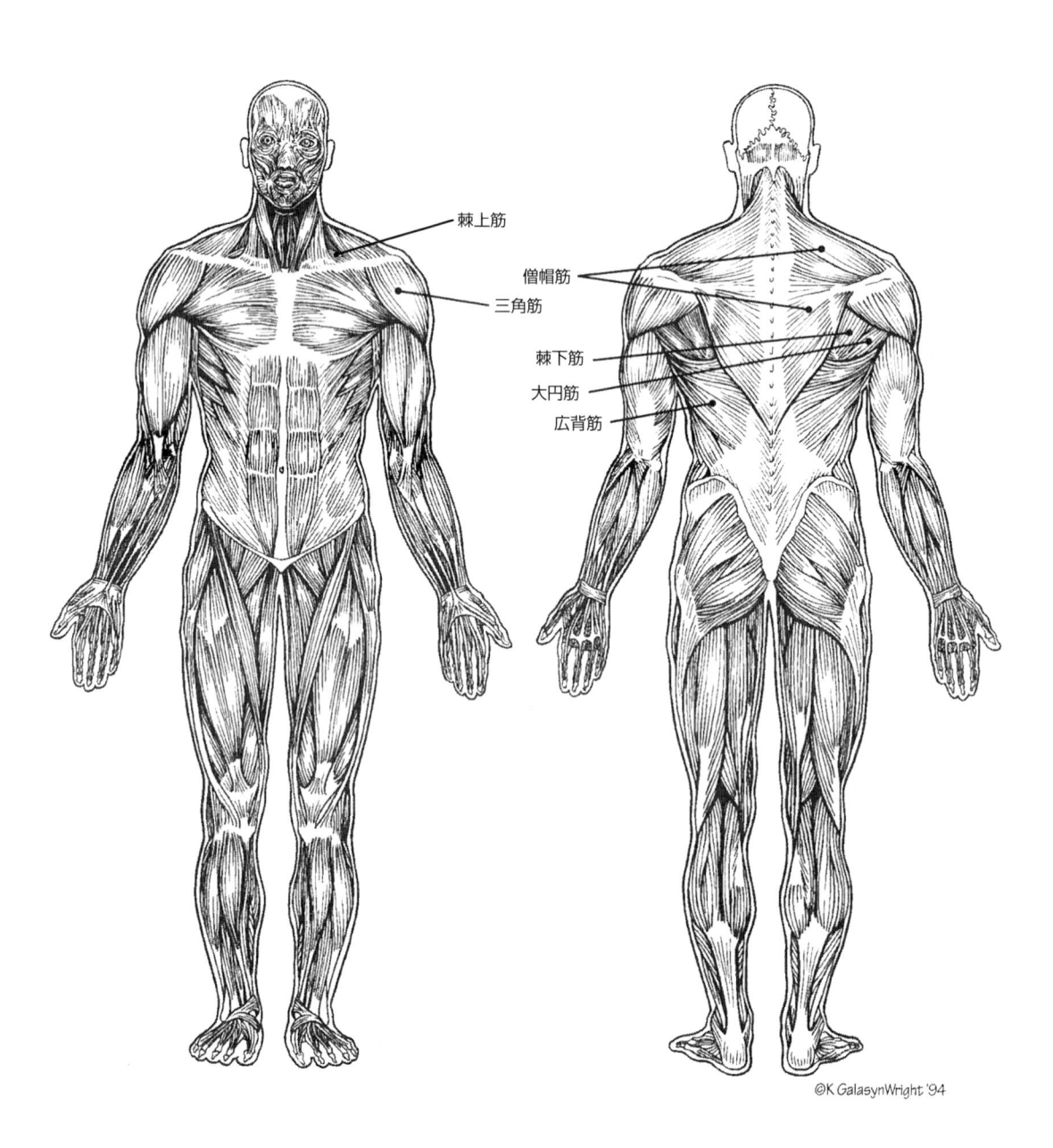

肩部

棘上筋
僧帽筋
三角筋
棘下筋
大円筋
広背筋

©K GalasynWright '94

肩（前側）

257
- 臀部の後ろ30cmに，手をついて床に座る。指先は体から離して，足は前方に伸ばす。
- 息を吸う。臀部を持ち上げて，上半身を床から離す。そして，可能なかぎり胸を広げる。

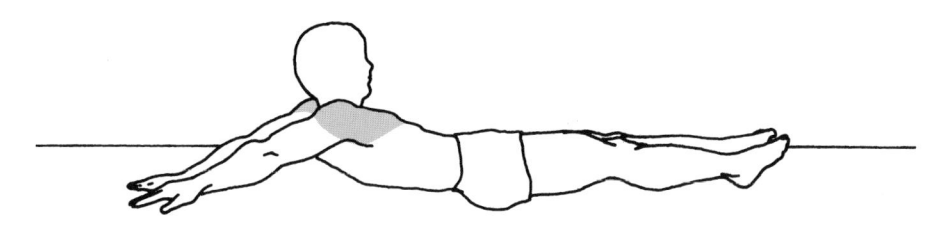

258
- 臀部の後ろ30cmに，手をついて床に座る。指先は体から離し，手の平を下にして，足は前に伸ばす。
- 息を吐いて，臀部を前に出す。そして，できるだけ遠くに体重をかける。

259
- 手の平を肩の高さで，壁につけて立つ。そして，指先は上を向ける。
- 息を吐いて，足を伸ばし，肩を下げる。

260

- できるだけ腕を開いて，腕立て伏せの姿勢をとる。
- 息を吐いて，胸を床にできるかぎり近づける。そして，最初の位置に戻る。

> このストレッチングは，自分自身を支えるために適度な筋力が必要です。

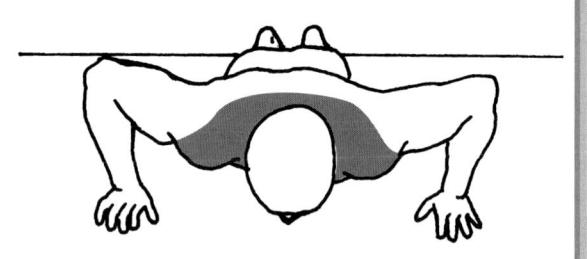

261

- イスに背を向けて，上体を伸ばし，臀部を前に，そして腕を伸ばして体を固定する。
- 息を吸って，腕を曲げて，床の方へ臀部を下げる。
- 息を吐いて，最初の姿勢に戻る。

> このストレッチングは，自分自身を支えるために適度な筋力が必要です。

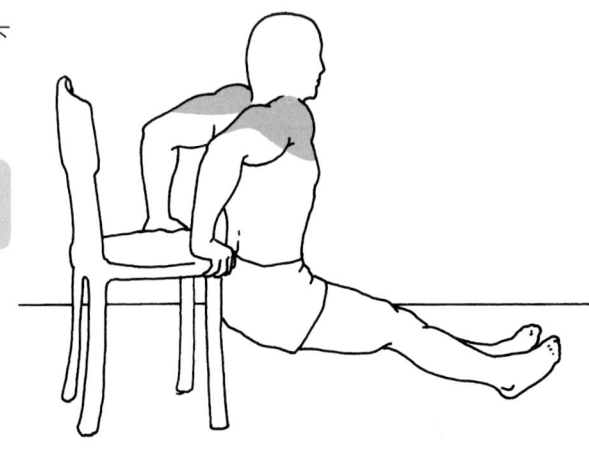

262

- 吊り輪からぶら下がり，息を吸って，逆手でぶら下がっている体を上げる。
- 息を吐いて，足を床に近づける。肩をできるだけ沈める。

263

- 臀部の後ろ30cmに手をついて，床に座る。指先は，体から離して足は前方に伸ばす。
- パートナーは，後ろに膝をついて両方の手首をつかむ。
- 息を吐いて，同時にパートナーは，ゆっくりと腕を後ろと下方に引く。

> パートナーと呼吸を合わせる。手首をお互いにつける必要はない。

⚠️ 背中で肘が交差する位置でのストレッチングは，水泳選手の場合，前方脱臼を引き起こす可能性を高めると指摘されている。

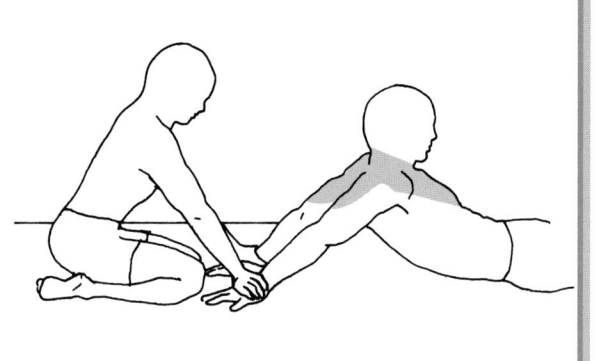

264

- 背中で，腕を水平まで上げて膝をつく。または座る。
- パートナーは，両手首を持って，水平に後方へ腕を引く。

> 手首をお互いにつける必要はない。

⚠️ 背中で肘が交差する位置でのストレッチングは，水泳選手の場合，前方脱臼を引き起こす可能性を高めると指摘されている。

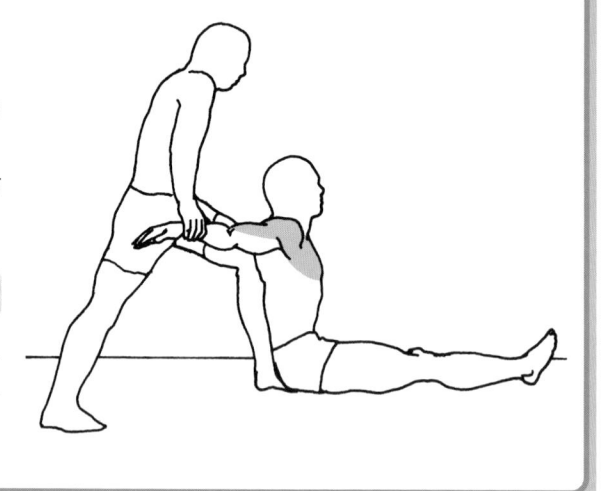

265

- 背中で，腕を水平まで上げて膝をつく。または座る。
- 息を吐いて，パートナーは，両手首を持って，後上方へ腕を引く。

> 手首をお互いにつける必要はない。

⚠️ 背中で肘が交差する位置でのストレッチングは，水泳選手の場合，前方脱臼を引き起こす可能性を高めると指摘されている。

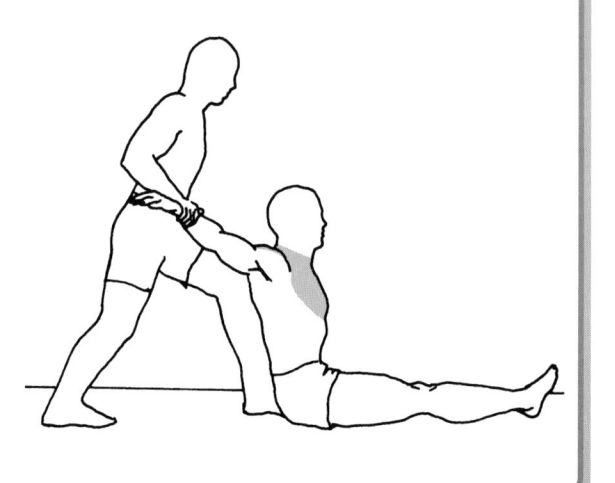

266

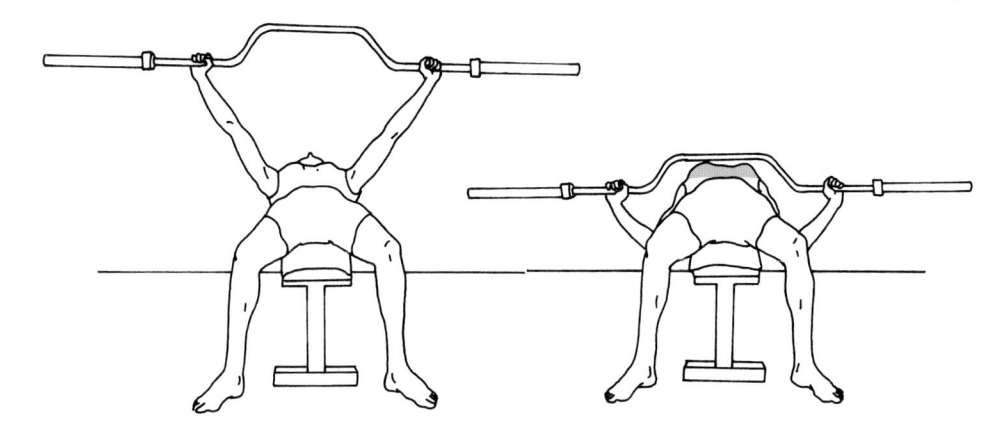

- 床に足をつけて，ベンチの上に仰向けに寝る。腕を伸ばして，重りのついていないキャンバー型のバーベルを持つ。
- 息を吸って，バーベルをのどにつくぐらいまで下げる。そして，息を吐いて，最初の位置に戻る。

キャンバー型バーベルは，ウェイトリフティング用に特別に作られたものである。

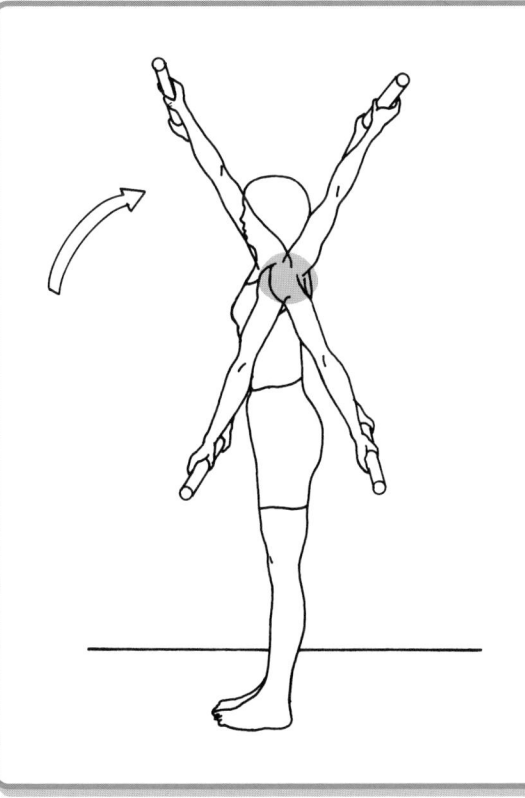

267

- 両足をつけて立つ。下腹部前に，棒またはタオルを順手でつかむ。
- 息を吸って，頭上に腕を上げる。まっすぐ伸ばしたまま，対照的に肩関節と臀部が捻れてはいけない。
- 息を吸って，反対方向に動かす。

肩(中側)：三角筋

268

- 両手を伸ばして，手の平をベンチについて座る。肩は内側に回す。
- 息を吐いて，腕に体重をのせる。そして，片側に傾ける。また，反対側に交互に行う。

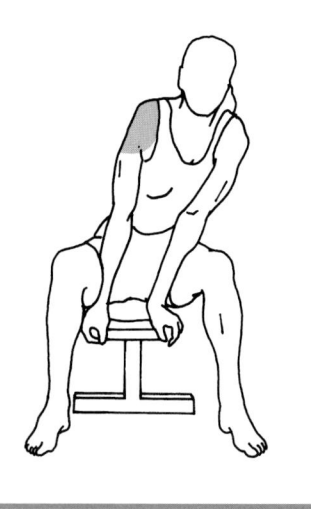

肩(外側)

269

- 肩の高さに片手を上げて座るか立つ。反対の方へ横切るように肘を曲げる。
- 反対側の手で，上げている腕をつかむ。息を吐いて，そして，肘を後方へ引く。

> 肩の伸展と屈曲ストレッチングは，もっとも効果的である。

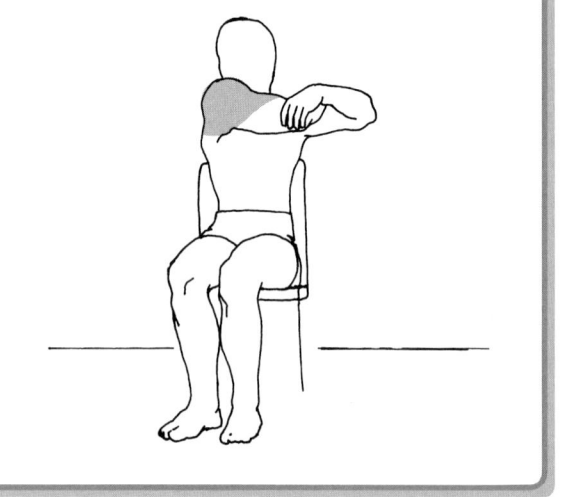

270

- 片手を垂直に上げて，仰向けにテーブルに座る。
- パートナーは，片手で肘を，もう一方の手で手首をつかむ。そして，伸ばしている腕を胸を横切るように押す。

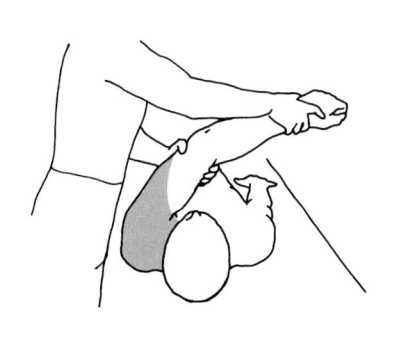

肩（内側）

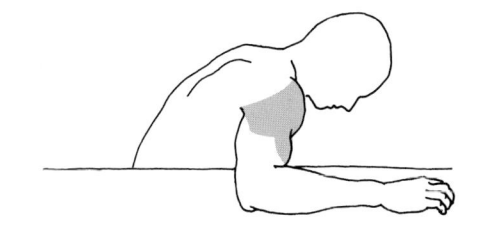

271
- テーブルの横に座る。そして、テーブルの端に肘を曲げてのせる。
- 息を吐いて、上体を曲げて、頭を低くして肩をテーブルまで低くする。

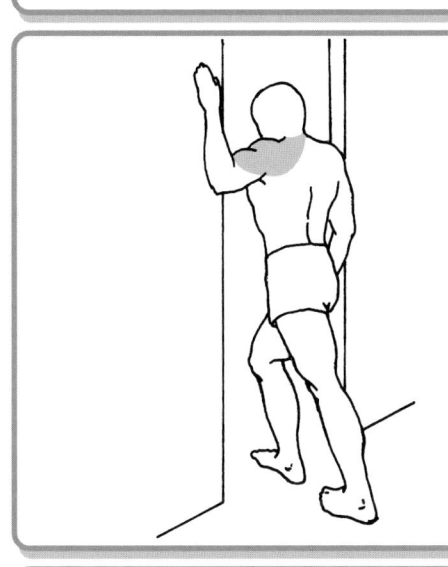

272
- ドア枠の方を向いて立つ。肘を曲げてドア枠につく。
- 息を吸って、その腕を壁に残したまま肩をドア枠の方へ突き出す。

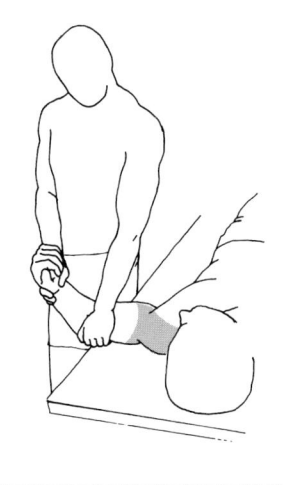

273
- テーブルの上に、仰向けに寝る。そして、肘をテーブルの端に出して、腕を曲げる。
- パートナーは、片手で肘を固定して、もう一方の手で手首をゆっくりと下方へ押す。

274

- 右腕を正常な角度に曲げた肩の高さまで上げて立つ。
- パートナーは，右手首を左手で後方と下方へ押す。そのとき，右手で右腕を支える。

275

- 腕をベンチまたはテーブルの端でリラックスさせて，仰向けに寝る。そして，肘は軽量ダンベルを持って，90度に曲げる。
- 息を吸って，頭と平行になるまでダンベルを下げる。そして，息を吐いて，もとの位置に戻る。

⚠ 最近，前方脱臼を起こした場合，このストレッチングを行ってはいけない。このストレッチングは，傷害から回復して，手首を押さえてくれるパートナー同伴の場合にのみ行うべきである。

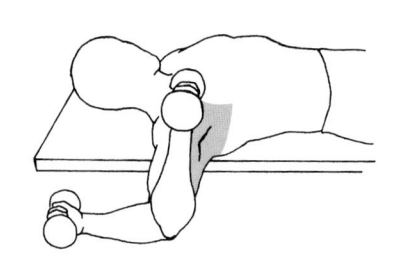

肩（後側）：外旋

276

- 腕を背中で曲げて，その肘を反対の手でつかみ座る。または立って行う。
- 息を吐いて，背中の真ん中を横切るように引っ張る。真ん中を超えない場合，手首をつかんで引っ張る。

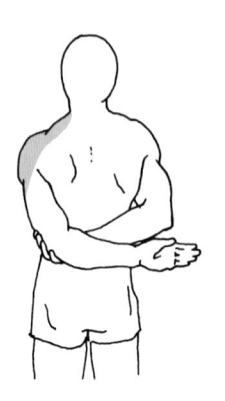

277

- 右腕を曲げて，肘を胸の高さまで上げて座る。または立って行う。

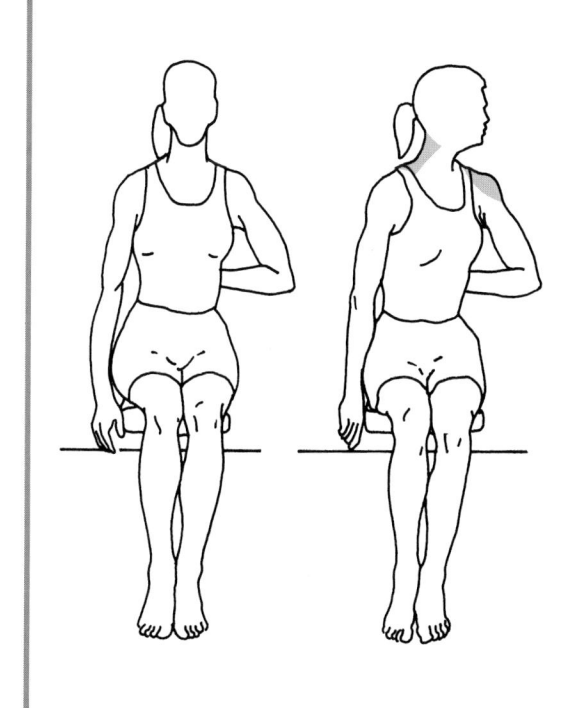

278

- 背筋を伸ばして，片手を腰の位置に置いてイスに座る。
- 息を吸って，伸ばしている側へ頭と上体をひねる。

> よりストレッチをするには，肘をゆっくりとイスの方へ押す。各回において，伸ばしている側の方へ少しずつ遠くひねる。

279

- 背中で，指先を下方に向けた手の平を合わせて座る。または立って行う。
- 息を吸って，手首をひねる。つまり，指先は頭を指して，肘を後方へ引く。

280

- 足を合わせて，足を床につけてイスに座る。腰に親指を上にした手を当てる。
- 上体を前方に曲げて，肩前部を膝につける。息を吐いて，肘を前方に動かして，お互いにくっつけるようにする。
- 片肩をストレッチするためには，反対の手をつかみ，肘を下に引く。

281

- 指先を下に向けて，背中で両手を合わせて座る。または，膝をつく。
- 息を吸って，手首をひねる。つまり，指先は頭の方へ向く。パートナーは，両肘を後方へ引く。

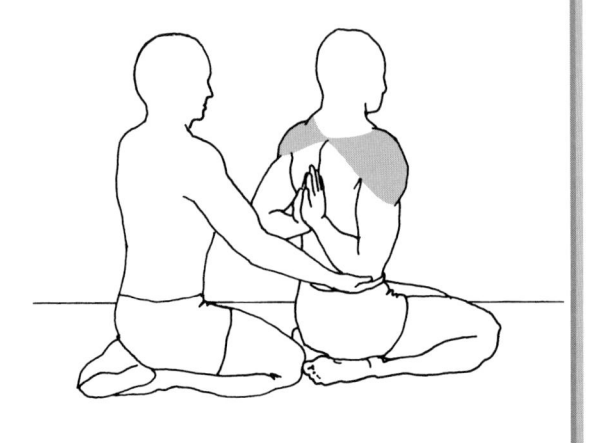

282

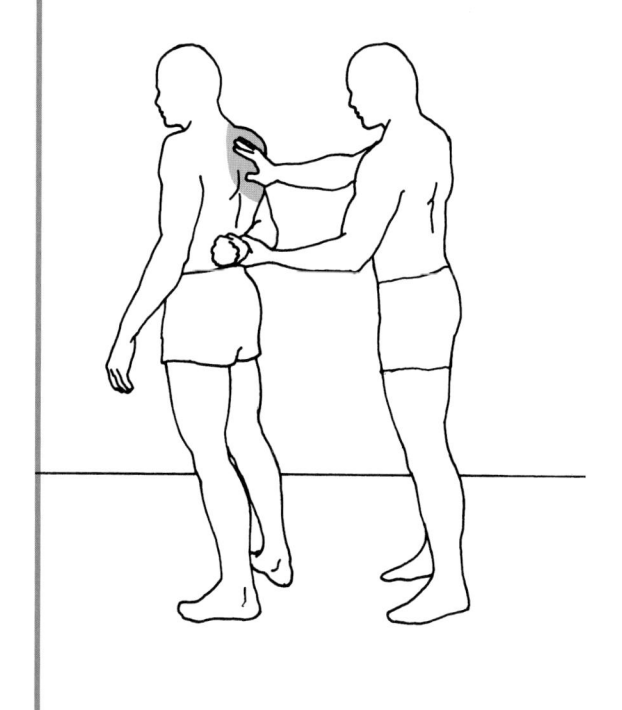

- 背中に片手を置いて立つ。親指先は上を向く。その手を反対側の肩にできるかぎり近づける。
- 片手を肩甲骨に固定して，もう一方は手首をつかむ。パートナーは，背中から徐々に離す。

パートナーと呼吸を合わせる。

283

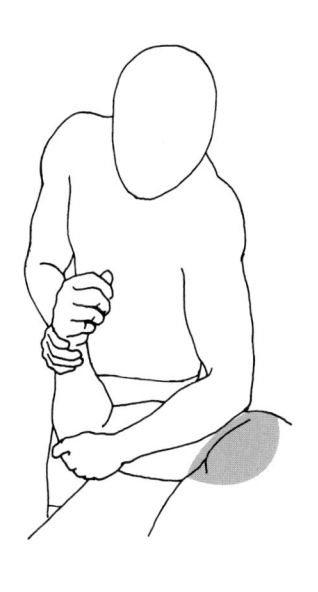

- テーブルの上に仰向けに寝る。そして，腕を曲げて，肘をテーブルの端に置く。
- パートナーは片手で肘を固定し，もう一方で手首をつかむ。
- パートナーが，手を前方と足の方にゆっくりと押すときに，息を吐く。

パートナーと呼吸を合わせ，慎重に行う。

284

- 足を開いて立つ。両手を逆手にして棒，またはタオルを臀部のあたりでつかむ。
- 腕をひねることなく，まっすぐに頭上に上げて，対称的に保つ。つまり，腕が肩関節とLグリップ（手の甲を上にして，親指を棒の下にする）で前方にひねる。
- 息を吸って，反対方向に動かす。

> 平行棒を行う器械体操選手にとって，重要なストレッチングである。

肩（伸筋群）

285

- 座る。または立って，手首をもう一方の手首と交差させて，手を組む。
- 息を吸って，それからまっすぐに伸ばす。伸ばした腕を頭の後ろに伸ばす。肘は，耳の後ろにつける。

286

- 腕を伸ばして，棒からぶら下がる。順手で握り，体はそった状態になる。
- 息を吐いて，腕を伸ばしたまま，足と膝を曲げる。そして，あごを胸につける。肘は頭の後ろで，肩を内側にひねる。

> 手を合わせて，体をまっすぐにする。そして，頭を腕の後ろにする。これが一番効果的な方法である。このストレッチングは，小さい振りを作り出すためには必要である。

287

- ベンチの上に足をのせて，仰向けに寝る。指先が足の方へ向いた両手は床の上につく。
- 息を吸って，フルブリッジの体勢になるように，上体を上げる，
- 息を吐いて，肩を伸ばして手首の後ろ（垂直に）になるようにする。

> 腹筋，肩，腿がストレッチされていると感じるはずである。

288

- 両踵をつけて仰向けに寝る。足を広げているパートナーの足首をつかむ。
- 息を吸って、腕と足を伸ばして、フルブリッジの姿勢に上体を上げる。
- パートナーは、肩の下で手を組んで、上体を上方と前方に持ち上げる。

> 腹筋、肩、腿がストレッチされていると感じるはずである。

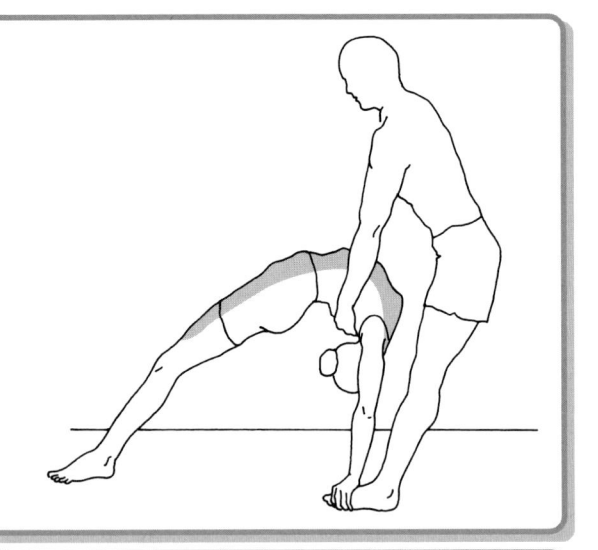

289

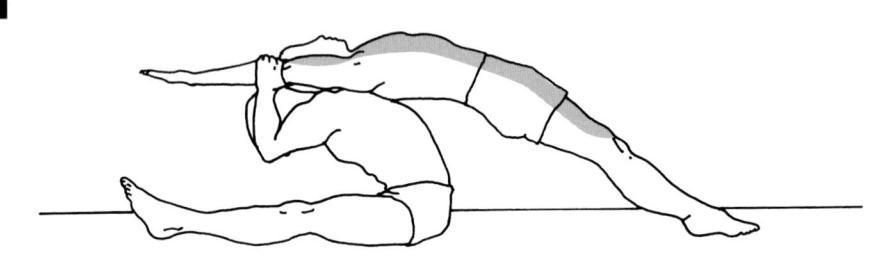

- 足をまっすぐにして、腕を頭上で平行にした状態で、まっすぐに座る。
- パートナーは床に座り、同じような姿勢で背中あわせに座る。そして、肘の上をつかむ。
- 息を吐いて、パートナーの上体を前に曲げて、引っ張り、上体が床から離れるように持ち上げる。

290

- 腕を頭上で平行にした状態で、まっすぐに座る。
- パートナーは、膝を使って、背骨を固定する。そして、脇の下で肘を引っかけて、肩の上部端に手を置く。
- パートナーが肩甲骨を前方に押して、腕を後方に引くと同時に、息を吐く。

> 胸、肩、上背部がストレッチされていると感じるはずである。

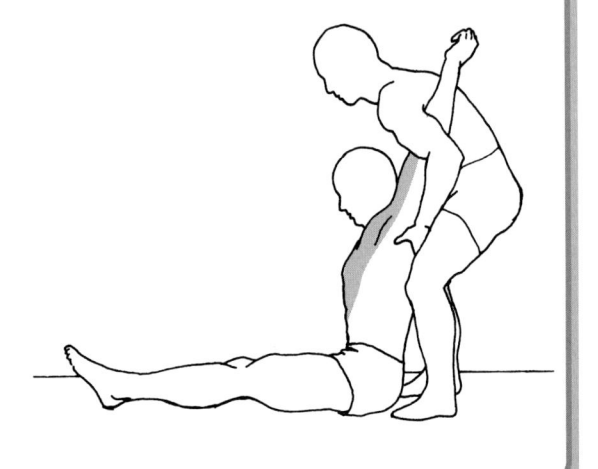

291

- 腕を頭上で耳に触るように平行にして、膝をつく。パートナーは、後方から足を広げる。
- パートナーの首の周りをつかんで、パートナーが上体を持ち上げて、後方にそらすと同時に、手を組む。

> 胸、腹筋、肩、上背部が、ストレッチされていると感じるはずである。

292

- 足をそろえて、腕は、耳の後ろで平行にのばして立つ。
- パートナーは、背中あわせに立つ。膝を曲げて、臀部が下にくると、パートナーは肘と肩の間の腕をつかむ。
- パートナーがゆっくりと前に曲げているときに、息を吐いて、足を伸ばして床から上体を離す。

> 胸、腹筋、肩、上背部がストレッチされていると感じるはずである。

293

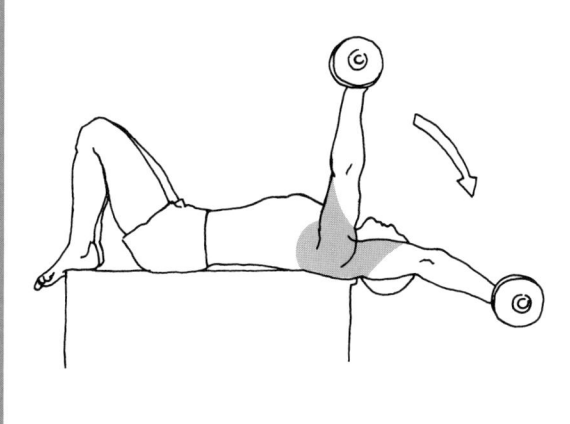

- ベンチの上に仰向けに寝る。両手で胸の上に軽量のダンベルを持つ。
- 息を吐いて、ダンベルを胸から持ち上げる。
- 息を吸って、腕を伸ばして、床にできるかぎり近づくように、ダンベルを頭の後ろに下げる。
- 息を吐いて、最初の位置に戻る。

腕部と手首

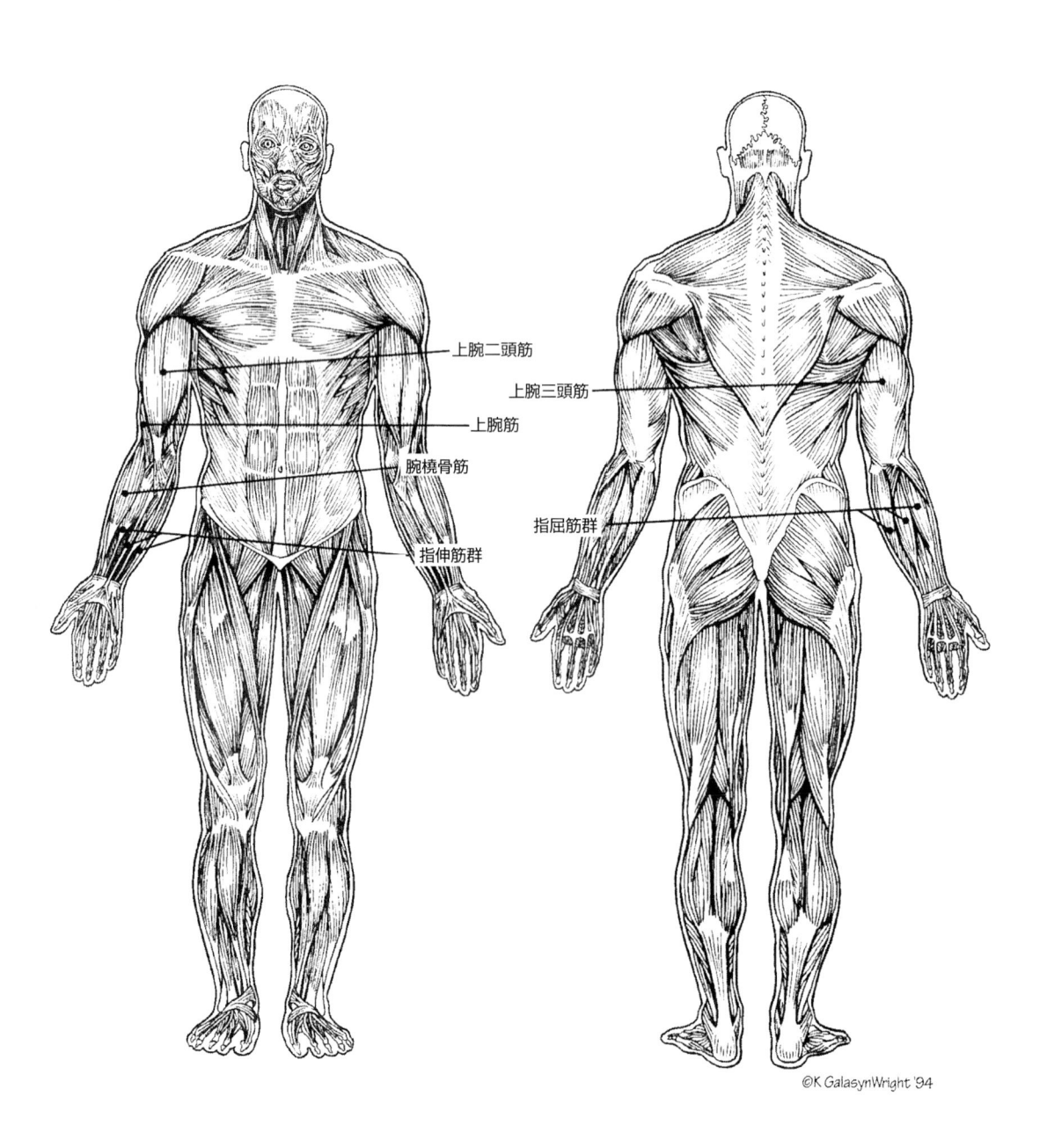

上腕二頭筋
上腕三頭筋
上腕筋
腕橈骨筋
指屈筋群
指伸筋群

©K GalasynWright '94

腕部と手首

294

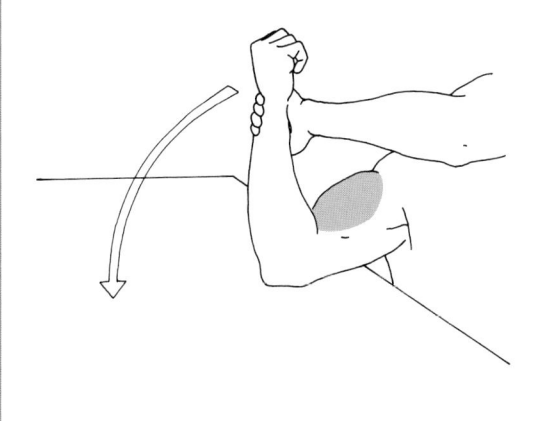

- 片腕を90度に曲げて，肘はテーブルの上においで座る。反対の手で手首をつかむ。
- 息を吐いて，上腕二頭筋と収縮させて，もう一方の手でストレッチさせる（エキセントリック収縮）。
- 腕が完全に伸展したとき，そこで，ストレッチしてリラックスさせる。

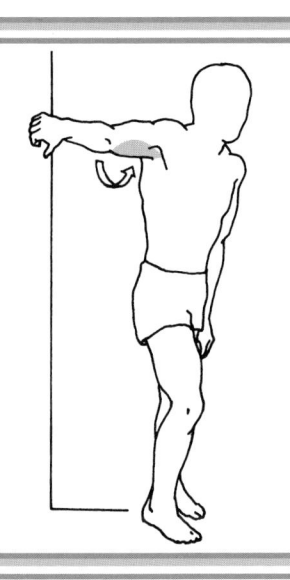

295

- ドア枠を背にして立つ。
- 片手を休ませて，もう一方の手でドア枠をつかみ，肩を内旋し，前腕を伸ばす。そして，親指を下にして，指を回内させる。息を吐いて，上腕二頭筋を回転させるようにする。顔は前を向く。

296

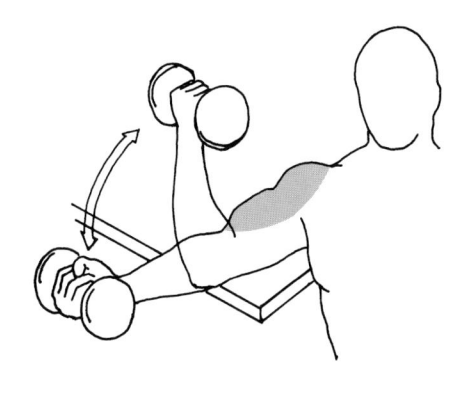

- テーブルに座る。または横に立つ。軽量のダンベルを持って，上腕はテーブルの上にのせる。肘は90度に曲げる。
- 息を吸って，上腕二頭筋を収縮させるため（エキセントリック収縮）に肘を伸ばす。
- 息を吐いて，もとの位置に戻る。

> このストレッチングは，筋肉痛を引き起こす可能性がある。

手首と手の甲

297

- 手の平を上にして，前腕をテーブルの上において立つ。
- 息を吐いて，上体を前に曲げ，肩を手首の方へ寄せる。

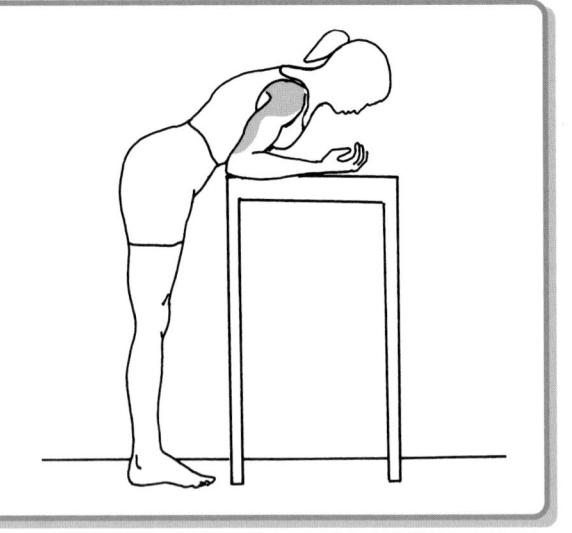

298

- 片腕を伸ばして耳の横に上げた腕をつけて座る。または立つ。その上げている手は，肩甲骨のあたりに置く。
- もう一方の手で肘をつかむ。そして，頭の後ろで肘を引く。

> このストレッチングは，上げた肘を壁につけたときにもっとも効果的である。

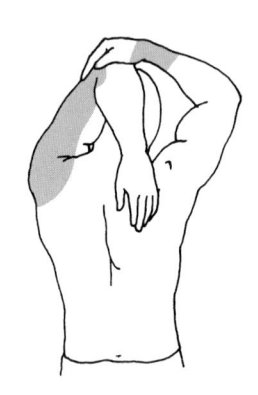

299

- 背中の後ろに片手を置く。そして，その手を背中から可能なかぎり離して，座る。または立つ。
- 頭の上でもう一方の腕を上げる。そのとき，丸めた毛布またはタオルを持って，肘を曲げる。
- 下の手で毛布またはタオルを握って，お互いに手を引っ張り合うときに息を吸う。

> このストレッチングは，上げた肘を壁につけたときにもっとも効果的である。

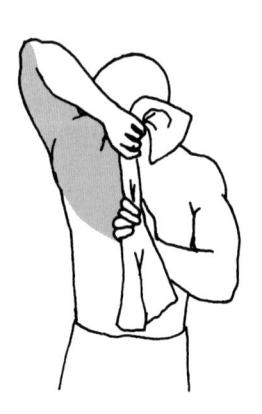

300

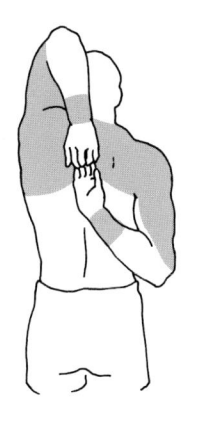

- 片腕を背中に回し，可能なかぎり遠くへ上げるようにして，座るまたは立つ。
- もう一方の手は，頭上から背中へ下ろす。肘を曲げて指をお互いにつかむ。

> このストレッチングは，上げた肘を壁につけたときにもっとも効果的である。

301

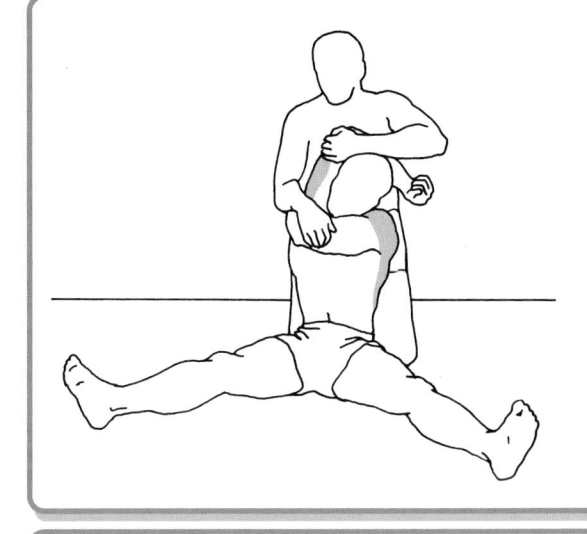

- 足を開いて床に座る。右腕を上げて頭の後ろで曲げる。
- 左腕を胸の前で交差させて曲げる。そして，パートナーが，上げている肘と交差させている肘を下げているときに，息を吸う。

302

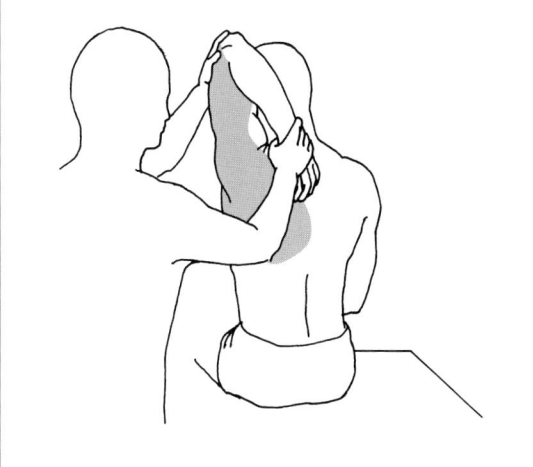

- 片腕を曲げて，耳の横に上げる。手は肩甲骨のところでリラックスさせる。この姿勢で，座るか立つ。
- パートナーは，片手で手首をつかみ，もう一方の手で肘を持つ。
- パートナーがゆっくりと肘を上げて，手首を下へ引っ張るときに息を吐く。

> パートナーと呼吸を合わせて，慎重に行う。

303

- 座って，片手で軽量のダンベルを頭上で支える。もう一方は，上げている腕の肘を支える。
- 息を吸って，頭の後ろにダンベルを下げる。息を吐いて，最初の位置に戻る。

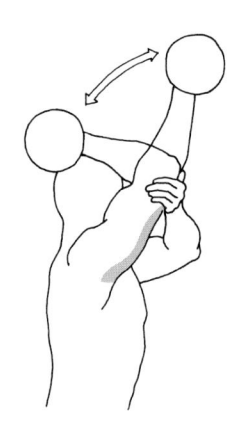

伸筋群（腕橈骨筋）

304

- 手の甲をお互いにつけて，腕を伸ばして立つ。
- 息を吐いて，手を回転させて，手首を内側にする。

> 手と手首をリズミカルに回転させる方がよい。

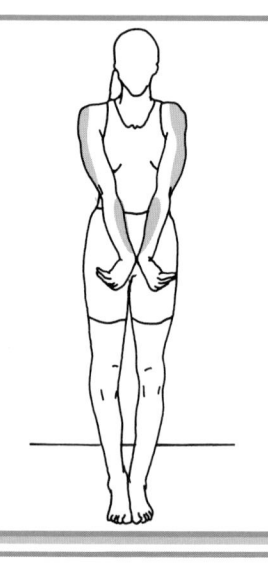

305

- 四つんばいになる。手首を曲げて，手の甲を床につける。指は膝の方へ向ける。
- 息を吐いて，床に体重をかける。

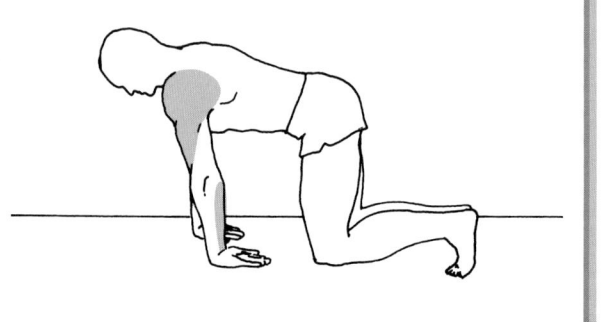

306

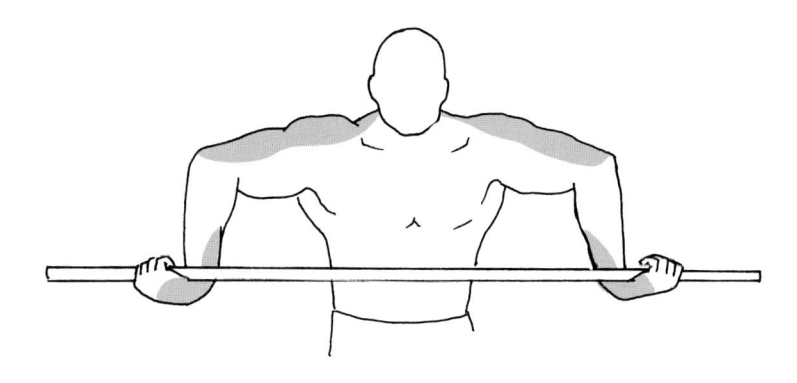

- 棒をLグリップ（逆手：手の甲を上にして，親指で棒の下をつかむ）でつかみ，体の前で保持する。
- 息を吐いて，肘は曲げて，ウエストの位置まで棒を下げる。

> このストレッチングは，バット，ラケット，ゴルフクラブなどを使って行ってもよい。

307

- 腕を伸ばして，鉄棒にぶら下がる。
- 片手を離して，逆手に持ち帰る。

> 腕橈骨筋同様に，広背筋にストレッチを感じるはずである。どうしてもできない場合は，強度を下げるために，イスの上に立って行う。

屈曲筋群

308

- 手首を後方に曲げて，床の上に座るか立つ。
- 指先をもう一方の手の端に置く。そして，手の端を指先に向かって押す。

309

- 手首を曲げて四つんばいになる。そして，床にしっかりと手の平をつける。指先は，体から離れている方向をさす。息を吐いて，前に体重をかける。

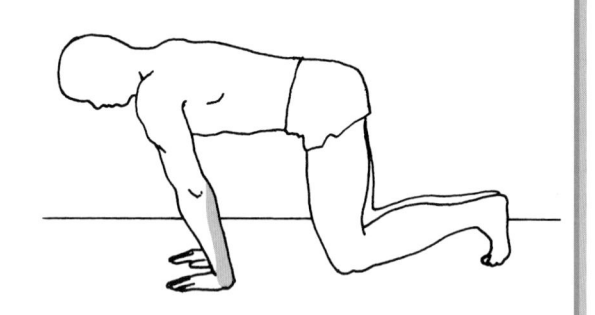

310

- 手首を曲げて四つんばいになる。そして，床にしっかりと手の平をつける。指先は，体の方向をさす。息を吐いて，後ろに体重をかける。

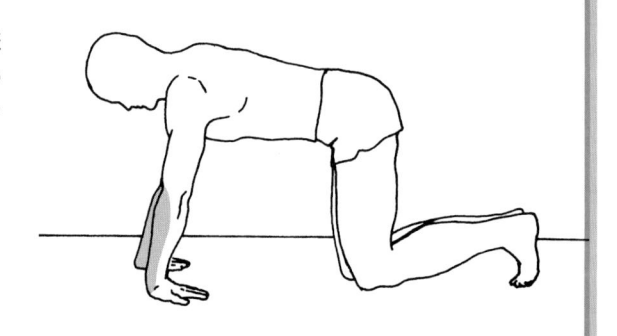

311

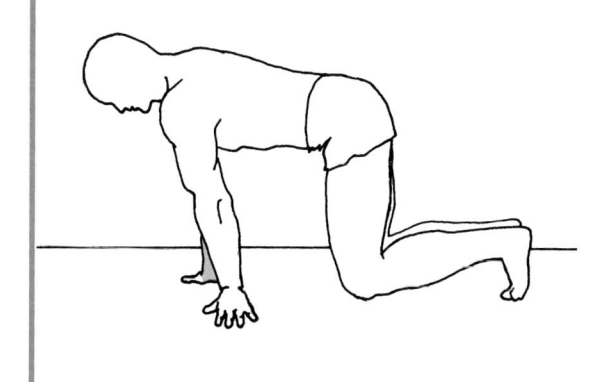

- 手首を曲げて四つんばいになる。そして，床にしっかりと手の平をつける。手の付け根がお互いに向き合って，指先は，外側（横）方向をさす。息を吐いて，前と後ろに体重をかける。

参考文献

Adler, S.S., D. Beckers, and M. Buck. 1993. PNF *in practice: An illustrated guide*. New York: Springer-Verlag.

Akeson, W.H., D. Amiel, and S. Woo. 1980. Immobility effects on synovial joints: The pathomechanics of joint contracture. *Biorheology* 17(1): 95-110.

Alter, M.J. 1996. *Science of flexibility*. Champaign, IL: Human Kinetics.

Aten, D.W., and K.T. Knight. 1978. Therapeutic exercise in athletic training: Principles and overview. *Athletic Training* 13(3): 123-126.

Bandy, W.D., and J.M. Irion. 1994. The effect of time on static stretch on the flexibility of the hamstring muscles. *Physical Therapy* 74(9): 845-852.

Brooks, G.A., and T.D. Fahey. 1987. *Fundamentals of human performance*. New York: Macmillan.

Cohen, D.B., M.A. Mont, K.R. Campbell, B.N. Vogelstein, and J.W. Loewy. 1994. Upper extremity physical factors affecting tennis serve velocity. *American Journal of Sports Medicine* 22(6): 746-750.

Cook, E.E., V.L. Gray, E. Savinar-Nogue, and J. Medeiros. 1987. Shoulder antagonistic strength ratios: A comparison between college level baseball pitchers and *nonpitchers. Journal of Orthopaedic and Sports Physical Therapy* 8(9): 451-461.

Cornelius, W.L., R.W. Hagemann, and A.W. Jackson. 1988. A study on placement of stretching within a workout. *Journal of Sports Medicine and Physical Fitness* 28(3): 234-236.

Costill, D.L., E.W. Maglischo, and A.B. Richardson. 1992. *Swimming: Handbook of sport medicine and science*. Oxford: Blackwell.

de Vries, H.A. 1961. Electromyographic observation of the effect of static stretching upon muscular distress. *Research Quarterly* 32(4): 468-479.

———. 1966. Quantitative electromyographic investigation of spasm theory of muscular pain. *American Journal of Physical Medicine* 45(3): 119-134.

Goldspink, G. 1968. Sarcomere length during post-natal growth and mammalian muscle fibres. *Journal of Cell Science* 3(4): 539-548.

Halbertsma, J.P.K., A.I. van Bolhuis, and L.N.H. Göeken. 1996. Sport stretching: Effect on passive muscle stiffness of short hamstrings. *Archives of Physical Medicine and Rehabilitation* 77(7): 688-692.

Halbertsma, J.P.K., and L.N.H. Göeken. 1994. Stretching exercises: Effect on passive extensibility and stiffness in short hamstrings of healthy subjects. *Archives of Physical Medicine and Rehabilitation* 75(9): 976-981.

Hardy, L. 1985. Improving active range of hip flexion. *Research Quarterly for Exercise and Sport* 56(2): 111-114.

Harre, D. 1982. *Principles of sports training*. Berlin: Sportverlag.

Huxley, H.E., and J. Hanson. 1954. Changes in cross-striations of muscles during contraction and stretch and their structural interpretation. *Nature* 173(4412): 973-976.

Iashvili, A.V. 1983. Active and passive flexibility in athletes specializing in different sports. *Soviet Sports Review* 18(1): 30-32.

Johns, R.J., and V. Wright. 1962. Relative importance of various tissues in joint stiffness. *Journal of Applied Physiology* 17(5): 824-828.

Karmenov, B. 1990. Knee-joint mobility. *Soviet Sports Review* 25(4): 200-201.

Kurz, T. 1994. *Stretching scientifically: A guide to flexibility training* (3rd ed.). Island Pond, VT: Stadion.

Lubell, A. 1989. Potentially dangerous exercises: Are they harmful to all? *The Physician and Sportsmedicine* 17(1): 187-192.

Magnusson, S.P., E.B. Simonsen, P. Aagaard, P. Dyhre-Poulsen, M.P. McHugh, and M. Kjaer. 1996. Mechanical and physiological responses to stretching with and without preisometric contraction in human skeletal muscle. *Archives of Physical Medicine and Rehabilitation* 77(4): 373-378.

Matveyev, L. 1981. *Fundamentals of sports training*. Moscow: Progress.

McAtee, R.E. 1993. *Facilitated stretching*. Champaign, IL: Human Kinetics.

Merni, F., M. Balboni, S. Bargellini, and G. Menegatti. 1981. Differences in males and females in joint movement range during growth. *Medicine and Sport* 15: 168-175.

Moore, J.C. 1984. The Golgi tendon organ: A review and update. *American Journal of Occupational Therapy* 38(4): 227-236.

Moore, M.A., and R.S. Hutton. 1980. Electromyographic investigation of muscle stretching techniques. *Medicine and Science in Sports and Exercise* 12(5): 322-329.

Moore, M.A., and C.G. Kukulka. 1991. Depression of Hoffman reflexes following voluntary contraction and implications for proprioceptive neuromuscular facilitation therapy. *Physical Therapy* 71(4): 321-333.

Myers, E.R., C.G. Armstrong, and V.C. Mow, 1984. Swelling, pressure, and collagen tension. In *Connective tissue matrix*, ed. D.W.L. Hukin, 161-186. Deerfield Beach, FL: Verlag Chemie.

Nikolic, V., and B. Zimmermann. 1968. Functional changes of the tarsal bones of ballet dancers. *Radovi Fakulteta u Zagrebu* 16: 131-146.

Pollack, G.H. 1990. *Muscles & molecules: Uncovering the principles of biological motion*. Seattle: Ebner & Sons.

Pratt, M. 1989. Strength, flexibility, and maturity in adolescent athletes. *American Journal of Diseases of Children* 143(5): 560-563.

Rosenbaum, D., and E.M. Hennig. 1995. The influence of stretching and warm-up exercises on Achilles tendon reflex activity. *Journal of Sports Sciences* 13(6): 481-490.

Sandstead, H.L. 1968. *The relationship of outward rotation of the humerus to baseball throwing velocity*. Unpublished master's thesis, Eastern Illinois University, Charleston, IL.

Sapega, A.A., T.C. Quedenfeld, R.A. Moyer, and R.A. Butler. 1981. Biophysical factors in range-of-motion exercise. *The Physician and Sportsmedicine* 9(12): 57-65.

Siff, M.C. 1993a. Exercise and the soft tissues. *Fitness and Sports Review International* 28(1): 32.

———. 1993b. Soft tissue biomechanics and flexibility. *Fitness and Sports Review International* 28(4): 127-128.

Simpson, D.G., W. Carver, T.K. Borg, and L. Terracio. 1994. Role of mechanical stimulation in the establishment and maintenance of muscle cell differentiation. *International Review of Cytology* 150: 69-94.

Snell, R.S. 1992. *Clinical anatomy for medical students*. Boston: Little, Brown.

Sutcliffe, M.C., and J.M. Davidson. 1990. Effect of static stretching on elastin production by porchine aortic smooth muscle cells. *Matrix* 10(3): 148-153.

Todd, T. 1985. The myth of the muscle-bound lifter. *NSCA Journal* 7(3): 37-41.

Wallis, E.L., and G.A. Logan. 1964. *Figure improvement and body conditioning through exercise*. Englewood Cliffs, NJ: Prentice-Hall.

Wang, K., R. McCarter, J. Wright, J. Beverly, and R. Ramirez-Mitchell. 1991. Regulation of skeletal muscle stiffness and elasticity by titin isoforms: A test of the segmental extension model of resting tension. *Proceedings of the National Academy of Science* (USA) 88(6): 7101-7105.

Williams, P.E., and G. Goldspink. 1971. Longitudinal growth of striated muscle fibres. *Journal of Cell Science* 9(3): 751-767.

Wilmore, J., and D.L. Costill. 1994. *Physiology of sport and exercise*. Champaign, IL: Human Kinetics.

Wilmore, J., R.B. Parr, R.N. Girandola, P. Ward, P.A. Vodak, T.V. Pipes, G.T. Romerom, and P. Leslie. 1978. Physiological alterations consequent to circuit weight training. *Medicine and Science in Sports* 10(2): 79-84.

Wolpaw, J.R., and J.S. Carp. 1990. Memory traces in spinal cord. *Trends in Neuroscience* 13(4): 137-142.

Zachazewski, J.E. 1990. Flexibility for sports. In *Sports physical therapy*, ed. B. Sanders, 201-238. Norwalk, CT: Appleton & Lange.

著者

マイケル・J・オルター（Michael J. Alter）

元体操選手，コーチ，公認アメリカ国内男子体操審判。ストレッチングの専門家。
1976年にフロリダ国際大学大学院で修士号（健康教育学）を取得。その後，高等学校で保健体育教員と体操コーチを経て，現在，マイアミ州内の高等学校の教員。
その傍ら，アメリカ国内で多くの講演を行ってる。
趣味は，自転車，クラシック音楽鑑賞，ワークアウト，スポーツ医学の勉強。主な著書として，「柔軟性の科学」，「ストレッチングの科学」。

訳者

山口英裕（やまぐち　えいゆう）

全米アスレティックトレーナーズ協会および日本体育協会公認アスレティックトレーナー。株式会社エンズ（http://www.enz.jp）代表取締役。
1965年埼玉県生まれ，神奈川県育ち。1988年に日本体育大学体育学部社会体育学科卒業。1993年に米国ヴァージニア州立オールド・ドミニオン大学大学院にて修士号（教育科学）修得。専攻はアスレティックトレーニング学（全米アスレティックトレーナーズ協会公認上級課程）。
学生時代から斎木隆（全日本スキー連盟認定デモンストレーター）やオリンピック・トレーニングセンター（米国コロラド州）にて研修を行い，米国滞在中は，ピッツバーグ・スティーラーズ（ＮＦＬ）や米国サッカー代表のアスレティックトレーナーを歴任。帰国後は，Ｊリーグ（ジェフ千葉やジュビロ磐田他）やヤマハ発動機株式会社（ジュビロ）ラグビー部，整形外科医院のアスレティックトレーナーとしても活躍。現在，株式会社エンズ代表取締役として活躍する傍ら，国士舘大学非常勤講師として後進の育成に力を入れる。また，さまざまなスポーツでの指導経験を活かし，俳優（「実写版テニスの王子様」出演者等）やトップアスリートからスポーツ愛好家まで，ケガからの復帰や障害予防のコンディショニング指導も行っている。
訳書に，「スポーツ・エルゴジェニック」（共訳），「イラストで見るＳＡＱトレーニングドリル１８０」，「写真でわかる腹筋・背筋のトレーニング」（いずれも大修館書店）などがある。

イラストでわかる　ストレッチングマニュアル
ⒸEiyu Yamaguchi 2002

NDC781 217p 26cm

初版第1刷 ── 2002年5月1日
　第6刷 ── 2008年9月1日

著　者 ── マイケル・Ｊ・オルター
訳　者 ── 山口英裕
発行者 ── 鈴木一行
発行所 ── 株式会社大修館書店
　　　　〒101-8466　東京都千代田区神田錦町3-24
　　　　電話03-3295-6231（販売部）03-3294-2358（編集部）
　　　　振替00190-7-40504
　　　　［出版情報］http://www.taishukan.co.jp

装丁 ── 倉田早由美（サンビジネス）
本文デザイン・DTP ── サンビジネス　伊藤あかね
印刷所 ── 図書印刷
製本所 ── 図書印刷

ISBN 978-4-469-26492-0 Printed in Japan
Ⓡ本書の全部または一部を無断で複写複製（コピー）することは，著作権法上での例外を除き禁じられています。